선녀여왕 2

가이언 경 또는 절제의 기사에 관한 전설

나남
nanam

한국학술진흥재단 학술명저번역총서
서양편 208

선녀여왕 2

가이언 경 또는 절제의 기사에 관한 전설

2007년 11월 5일 발행
2007년 11월 5일 1쇄

지은이_ 에드먼드 스펜서
옮긴이_ 임성균
발행자_ 趙相浩
발행처_ (주) 나남
주소_ 413-756 경기도 파주시 교하읍
출판도시 518-4
전화_ (031) 955-4600 (代)
FAX_ (031) 955-4555
등록_ 제 1-71호(79.5.12)
홈페이지_ http://www.nanam.net
전자우편_ post@nanam.net
인쇄인_ 유성근(삼화인쇄주식회사)

ISBN 978-89-300-8251-8
ISBN 978-89-300-8215-0 (세트)
책값은 뒤표지에 있습니다.

'한국학술진흥재단 학술명저번역총서'는 우리 시대 기초학문의 부흥을 위해
한국학술진흥재단과 (주)나남이 공동으로 펼치는 서양명저 번역간행사업입니다.

선녀여왕 2

가이언 경 또는 절제의 기사에 관한 전설

에드먼드 스펜서 지음 | 임성균 옮김

나남
nanam

옮긴이 머리말

《선녀여왕》 제 2권은 부제에서도 볼 수 있듯이 절제의 기사인 가이언 경의 이야기를 다루고 있다. 제 1권의 주인공 레드크로스는 이미 영국의 수호기사로 잘 알려져 있는 성 조지(George)의 이야기를 스펜서가 각색한 것이지만, 가이언 경의 이야기는 스펜서의 창작이다. 모두 여섯 권으로 구성되어 있는 작품 중 1권과 2권은 각 주인공이 대변하는 덕목인 성스러움과 절제 때문에 비평가들의 주목을 가장 많이 받아왔다. 성스러움이 신의 은총을 가리키는 것이라면 절제는 세속적인 덕목이며, 전자가 기독교적 가치를 대변한다면 후자는 인문주의적 가치를 나타내고 있다는 것이다. 그러나 스펜서가 형상화한 절제는 기독교도가 세상을 살아가는 방식을 드러내고 있다는 지적도 만만치 않다.

서지사항과 번역에 대한 구체적인 변명들은 이미 1권의 머리말에서 밝힌 바 있기 때문에 여기서 재론할 필요는 없을 것이다. 다만 1권이 처음 출간된 지 10년 만에 2권의 번역을 세상에 내놓는다고 생각하니 새삼스레 고전의 번역이 지난한 일임을 깨닫게 된다. 한때는 매년 한 권씩 번역하여 6년이면 《선녀여왕》 전 작품을 완역할 수 있을 것이라고 생각했었는데, 막상 이제 2권을 내고 보니 나머지는 언제 다 할지

도무지 감감하기만 하다.

원작의 시행을 무시하고 산문으로 번역하는 것이 오히려 독자들을 위하는 길이 아닌가 싶기도 했지만, 굳이 문맥의 난해함을 감수하면서 시행의 길이를 나름대로 일정하게 맞추려 한 것은 물론 1권과의 통일성을 유지하기 위함이기도 했지만 많은 영문학도들이 원문과 대조하며 읽을 것이라고 짐작했기 때문이기도 하다.

언제나 그랬지만 번역을 마치고 보니, 도무지 만족스럽지 않다. 하지만 그것이 내게 주어진 재주의 한계일진대 한탄하면 무얼 하랴. 다음에 누군가 더 좋은 번역자가 나서서 좀더 매끄럽고 적확하게 스펜서의 작품을 번역해주기를 기다릴 수밖에 없겠다.

2007년 가을 청파언덕에서

임 성 균

월터 랄레이 경에게 보낸 스펜서의 편지

여왕 폐하를 보좌하여 콘웰 지방을 다스리며 스태내리의 영주이신,
지체 높고 용맹스런 기사 월터 랄레이 경께,

각하, 제가 《선녀여왕》이라고 명명한 이 책이 알레고리, 또는 부정적 비유로 가득 차 있기 때문에, 모든 알레고리들이 얼마나 부정확하게 해석되고 있는지 알고 있는 저로서는 저에 대한 모함과 오해를 피하기 위해서, 그리고 또한 각하께서 읽으시는 데 도움을 드리기 위해서 각하께서 명령하신 대로, 어떤 구체적 목표나 그로 인해 생긴 우연한 사항들은 빼고, 제가 쓴 이야기 전체에 들어 있는 의미와 전반적 의도를 밝히는 것이 좋겠다고 생각했습니다. 책이란 무릇 도덕적이고 예의 바른 훈련을 통해서 신사, 또는 고귀한 인물을 키워가기 위해서 있는 것입니다. 그러한 목적에 가장 적합하면서도 역사적인 이야기(그런 이야기란 꼭 배울 것이 많다기보다는 다른 여러 가지 이유 때문에 대부분의 사람들이 재미있어 하지요)로 채색되어 있는 재미있는 적합한 소재로서 저는 아서왕의 전기를 선택했습니다. 그분의 뛰어남은 이미 많은 사람들의 작품으로 인해서 유명해져 있으며, 현재에도 모함이나 의심을 받을 위험이 가장 적기 때문입니다. 이 책을 쓰는 데 있어서 저는 모든 역사적 옛 시인들을 답습하였습니다. 우선 호머인데, 그는 훌

륭한 통치가와 덕망 있는 사람의 표본을 각각 《일리아드》와 《오디세이》에 등장하는 아가멤논과 율리시즈라는 인물을 통해서 그려냈습니다. 그리고 버질도 역시 같은 의도를 아이에너스라는 인물 안에서 표현하였습니다. 그 다음으로 아리오스토는 올랜도라는 인물 속에 두 가지 성품을 모두 포함시켰지요. 그리고 마지막으로 타소는 두 성품을 다시 나누어서 두 인물 속에 구성했는데, 즉 철학에서 윤리 또는 개인적 도덕심이라고 부르는 부분은 리날도를 통해 그려냈고, 정치라고 부르는 다른 덕목은 곧후레도에게 입혔습니다. 이러한 탁월한 시인들의 선례를 따라서 저는 왕이 되기 전의 아서를 통해서 아리스토텔레스가 제정한 열두 가지 개인적 덕목을 완전히 갖춘 용감한 기사의 모습을 그려내려고 애썼으며, 그것이 바로 이 처음 열두 권의 책이 의도하는 바입니다.

어떤 이들에게는 이러한 방법이 불만스러울 것이라는 점은 저도 알고 있습니다. 그들에게는 이렇게 아리송하게 알레고리라는 방법으로 치장하지 않고, 그들이 보통 하는 대로 단도직입적 훈시나 전체적 설교를 통해서 훈련하는 방법이 더 좋았을 것입니다. 그러나 제가 보기에는 그러한 이들도 모든 것을 겉모습으로만 판단하며 자신의 평범한 감각에 즐겁거나 달콤하지 않은 것은 무엇이든지 무가치한 것으로 보아 넘기는 요즈음의 세태를 받아들여야만 할 것 같습니다. 사람들이 제노폰을 플라톤보다 더 선호하는 것도 바로 이 때문인데, 후자는 심오하고 절묘한 자신의 판단력을 통해서 당위적 국가를 제시하였지만, 전자는 사이러스라는 인물과 페르시아 사람들을 통해서 최선이랄 수 있는 정부를 그려낸 것입니다. 그러므로 실례를 들어 가르치는 것이 규율을 통하는 것보다 훨씬 더 효과적이고 고상한 방법입니다.

저는 아서라는 인물을 통해서 그렇게 해보려고 노력했습니다. 저의 해석은 그가 이그레인 부인에게서 태어나자마자 멀린이 데려다가 위탁 양육을 부탁한 타이몬에게서 오랫동안 교육을 받은 후, 꿈에서 혹은 환영으로 선녀여왕을 보게 되자 그녀의 엄청난 아름다움에 매료되어, 깨어나 그녀를 찾아 나서게 되는데, 멀린의 마법으로 무장을 하고 타이몬으로부터 철저하게 교육받은 그가 그녀를 찾아서 요정의 나라로 간다는 것입니다. 선녀여왕에 대한 포괄적인 제 의도는 영예로움을 나타내는 것이지만, 보다 구체적으로 저는 가장 영명하시고 영광스런 우리 영토의 통치자이신 여왕 폐하를, 그리고 요정의 나라는 그분의 왕국을 염두에 두었습니다. 그렇지만 또 다른 곳에서는 그분을 달리 표현하기도 했습니다. 그분께서 두 인물, 즉 한편으로 가장 지체 높으신 여왕 또는 황제이시며 다른 한편으로는 가장 덕망 있고 아름다우신 분을 대변하신다는 것을 고려하여, 저는 다른 곳에서 후자의 모습을 벨피비를 통해서 표현하였는데, 그 이름은 각하 자신이 쓰신 신시아에 대한 탁월한 비유에 따라서(피비와 신시아는 둘 다 다이애나의 이름이므로) 지은 것입니다. 그리하여 저는 특히 관용의 덕을 아서 왕의 성품에 넣었는데, 아리스토텔레스와 다른 이들에 의하면 관용이란 그 속에 다른 모든 덕목을 포함하고 있으며 다른 모든 덕목의 완성이기 때문입니다. 따라서 저는 책 전체를 통해서 아서의 행동이 바로 그 덕목에 부응하도록 하였습니다.

하지만 다른 열두 덕목에 대해서는 이야기의 다양성을 위해서 다른 기사들이 수호자가 되도록 했으며, 그 중에서 세 명의 기사가 이 세 권의 책에 등장합니다. 첫 번째로 레드크로스 기사를 통해서 저는 성스러움을 표현했고, 두 번째로 가이언 경에게서는 절제를 나타냈고,

세 번째인 여기사 브리토마트의 경우에는 정절을 그렸습니다. 그렇지만 책 전체의 시작부분이 너무 갑작스럽고 그보다 앞선 사건들에 의존하고 있는 것 같으므로 각하께서 이 세 기사가 겪는 여러 가지 모험에 대한 정황을 아셔야 할 필요가 있겠습니다. 왜냐하면 역사가라면 사건들을 일어난 순서에 따라 언제 어떤 일이 있었는지 이야기할 것이지만, 시인은 중간에서부터, 그것도 자신이 가장 관심 있는 부분에서부터 막무가내로 시작하여 거기서부터 그 전에 일어난 일을 거슬러 이야기하고 앞으로 있을 일을 예측하면서 이야기 전체에 대한 흥미로운 분석을 해내기 때문입니다.

그러므로 만일에 역사가가 서술했더라면 제 이야기의 시작부분을 열두 번째 책, 즉 맨 마지막에 두었을 것입니다. 이 부분에서 저는 선녀여왕이 십이 일에 걸쳐 연례적 축제를 거행하고, 그 십이 일 동안 열두 가지의 모험을 치르게 되는 상황이 벌어지며, 이 모험을 열두 명의 기사들이 각자 수행한다는 이야기를 이 열두 권의 책이 각각 취급하고 전개해 가도록 꾸몄습니다. 첫 번째 이야기는 이렇습니다. 축제가 시작되자 한 키 크고 촌스런 젊은이가 등장하여 요정들의 여왕 앞에 엎드리며(그 당시에 하던 관습에 따라) 축제기간 동안에는 여왕이 거절할 수 없는 청원을 하였는데, 그것은 바로 그 축제기간 동안에 발생할지도 모를 어떠한 사건에서든지 자신이 그 모험을 수행할 수 있도록 해달라는 것이었습니다. 그러한 허락을 받고 그는 바닥에 앉아서 쉬었습니다. 그 자신의 투박한 행색 때문에 그보다 나은 자리에 앉을 수 없었기 때문입니다. 조금 후에 한 아름다운 여인이 상복을 입고서 하얀 노새를 타고 들어왔는데, 바로 뒤에는 난쟁이 하나가 기사의 창을 든 채 기사의 무장을 모두 싣고 있는 전투용 말 한 필을 끌고 그녀를 따라왔습니다. 요정들의 여왕 앞에 부복하며 그녀는 고대의 왕과 왕비였던 자신의 부모가 어떤 거대한 용에게 사로잡혀 황동의 성 안에 갇혀 있는데, 용이 그들을 거기에 두고 괴롭히며 놓아주지 않는다고 호소하면서, 여왕의 기사 중에서 한 명을 지정하여 이 일을 해결하는 공훈을 세우게 해달라고 간청하였습니다. 그 말이 떨어지기가 무섭게 그 촌스런 젊은이가 떨쳐 일어나며 그 모험을 자원했습니다. 여왕은 대단히 미심쩍어 했고 그 여인은 크게 반대했지만, 그는 충심으로 자신의 소망을 구했습니다. 결국에는 그 여인이 그에게 말하기를 자신이 가져온 갑옷과 무장이 그에게 맞지 않는다면(그 갑옷은 바로 성 바울이 에베소서 6장 11절에서 22절에 명시되어 있는 기독교인의 갑옷과 무장입니다) 그는 이 과업을 성공할 수 없을 것이라고 했습니다. 하지만 막상 갑옷과 그에 따른 모든 장신구를 가져와 그에게 입혀 보니, 그는 거기 있는 다른 어떤 사람보다도 훌륭해 보였으며, 그 여인도 또한 그를 좋아하게 되었습니다. 기사의 작위를 받은 그는 곧 그 신기한 준마를 타고 그녀와 함께 모험의 길을 떠나게 되었습니다. 바로 여기서부터 첫 번째 책이 시작됩니다:

"한 숭고한 기사가 들판으로 말을 달려가고 있었다. … "

둘째 날에는 한 순례자가 두 손이 피로 물든 아기를 안고 들어왔는데, 순례자는 그 아기의 부모가 아크레시아라고 부르는 마녀에게 살해당했다고 하소연하면서, 이 과업을 담당해줄 기사 한 사람을 자신에게 지정해 달라고 선녀여왕에게 간청했습니다. 그 일은 가이언 경에게 부과되었고, 그는 곧바로 그 순례자와 함께 길을 떠났습니다. 이것이 두 번째 책의 시작이며 그 책 전체의 소재가 됩니다.

셋째 날에는 하인이 한 명 들어와서 비지렌이라고 부르는 어떤 악한 마법사가 아모레타라는 대단히 아름다운 여인을 손아귀에 넣고서 그녀가 육체적 즐거움을 자신에게 허락하지 않는다는 이유로 온갖 지독한 괴롭힘을 자행하고 있다면서 선녀여왕 앞에 하소연하였습니다. 그러자 그 여인을 사랑하고 있었던 스쿠다모 경이 즉시 그 모험을 감당하고 나섰습니다. 그러나 적의 막강한 사술 때문에 과업을 성취하지 못하고 있던 스쿠다모 경은 오랫동안 슬픔을 맛보아야 했고, 마침내 브리토마티스를 만나게 되었는데, 그녀는 그를 구해주고 그의 사랑을 되찾아주었습니다. 이러한 상황이 전개되면서 많은 다른 모험들이 삽입되기는 합니다만, 그것들은 이야기의 목적이라기보다는 부수적인 것들로서, 브리토마트의 사랑이라든지, 마리넬의 멸망, 후로리멜의 비극, 벨피비의 순결함, 헬레노라의 음탕함, 그 외에 많은 비슷한 사건들이 있습니다.

각하, 이제까지 저는 제 이야기의 처음 부분에 대한 각하의 이해를 돕기 위해서 간단히 말씀드렸는데, 이로 인해서 각하께서는 비유에 대한 저의 전체적 의도를 짐작하실 수 있을 것이며, 이런 설명이 없었더라면 혹시 지루하고 혼란스러운 것이 되었을지도 모를 제 이야기의 모든 서술내용을 한눈에 파악하실 수 있으실 것입니다. 저에 대한 각하의 명예로운 보살핌이 계속되기를 겸손히 부탁드리며, 각하께 행복이 영원히 머물기를 바라오며, 이만 글을 마칩니다.

1589년 1월 23일
충직하게 각하를 경애하는, 에드 스펜서

선녀여왕 2

가이언 경 또는 절제의 기사에 관한 전설

차 례

1
가장 존귀하신 폐하, 저는 잘 알고 있습니다,
머릿속에 아무런 생각이 없는 어떤 사람들은
이 잘 알려진 태고시절의 이야기들 모두를,
올바른 기억을 통해 전수된 내용이라기보다는
거짓으로 꾸며진 것이라고 여기리라는 것을.
왜냐하면 지금 살아 숨쉬는 사람들은 누구도
제가 그토록 칭송하면서도 보여주지는 못하고,
다만 아무도 모를 옛적에 있었다고 주장하는
저 행복한 선녀의 나라가 어디 있는지 모르기 때문입니다.

9 (이하 앞의 숫자는 행을 뜻한다) 후에 《선녀여왕》 제 6권의 서시(Proem)에서 스펜서는 뮤즈(Muse)의 가르침을 받는 사람만이 요정의 땅을 찾을 수 있다고 밝히고 있는데, 이는 시인이 자신의 작품이 "거짓"(*falsefood*)이라기보다는 "시적 상상력"(*imagination*)의 산물이라는 것을 강조하기 위한 것으로 보인다.

2
하지만 지각 있는 사람이면 우리가 아는 세상이
얼마나 작은 부분인가 하는 것을 알아야 합니다.
그리고 매일매일 얼마나 힘든 탐험들을 통해서,
최근까지만 해도 그 어떤 언급도 되지 않았던
수많은 거대한 땅들이 새로 발견되고 있는지요.
누가 인도의 페루에 대해서 들어본 적이 있으며,
누가 모험의 배를 타고서, 지금은 사실로 확인된
엄청난 아마존을 탐험하리라고 생각했겠습니까?
아니면 풍요로운 버지니아는 또한 누가 보았겠습니까?

6~9 15세기에 발견된 아메리카는 르네상스시대 문학에서 종종 이상적 낙원으로 묘사되곤 하였다. "인도의 페루"는 남아메리카의 페루를 가리키는데, 당시 유럽인들은 아메리카를 인도로 여겼다. 아마존 강은 1541년에 오레라나(Orellana)가 유럽인으로서는 최초로 항해하여 알려지게 되었다. 버지니아(Virginia)는 처녀였던 엘리자베스 여왕을 가리키는 지명이다.

3

아무도 몰랐지만 이 모든 지역들은 거기 있었고,
현자들의 시대 때부터 감추어져 왔던 것이지요.
또 앞으로도 몰랐던 것들이 더 드러날 것입니다.
그런데 왜 무지한 이들은 그토록 잘못 생각하여,
자신이 보지 못한 것은 없는 것이라고 여기는지요?
예쁘게 빛나는 달의 영역에 무엇이 있다면 어떨까요?
보이지 않는 다른 모든 별들 안에 또 다른 세상이
있다는 것을 그가 우연히 듣게 된다면 어떨까요?
그는 더 놀라겠지요. 하나 어떤 이에게는 그런 것이 보인답니다.

6~8 르네상스시대에는 달에 사람들이 살고 있다거나, 다른 별에도 세상이 존재한다는 속설이 있었다. 당대의 문학에 그러한 가설을 토대로 한 예들이 종종 등장한다.

4

하나 그가 선녀의 나라에 대해 좀더 알고자 한다면
여기 이곳저곳에 두루 펼쳐져 있는 표시들을 통해
그곳을 찾을 수 있겠지요. 그때서야 놀라지 말고
자신의 감각이 무디고 미천하여 사냥개가 없이는
그 섬세한 자취를 찾을 수 없음을 인정해야 합니다.
또한 폐하, 오 하늘 아래 가장 아름다우신 여왕님,

이 아름다운 거울을 통해서 폐하의 모습을 보시고
이 선녀의 나라 안에서 폐하 자신의 영토를 보시며,
이 태곳적 이미지 속에서 폐하의 위대하신 조상님들을 보소서.

6 스펜서가 이 작품을 헌정한 엘리자베스 여왕을 가리킨다. 스펜서는 "월터 랄레이 경에게 보내는 편지"(Letter to Sir Walter Raleigh)에서도 밝히고 있듯이 엘리자베스 여왕을 가장 이상적 군주로 묘사하고 있으며, 작품에서 그녀는 글로리아나(Gloriana), 또는 선녀여왕으로 등장한다. 여왕은 가이언을 포함하여 이 작품에 등장하는 모든 기사들의 주인으로서 또한 스펜서 자신이 흠모하는 절대군주로서 작품의 역사적, 종교적, 정치적 알레고리의 기준이 되고 있다.

9 칸토 10에 나타난 선녀의 나라 연대기는 영국의 연대기와 대단히 흡사하다는 사실을 참조할 것. 칸토 10에서 아서가 읽는 영국의 연대기는 전설적 영국의 시조 부르터스(Brutus)부터 아서에 이르기까지의 역사이며, 가이언이 읽는 선녀의 나라 연대기는 엘리자베스 여왕의 가문, 즉 튜더(Tudor) 왕조의 역사에 대한 알레고리이다.

5

이 이미지에 대해서는, 오 용서하소서, 제가 이처럼
은밀한 베일로 두르고 은은한 그림자로 감싸서,
연약한 눈으로도 폐하의 영광을 볼 수 있도록 한 것을.
그렇지 않으면 그처럼 밝은 광선을 견디지 못하고
엄청난 광채 때문에 눈이 멀 것이기 때문입니다.
오 용서하시고 인내심이 많으신 귀를 허락하시어,
이 선녀의 기사, 훌륭한 가이언 경이 겪게 되는
용감한 모험의 이야기들을 친히 들어주시옵소서,
그를 통해 절제라는 위대한 덕목이 훌륭하게 드러날 것입니다.

5 스펜서는 작품의 알레고리 기법에 대한 변명을 하면서, 동시에 엘리자베스 여왕에게 과장된 찬사를 바치고 있다. 자신이 광채를 베일로 둘러 조금 어둡게 함으로써 독자들이 여왕의 광채를 볼 수 있도록 했다는 뜻이다.

7 가이언(Guyon) : 《황금성인전》(*Golden Legend*)에 의하면 가이언(Guyon)의

어원은 레슬러(*wrestler*)이며, 실제로 레슬링은 제2권의 중요한 모티프 중 하나이다. 한편 파울러(A. Fowler)는 가이언이라는 이름이 에덴에 있는 4대 강 중의 하나인 기혼(Gihon)에서 왔다고 주장하고 있다. 그 강물은 무가치한 육체를 씻어주고 사악한 육신의 정염을 식혀주기 때문에 절제의 덕목을 상징한다고 알려져 있다.

제 1 칸토

가이언은 아키마고에게 속아서
레드크로스 기사를 공격하고,
모단트와 아마비아가 살해된 것을 본다,
쾌락이라는 독 묻은 미끼로 인해.

1
저 악독한 기만으로 가득한 교활한 모사가는,
거짓 편지들과 거짓 맹세로 얼룩진 간계로 인해
최근에 왕의 분노를 사서 사슬에 묶여 갇혔으나,
레드크로스 기사가 다시 자신의 주군이 되는
선녀여왕께 충성을 다하기 위해서 에덴 땅을
떠났다는 것을 알게 되자마자 조금도 지체 없이
술수를 부려서, 눈에 띄지 않는 은밀한 방법으로
감시자들의 손아귀에서 벗어나 달아나 버렸다.
그를 속박했던 족쇄는 빈 채로 남아 있고, 그는 완전히 탈출했다.

1 "교활한 모사가"(*that cunning Architect*) : 아키마고(Archimago)를 가리키는 말이다. 그는 제 1권 칸토 12에서 두엣사(Duessa)의 전령으로 변장하여 레드크로스(Redcross)와 우나(Una)의 결혼식을 방해하지만, 결국 정체가 드러나 갇히게 되었다.

2
그리고 그는 앞으로 나아간다, 악의로 가득 차,
악독한 흉계를 꾸며 제 고통을 복수하기 위해,

가슴에 맺힌 유일한 고통이요, 유일한 원수인
그 경건한 기사를 발견할 수 있는 곳을 찾아서.
이제 그는 우나를 완전히 포기해야 하는데,
레드크로스가 승리의 두 손으로 이미 그녀에게
원래의 옥좌와 왕위를 회복시켜 주었기 때문이며,
그녀는 거기서 확실한 평화를 영원토록 즐긴다,
마치 폭풍우에 시달린 배가 안락한 해변에 당도한 듯이.

6~9 제 1권, 칸토 12의 내용으로서 레드크로스는 용으로부터 우나의 부모를 구하고 그녀와 결혼하지만, 선녀여왕에게 봉사하기 위하여 홀로 되돌아간다.

3

그래서 이제 기사는 그의 경멸의 대상이 되었고,
철천지원수가 되었으니, 그는 거짓된 음모 혹은
공공연한 싸움을 통해 기사를 해칠 방도를 찾는다,
무슨 방법을 사용하든지 목적하는 바를 달성하려고.
이를 위해서 그는 제 간교한 수단을 다 동원하고,
수많은 다른 책략과 함께 자신의 교활한 기지와
유창한 혀를 이용하려 한다. 이제는 자신의 신용이
매우 위태로워졌다는 것을 잘 알고 있기 때문에.
이미 침에 쏘인 적이 있는 사람은 다시 쏘이지 않는 법이다.

4

그 자는 가는 곳마다 교묘한 미끼를 설치한다,
교활한 계략으로 기사를 불시에 붙잡기 위해서
또한 기사가 가는 길마다 은밀히 첩자를 배치해,

그가 어떤 길로 가며 어떻게 가는지 탐색했다.
제 함정 속에 그를 빠뜨려 손쉽게 사로잡으려고.
그러나 과거의 위험과 근심스런 경험을 통해서
기사는 이제 대단히 현명하고 조심스러워졌기에,
그의 계교를 알아차리고 언제나 미리 피해 갔다.
한 번 잡혔던 물고기는 새 미끼를 결코 다시 물지 않는 법이다.

5

그 마법사는 모든 수고를 아끼려 하지 않았으며,
제 뜻을 이룰 기회를 얻을 희망에 가득 찼지만,
그가 너무나도 오랫동안 헛되이 기다리게 되자,
다른 악행을 저지르기로 마음을 바꾸게 되었다.
모든 선은 여전히 그의 적이었기 때문이었다.
길을 가다가 우연히 그는 그늘진 언덕 아래를
멋지게 달리고 있는 한 훌륭한 기사를 만났는데,
그 기사는 몸에 잘 맞는 갑옷으로 무장을 하여
머리에서 발끝까지 몸의 어느 부분도 드러내지 않고 있었다.

7 "훌륭한 기사"(*goodly knight*) : 가이언을 일컫는 호칭인데, 2연에서 레드크로스를 "경건한 기사"(*godly knight*) 라고 부른 것과 대조를 이룬다. 레드크로스의 덕목이 성스러움(*holiness*) 으로서 종교적이라면 가이언은 절제(*temperance*) 라는 세속적 덕목을 대변하고 있다고 볼 수 있다.

6

그의 몸가짐은 매우 단정하고, 자세는 똑바르고
용모는 엄숙하면서도 절도를 갖추고 있었지만,

너무나도 준엄하고 무시무시하게 보였기 때문에
친구들은 좋아했으나, 적들은 혼비백산하였다.
그는 고귀한 혈통을 이어받고 태어난 요정이었으며,
고향에서는 커다란 존경의 대상이었을 뿐 아니라,
마상시합에도 뛰어나, 시합장에서 매우 잘 싸웠고
당시 오베론 왕과 함께 요정의 나라에 와 있었던
훌륭한 후온 경으로부터 직접 기사의 작위를 하사받았다.

8~9 오베론(Oberon)은 셰익스피어의 《한여름밤의 꿈》(*A Midsummer Night's Dream*)에도 등장하는 이름으로, 요정의 왕으로 알려져 있다(10 칸토의 76연을 참조할 것). 오베론의 친구로서 요정의 나라를 방문한 후온경(Sir Huon)은 당대에 매우 인기 있던 중세 로망스 《보르도 지방의 후온》(*Huon of Bordeaux*)에 등장하는 주인공이다.

7

또한 어느 점잖은 팔머가 그가 가는 길을
동행하고 있었는데, 그는 검은색 복장을 입고
나이가 지긋하며 머리가 모두 하얗게 세었고,
기나긴 여행에 피곤하지 않도록 노쇠한 사지를
지팡이에 의지하면서 연약한 발걸음을 옮겼다.
만일 겉모습으로 마음을 판단할 수가 있다면,
그는 현자이면서 근실한 노인처럼 보였는데,
언제나 느릿한 걸음으로 기사를 인도했기에
기사는 치닫는 자신의 말이 그와 보조를 맞추도록 다스렸다.

1 팔머(Palmer): 성지인 예루살렘의 순례를 마친 순례자(Pilgrim)를 지칭하는 말로서, 보통 이성(*reason*)을 대변하는 존재로 해석하고 있는데, 인간의 이성에 대한 기독교적 보호, 또는 안내를 나타내고 있다.

8

그러한 기사 일행을 보자마자, 아키마고는
어떤 기묘한 간계를 사용할 계획을 품었다.
즉시 속임수로 가득 찬 계략의 실뭉치를 풀어,
사악한 간교함으로 그물을 짜기 시작했고,
표정을 단아하게, 태도는 아첨하듯 꾸미고는,
그들에게 다가가 그 기사에게 이렇게 말했다:
“마르스의 멋진 아드님, 전투에서 얻는 전리품과
위대한 업적을 통해 자신을 높이시려는 분이시여,
이 미천하고 가련한 자를 위해서 부디 말을 세워주소서.”

7 마르스(Mars): 그리스신화에 등장하는 전쟁의 신으로서, 전투를 중요한 임무로 여겼던 기사를 칭송하는 용어로 흔히 쓰인다.

9

기사는 그 미천하고 가련한 자를 위해 말을 세웠고,
이어서 그 탄원의 내용이 무엇인지 말하라고 했다.
그러자 아키마고는 마음속의 두려움으로 인해
사지가 떨리는 척, 창백하여 기절할 듯 보이면서
처량하게 흐느끼며 애절한 사연을 꾸미기 시작했다.
“사랑하는 아가씨, 조금 전 제가 고통 속에 두고 온
아가씨의 사연을 어떻게 밝히면 좋으시겠습니까?
신이 허락하여 여기서 이 슬픈 얘기를 직접 하셨다면
얼마나 좋았겠습니까! 아가씨의 모습에 모두 연민을 느꼈을 텐데.

10
아니 오히려, 오, 오히려 어쩌다 상황이 바뀌어서,
그대 지고하신 기사님께서 바로 거기에 계셨더라면,
그 음탕한 색마가 추악한 색욕으로 몸이 달아서,
아름답고 찬란한 그녀의 깨끗한 육체를 더럽히려고
순결한 처녀에게 감히 그 더러운 두 손을 대었을 때.
그것은 마치 처녀의 순결함과 명예를 지니고 있으며,
그 누구에게서도 볼 수 없는 어여쁜 눈을 가진, 만물의
위대한 어머니이신 대지에 손을 대는 것과 같았어요.
증언해주오, 아가씨께서 헛되이 도움을 청했던 그대 하늘들이여."

6~8 대지(*earth*)를 "위대한 어머니"(*great mother*)라고 부르는 것은 아키마고의 특성을 드러내는 것이다. 그는 여기서 대지를 칭송하고 하늘을 비난하는 태도를 취하고 있다. 대지는 그리스신화에서 거인들과 타이탄들의 어머니이며, 오르고글리오(Orgoglio)를 비롯한 제 1권의 많은 악당들의 어머니이기도 하다. 해밀턴(A. C. Hamilton)은 제 2권에서 대지가 인간의 타락을 의미한다고 주장한다.

9 아키마고가 "하늘"(*heauens*)을 복수로 사용한 것은 그가 유일신 체계를 가지고 있는 기독교와 상반되는 이교도라는 것을 강조하기 위함이다.

11
그러자 기사는 꽤 격분하여 말했다, "어떻게 기사가
고결한 기사도를 그처럼 모욕할 수 있다는 말인가?"
아키마고가 말했다: "얼마나 수치스럽게 그 기사가
그 처녀를 괴롭혔는지는 오직 본 사람만이 알지요.
그 자는 물결치는 그녀의 금발 머리채를 마구 잡아채,
땅바닥으로 그녀를 끌어내서는, 자신의 예리한 칼을
눈처럼 하얀 그녀의 가슴에다 흉포하게 겨누고,
수없이 잔인한 말로 죽여버리겠다고 위협했는데,

그 다음은 차마 보기에도 끔찍해서 말조차 나오지 않습니다."

12
그 말을 듣고 가이언의 침착한 마음이 격동하여
말했다. "그런 짓을 하고도 그 자가 아직 살아 있고,
그런데도 하늘이 그런 자를 먹여 살린다는 말인가?"
아키마고가 말했다. "살아서 그 짓을 뽐내고 다녀도
그 어느 기사 하나도 그의 용맹을 꺾지 못했습니다."
가이언이 말했다. "어디서 그 악당을 찾을 수 있고,
아니면 어떻게 그의 자취를 추적할 수 있겠는가?"
아키마고가 말했다. "그건 제가 안내하겠습니다.
마치 사냥개가 화살 맞은 사슴을 피 냄새로 찾아가듯 확실하게요."

13
가이언은 더 이상 말을 하지 않고 분기충천하여,
맹렬한 기세로 성급하게 그 기사를 찾기 위해서,
그가 있을 거라고 그 교활한 종자가 말한 곳으로
부리나케 말을 몰아갔다. 오래지 않아서 그들은
한 양가집 규수가 홀로 앉아 있는 곳에 당도했는데,
그녀는 옷이 갈기갈기 찢기고, 머리는 헝클어진 채,
두 손을 꼭 움켜쥐고는 불쌍하게 흐느끼고 있었다.
부풀어 오른 두 눈은 심하게 일그러져 있었으며,
아리따운 얼굴은 눈물로 범벅이 되어 추하게 얼룩져 있었다.

14
가이언이 가까이 다가가면서, 그녀에게 말했다.
“아름다운 아가씨, 이처럼 끔찍한 슬픔을 당하여
이렇게 낙담하고, 그 빛나는 아름다운 꽃봉오리가
망쳐진 것을 보니 밀려오는 동정심을 가눌 길이 없소.
그러니 그대의 서러움과 무거운 마음을 가라앉히고
그대가 당한 마음 속 고통의 원인을 말씀해 주시오.
왜냐하면 그대에게 치욕을 준 자가 살아 있다면
그대에게 마땅한 보상을 해주어야 하기 때문이오.
그렇지 않으면 그는 더욱 힘을 내어 불의를 자행할 것이오.”

15
그 말을 듣자 그녀는 마음이 마치 악에 바친 듯,
고의적으로 자신의 슬픔을 더욱 더 부풀렸고,
그녀를 위로하려는 기사의 희망을 무시하였다.
그녀는 자신의 금발 머리타래를 마구 쥐어뜯으며,
지독한 슬픔에 북받쳐 얼굴을 마구 할퀴었고,
말하려고도, 보려고도, 보이려고도 하지 않았으며,
지극한 수치심, 아니면 너무 큰 슬픔 때문인지,
다만 얼굴을 숨기고, 고개를 아래로 떨구기만 했다,
마치 자신의 마음이 슬픔으로 인하여 굳어 버렸다는 듯이.

16
결국 그 종자가 그녀에게 말했다, “소중하신 아가씨,
신의 자비로움에 맹세코 그렇게 고집 부리지 마시고,

지금 이 기사님의 도움을 기꺼이 받아들이십시오,
이것은 행운이 아가씨께 제공하는 선물이랍니다.
이미 불행이 닥치고 말았는데, 눈물을 흘리고 울면
그게 무슨 소용이 있겠습니까, 다만 불행만 커지고
연약한 마음을 두 배의 고통으로 괴롭힐 뿐이지요."
그 종자가 하는 말을 듣자, 그녀는 의도적으로 꾸민
고통을 가라앉히기 시작했으며, 어떤 남모를 안도감을 느꼈다.

17
곧이어 그녀가 말했다, "아 점잖고 믿음직한 종자여,
그 사악한 반역자가 제 명예를 더럽힌 이 마당에,
나같이 불쌍한 것이 무슨 위로를 기대할 수 있으며,
이제부터 어떻게 내가 티없는 하늘을 바라보면서
구차하게 목숨을 연명하길 바랄 수가 있겠습니까?"
선녀의 기사가 말했다, "고귀한 숙녀를 기만하거나,
무력으로 숙녀를 해치는 자는 분명히 사악한 반역자요,
그런 더러운 소행에 대해서는 죽음조차 가벼운 처벌이 될 것이오.

18
하지만 이제 어여쁜 아가씨, 마음을 진정시키고
누가 이런 수치를 그대에게 주었는지 이야기하여,
그 자가 어디에 있든지 간에, 즉각적 복수가
그를 따라잡아 그에게 덮칠 수 있도록 해주시오."
그녀가 말했다, "정말 저는 그의 이름조차 몰라요.
하지만 그 악당은 회색빛 말을 타고 있었으며,

그 옆구리는 알록달록한 동그라미로 꾸며져 있고,
그는 꼿꼿이 그 위에 타고 갔는데, 그의 은빛 방패엔
전체를 네 조각으로 나누는 붉은 십자가 새겨져 있었어요."

19
가이언이 말했다, "내 머리에 맹세코, 도대체
어떻게 그 기사가 그처럼 흉악한 짓을 자행했는지,
어떻게 정숙한 처녀를 이처럼 능욕했는지 모르겠소.
왜냐하면 감히 말하지만, 분명코 그는 올바르고
선한 기사이며, 언행이 진실한 분이기 때문이오.
그가 무기를 들어 맹세하고, 곧바로 방랑하던 처녀의
모험을 떠맡았을 때, 내가 그 자리에 있었으며,
그 과정을 모두 두 눈으로 직접 보았기 때문이오.
듣건대, 그 기사는 그 모험에서 커다란 명예를 얻었다고 하오.

6 제 1권에 등장하는 여주인공 우나(Una)를 가리킨다. 우나가 용에게 사로잡혀 있는 자신의 부모를 구해달라고 선녀여왕에게 하소연할 때, 레드크로스가 그 과업을 자원했으며, 선녀여왕의 기사였던 가이언도 그 자리에 있었다("월터 랄레이 경에게 보낸 스펜서의 편지"를 참조할 것).

20
그렇지만 그는 머지 않아 다시 판결을 받고,
자신에게 부과된 죄가 무고임을 밝혀야 할 것이오,
아니면 분명히 말하지만 그는 심한 고통을 받거나,
악행에 대해 아가씨께 충분히 보상해야 할 것이오.
모든 잘못은 보상을 받지만, 수치는 그대로 남는 법.

그러므로 아가씨, 이제 고통을 털고 일어나시어,
그대의 더럽혀진 이름이 정화되는 것을 보시오."
그녀는 억지로 따르는 듯했지만, 사실은 사기였다.
속으로 그녀는 자신의 목적이 달성되어 기뻤기 때문이다.

21
그녀의 의도는 그녀가 가장한 것과는 딴판이었고,
그녀 자신도 역시 겉으로 보이는 것과는 달랐는데,
순박한 외관과 정직하게 보이는 겉모습 뒤에는
사악한 두엣사가 도사리고 있었다, 아무도 몰래
능욕 당한 한 순결한 처녀의 모습으로 꾸민 채.
바로 사악한 아키마고가 그녀의 간교함을
비애와 서러운 슬픔으로 씌워서 그렇게 만든 것이다.
그리고 또한 자기 자신은 교묘하게 그녀의 종자로
둔갑하여 그녀에게 봉사하는 연기를 능숙하게 해낸 것이다.

4 두엣사(Duessa) : 아키마고와 더불어 작품 전반을 통하여 주인공 기사들의 적으로 활동한다. 그녀의 이름은 위선, 즉 이중인격(*doubleness*)을 암시하며 종종 그녀는 "바빌론의 창녀"(*whore of Babylon*)라고 불리는데, 이는 전투적 개신교도였던 스펜서가 그녀를 로마 가톨릭교회의 상징으로 묘사하고 있다는 뜻이기도 하다.

22
그 자가 벌거벗은 채 내버려진 그녀를 발견했을 때
두엣사는 황량한 벌판을 방황하고 있었는데,
그녀는 부끄러움과 역겨운 추악함을 감추기 위해,
바위더미와 땅 속 깊은 동굴 속에서 숨어 지내며,

초록 이끼로 자신의 벌거벗은 몸을 감추고 있었다.
바로 아서 왕자가 그녀의 오만한 장식물과
거짓 아름다움을 벗겨 버렸기 때문이다. 그런데도
그 마법사는 그녀가 자기 의도에 부합됨을 알고
그처럼 옷을 입히고, 적절한 의상으로 그녀를 꾸민 것이었다.

6 아서(Arthur) 왕자: 그는 이 작품의 전편에 걸쳐 등장하며, 모든 덕의 집합체인 관용(*magnanimity*)을 대변하는 이상적 기사이다. 선녀여왕인 글로리아나를 흠모하는 아서는 제1권에서 역경에 빠진 레드크로스 기사를 구해주고 두엣사를 사로잡았으나, 우나의 충고로 그녀를 죽이지 않고 발가벗겨 쫓아낸다.

두엣사는 제1권 칸토 8에서 아서(Arthur)에게 사로잡힌 후 발가벗겨져 방면되었는데, 여기서는 그 이후의 내용을 서술하고 있는 것이다.

23

그가 하는 일이란 모두 훌륭한 기사들을 속이고,
그들이 칭송과 명예를 추구하지 못하도록 꾀어내서
게으름과 육체적 쾌락으로 시간을 허비하도록 하여
끝내 경멸스런 치욕으로 삶을 마치게 하는 것이었다.
그런데 이제 레드크로스의 위상이 그처럼 높아지자
말할 수 없는 커다란 괴로움이 그를 사로잡았다.
그래서 그는 바로 이처럼 교묘한 계략을 고안하여,
그 기사와 비슷한 덕과 결점을 가진 자를 부추겨서
그를 칭송하는 대신에 그를 적으로 삼도록 의도한 것이었다.

8 "비슷한 덕과 결점을 가진 자"(*as vertues like mote unto him allye*) : 가이언을 가리키는 말로서, 그 기사가 레드크로스와 견줄 만큼 훌륭하지만, 동시에 그와 같은 인간적 약점을 가지고 있는 존재라는 것을 강조하고 있다.

24

그래서 이제, 그는 가이언을 낯선 길로 인도한다.
여러 숲과 산을 지나, 마침내 그들은 두 언덕 사이에
나지막이 자리 잡고 있는 멋진 골짜기에 이르렀는데,
그 골짜기를 굽어보고 있는 두 언덕의 높이 치솟은
봉우리들이 그곳을 시원한 그늘로 뒤덮고 있었다.
그 한가운데로 한 작은 시내가 흘러내리고 있었고,
그 곁에서 한 기사가 투구를 끄른 채 앉아서,
시원한 시냇물로 심신을 상쾌하게 하고 있었다,
수많은 어려움을 겪으면서 기나긴 여행을 치르고 난 후였기에.

1 이제부터 가이언을 안내하는 것은 팔머가 아니라 아키마고이며, 팔머는 31연에 다시 등장한다. 이는 절제의 기사가 이성을 대변하는 팔머의 안내를 받아야 바른 길로 갈 수 있다는 암시이기도 하다.

25

"보세요, 저기 있어요", 아키마고가 크게 외쳤다,
"제가 보았던 그 수치스런 범죄를 저지른 자예요!
지금 자신이 행한 능욕에 걸 맞는 복수를 피하려고
아무도 모르게 자신의 몸을 숨기고 있습니다만,
소용없지요, 기사님께서 그에게 값비싼 후회를
안겨줄 터이니. 신이 기사님을 승리로 이끄는 동안
저희는 여기 멀리 서서 그 광경을 지켜보겠습니다."
그렇게 그들이 분노로 불타는 가이언을 남겨두자,
기사는 즉시 그 기사를 향해서 창을 똑바로 겨누고 달려갔다.

26
그가 그토록 사납게 달려오는 것을 멀리서 보고,
상대 기사는 갑옷을 자신의 몸에 두르기 시작했고,
준비된 창을 즉시 갑옷의 창받이에 고정시켰다.
가이언이 그를 향해 계속 달려오는 것을 보자
그 기사도 그를 상대하기 위해서 똑같이 치달았다.
그들은 서로를 내리칠 기세로 곧바로 조우했는데,
그때 갑자기 가이언이 자신의 위협적인 창끝을
떨구기 시작했다, 마치 예기치 못한 어떤 사고가
자신에게 닥친 듯, 또는 어떤 함정이 숨겨진 것을 알아챈 듯.

27
그리고 외쳤다, "용서하시오, 기사님, 신이여 용서하소서,
제 무례와 경솔한 무모함을 용서하시기 바랍니다.
그 때문에 하마터면 끔찍한 범죄를 저지름으로써
가증스런 치욕으로 제 명예를 더럽힐 뻔하였습니다.
제가 기사님의 방패 위에 장식으로 새겨져 있는
우리 구주의 죽음을 상징하는 성스런 십자가를 향해
강철로 된 이 저주스러운 창끝을 겨누고 말았군요."
한편 그의 사나운 상대방은 대담한 용기에 자극받아
전투의 거친 숨을 뿜어내는 자신의 말을 쉽게 멈출 수 없었다.

28
하지만 가이언의 말을 듣자, 그는 즉시 자신의
실수를 알아차리고 스스로 창을 거두면서 말했다.

"아, 친애하는 가이언경, 과연 훌륭하십니다.
그렇지만 비난받아 마땅한 사람은 오히려 접니다.
제 손이 이성으로부터 너무나 멀리 벗어나 버려서,
경의 방패를 장식하고 아름다움으로 경을 지켜주는
저 성스런 처녀의 아름다운 형상을 향하여
하마터면 끔찍한 폭력을 휘두를 뻔하였습니다.
예의심 때문에 경께서 다른 자의 잘못까지 떠맡으시는군요."

7 "성스런 처녀"(*heauenly Mayd*) : 글로리아나(Gloriana), 즉 선녀여왕을 가리키는데, 레드크로스의 방패에는 붉은 십자가가, 가이언의 방패에는 글로리아나의 형상이 새겨져 있다.

29

그렇게 두 사람은 자신의 빛나는 투구 턱가리개를
끌어올리고, 서로 반갑게 인사를 나누며 화해했다.
그들은 각자 훌륭한 태도로 서로를 대하였으며
적절한 예의를 갖추어 상대방을 즐겁게 대접하였다.
그런 다음 레드크로스 기사가 말했다, "자, 이제
가이언 경, 처음에 왜 그처럼 거친 공격 태세와
사나운 의도로 제게 달려드셨는지 말씀해 주십시오.
저는 기사님의 탁월한 통제력을 알고 있기 때문에
추측컨대 어떤 중대한 이유나 또는 기이한 사건이 있었겠지요."

30

가이언이 말했다, "정말이지, 저를 이리로 안내한
바보 같은 이유를 말씀드리기가 부끄럽기 그지없군요.

최근에 저는 우연히 어떤 사악하고 가증스런 악당을
만나게 되었는데, 그는 심한 곤경에 처한 것 같았고,
지독한 범죄에 대해서 탄원했는데, 그의 말에 의하면
어떤 기사가 점잖은 처녀를 범했다는 것이었습니다.
그에 대한 복수를 위해서 그 자가 절 이리로 데려왔고
기사님을 자기 흉계의 표적으로 지목하였습니다만,
이젠 도망갔군요. 어디로 가든 추악한 치욕이 그를 따를 것입니다."

31
그렇게 가이언은 자신의 진심을 농담처럼 말했다,
능숙한 상황처리와 현명한 절제심을 발휘하면서.
이때쯤, 그의 늙은 안내자가 그곳에 도착했는데,
그 기사를 보자마자 한 눈에 척 그를 알아보고는—
최근에 선녀의 궁정에서 그 기사를 보았기 때문에—
이렇게 말했다, "멋진 젊은이, 신께서 행운을 그대와
그대의 방패에 새겨진 저 귀한 십자가에게 내리시길,
모든 기사 중에서 그대만이 그 십자가로 잘 무장한 것 같구려.

32
최근에 그대가 이룬 대단히 힘든 공적으로 인하여
끊임없는 명성과 기쁨을 누리실 수 있기를 바라오.
그 업적으로 인하여 그대의 영광스런 이름이
태양 위에 있는 하늘나라의 장부에 기록되었으며,
그대는 다른 성인들과 함께 성인의 지위를 얻었소.
그러나 초라한 우리는 그대가 자취를 남긴 곳에서

이제부터 새로 출발하여 달려갈 길을 가야 한다오.
가이언경, 과업을 잘 마치고 소망하는 하늘나라에
그대의 지친 범선을 도착시킬 수 있도록 신께서 그대를 인도하시길."

33
그에게 레드크로스 기사가 대답했다, "팔머여,
자신의 권세를 나타내는 도구로 제 손을 사용하여
이 공적을 이루어내신 그 분께 찬양을 드려야 합니다,
선한 의지 외에는 제게 아무런 공로도 없습니다.
제가 한 일이라고는 단지 해야할 일을 한 것뿐이죠.
하나 곧이어 다음 행렬을 과시할 그대 멋진 기사여,
마음으로 소망하시는 것만큼 화려한 공을 이루시어,
고향에 세 배나 더 행복한 소식을 전하시길 빕니다.
그대는 이미 고귀함과 예의바른 행동으로 잘 알려져 있으니까요."

34
그렇게 두 사람은 오른 손으로 선의에 대한 맹세를
굳세게 다짐하며 정중한 이별을 서로 주고받았다.
그리고 가이언은 자신의 갈 길을 향해 나아갔다.
항시 그를 안내하는 검은 복장의 팔머와 함께.
팔머는 자신의 견실한 지팡이로 갈 길을 가리키며,
골짜기와 언덕 너머로 꾸준히 기사를 인도하여 갔다.
이성으로 행동을, 자신의 의지로 언어를 다스리며,
팔머는 종종 몹쓸 무절제함을 비껴가곤 했으며
성급한 발걸음을 마구 내디뎌 분노에 빠져드는 일이 없도록 했다.

7~9 제 1권에서 레드크로스 기사가 성스러움을 성취한 기사가 아니고, 그것을 추구해 가는 인물로 그려진 것처럼, 여기서도 가이언은 완전한 절제에 대한 알레고리라기보다는, 팔머로 대변되는 올바른 이성을 통해서 절제를 점차 완성해 갈 인물이라고 보아야 할 것이다.

35

이처럼 적절하게 그들은 오랫동안 함께 여행했다.
비록 힘든 시련이 수없이 많이 닥쳐오긴 했지만.
그때마다 가이언은 언제나 명예롭게 처신하여
자신의 명성을 드넓은 모든 나라에 두루 퍼뜨렸다.
마침내, 이글거리는 햇빛으로부터 피신하기 위하여
그들이 우연히 어느 숲 주변을 지나가고 있을 때,
째지는 듯한 비명과 끊임없는 구슬픈 흐느낌으로
참담하게 울부짖는 한 애처로운 목소리를 들었다.
무슨 일인지 알아보려고 그들은 가던 길을 잠시 멈추었다.

8 이 여인의 이름은 사행시로 이루어진 서언(*argument*) 사행시에 등장하는 아마비아(Amavia)이지만, 본문에는 아직 이름이 등장하지 않으며 칸토 2의 45연에서 처음 등장한다.

36

한 여인이 말했다, "그러나 만일 저 무심한 하늘이
정의로운 복수의 심판을 마다하고, 인간의 불행이
점철된 구슬픈 행렬을 보는 것을 즐거워한다 해도—
인간은 참담한 삶을 살도록 하늘로부터 저주받았기에—
불쌍한 인간으로부터 죽음을 앗아갈 수는 없는 법.
그러니, 오라, 어서 오라, 달콤한 죽음아, 내게 와서 이 길고도 고통스러운 지긋지긋한 빛을 가져가거라.
그대가 주는 상처는 아플지라도, 그 약은 달콤하다,
오랫동안 지겨운 속박에 사로잡힌 영혼을 벗어나게 해주리니.

37
하지만 귀여운 아가야, 악의에 찬 찌푸린 운명이
널 네 아비의 파멸에 대한 슬픈 증인으로 남겼구나.
하늘이 네게 생명을 유지해가도록 허락하였으니
오랫동안 살기 바라고, 게다가 네 불운한 부모에게
닥친 것보다는 더 나은 삶으로 번성하기 바란다.
너는 살아라, 그래서 죽은 네 어미가 더러운 죄악에
물들지 않고 깨끗하게 죽었다는 것을 증언해다오.
내 가슴에서 흐르는 피로 물든 네 작은 두 손을
서원의 정표로 남기니, 볼지어다. 자, 이제 날 쉬게 해다오."

38
그리고 나서 그녀는 치명적 비명을 토해냈는데,
그 비명 소리는 온 숲에 거듭 메아리쳐 울렸다.
그리고는 너무도 깊고 낮은 신음을 토해냈다,
마치 그녀의 연약한 심장이 찢어지는 것처럼,
또는 날카로운 고통의 침이 심장을 꿰뚫는 것처럼.
그것은 마치 잔인한 쇠붙이에 옆구리를 깊이 찔려,
생명의 피를 줄줄 흘리면서, 구슬픈 죽음이
자신에게 다가오는 것을 느끼는 온순한 사슴이
마지막 숨을 모아 울며 시선을 하늘에 고정시키는 것 같았다.

39
그 소리를 듣자마자 그 용사는 즉시 큰 말에서
뛰어내려 숲을 향해 내달렸으며, 얼마 되지 않아
그 죽음과 비통함의 슬픈 형상이 반쯤 죽었으나
반쯤은 숨이 붙어 있는 채 누워 있는 곳에 당도했다.
하얀 석고 같은 그녀의 가슴에 잔인한 칼 하나가
꽂혀 있어 보기에도 끔찍한 상처를 내고 있었고,
그로부터 진한 핏덩이가 시내를 이루며 흘러나와
그녀의 훌륭한 의복을 온통 피로 적시고 있었고
풀이 우거진 초록색 땅을 짙은 핏빛으로 물들이고 있었다.

40
죽음의 격렬함으로 점철된 처절한 광경이었다.
그녀는 부글거리며 솟구치는 샘 곁에 누워 있었는데,
자신의 가슴에서 흐르는 피를 거기에 보태면서
맑은 물결을 자줏빛 핏덩이로 변색시키고 있었다.
또한 그녀의 무릎에는 한 아름다운 아기가 누워
슬퍼하지도 않은 채 잔인한 장난을 치고 있었다.
그 아기는 그녀의 흐르는 피로 자신의 작은 두 손을
적시며, 부드러운 손마디를 온통 적시고 있었으니,
차마 두 눈을 뜨고는 볼 수 없는 너무나도 처절한 광경이었다.

41
그 두 사람의 곁에 흙이 다 드러난 풀 위에는
무장한 기사의 죽은 육체가 널브러져 있었는데,

그의 갑옷에는 온통 피가 흩뿌려져 있었다.
불그레한 입술은 미소를 지었고, 장밋빛 홍조는
밝은 뺨을 물들이고 있었으나, 이미 죽어 있었다.
살아 있을 때에는 훌륭한 인물이었던 것 같았다,
아리따운 숙녀를 사랑의 열기로 설레게 할만큼.
혈기가 넘치는 신선한 꽃다운 나이에 이르렀는데,
저 흉포한 운명이 그 세월의 꽃봉오리를 잘라가 버린 것이다.

42
선한 가이언 경이 그를 보았을 때, 그의 심장은
점차로 차가운 대리석처럼 굳어지기 시작했으며,
용솟음치는 피는 무섭도록 차갑게 얼어붙어서
그의 모든 감각이 한꺼번에 사라지는 것을 느꼈다.
급기야 그의 강력한 영혼은 깊은 신음을 토해냈다,
마치 사자가 강한 경멸감을 안고 불만에 가득 차
마음속으로 슬퍼하며 울부짖는 소리를 내듯이.
결국 비통함과 여린 연민의 감정은 단호한 그의
용기를 수그러지게 만들었고, 그의 마음속 고통을 드러냈다.

43
그는 그녀의 피 어린 상처로부터 그 잔혹한 칼을
잽싸게 잡아챘으며, 피가 솟아 나오는 배출구를
자신의 의복으로 봉했다. 그리고는 살아 있는 피가
혹시 한 방울이라도 그녀의 혈관에 남아 있는지
확인하려고 그녀의 연약한 맥박을 가볍게 짚었다.

맥박이 뛰는 것을 느끼자, 버려진 그녀의 육신에
생명이 다시 돌아오기를 그는 간절히 소망했다.
그가 그녀의 치명적 상처를 아주 잘 보살폈기에
마침내 그 여인은 살아 있는 호흡을 뱉어내기 시작하였다.

44
그것을 알아챈 그는 대단히 기뻐하기 시작했고,
부드러운 목소리로 그녀에게 다정히 권유하였다
(상처받은 가슴에는 그게 가장 적합한 약이다).
"아 이런, 아가씨, 대체 그 어떤 애처로운 연민과
참을 수 없는 고통의 형태가, 어떤 극심한 계기가
복수에 불타는 운명으로 무장했거나, 그도 아니면
어떤 저주스런 자가 그토록 잔혹한 일을 저질러
이처럼 부당하게 자신의 명을 끊도록 했습니까?
말해주오, 오 아가씨, 말해주오. 도움은 언제라도 득이 되는 법."

45
그러자 그녀는 희미한 눈꺼풀을 뜨기 시작했는데,
그 위에 음울한 죽음이 납덩어리처럼 육중하게,
어두운 구름이 내려앉은 것처럼 드리워 있었다.
그러나 전신에 빛나는 갑옷을 차려 입은 기사가
자기 자신 앞에 서 있는 것을 그녀가 보았을 때,
마치 죽음의 꿈에서 소스라쳐 깨어난 사람처럼
가냘프게 흠칫하였지만, 아무것도 개의치 않았다.
그 즉시 다시금 거대한 원한에 자신을 빠뜨리며,

그녀는 땅에 몸을 던지며 엎어졌다, 생명과 빛을 혐오한다는 듯.

46
선량한 기사는 곧 다시 조심스레 애를 써 그녀를
가볍게 다시 일으켜, 부드럽게 바로 앉혀주었다.
그녀를 세 번 일으켰으나, 다시 세 번 무너졌다.
마침내 그는 두 팔로 그녀의 허리를 감싸 안고
그녀에게 말했다, "아직 만일 돌덩이 같은 차가움이
부인의 얼어붙은 심장을 모두 감싸쥐지 않았다면,
부인의 슬픔을 풀어낼 한 마디 말이라도 뱉어내,
부인의 치명적 아픔의 비밀을 말씀해 주시구려.
자신의 슬픔을 나누는 사람은 종종 신속한 도움을 받는 법이오."

47
그러자 죽음의 표정으로 쳐다보면서, 그녀는 다친
가슴의 밑바닥에서부터 아주 깊은 한숨을 내쉬고는,
곧이어 쓰라린 격동의 몸부림을 수없이 쏟아냈는데,
매우 창백한 입술과 더듬거리는 혀를 억누르며,
그녀는 갈라진 가슴에서 이러한 말들을 뱉어냈다:
"가세요, 아, 떠나가세요, 기사님이 누구시든 간에,
지치고 참담한 인간이 바라는 안식을 취하는 것을
그리고 죽어 가는 영혼의 평안을 방해하진 마세요.
겨우 얻은 안식을 앗아가지 마세요, 아무도 내게 그것을 주지 않을
테니."

48

기사가 말했다, "아, 부인, 나는 결코 영혼이
소망하는 안식을 방해하거나, 슬픈 인생을
오랫동안 억압 속에 잡아 두려는 의도가 없소.
내가 구하는 것은 단지 그대의 마음을 괴롭히는
쓰라린 고통의 원인을 바로잡는 것뿐이라오.
그러니 말해주오, 오, 부인, 어떤 운명적 고난이
부인에게 그토록 큰 불행을 주었는지 말씀하시어,
내가 부인을 구해줄 방도를 찾을 수 있게 하거나,
부인의 고난에 동참하여 슬픔에 찬 부인과 함께 죽게 해주오."

49

그러자 자신의 죽음에 대한 책임이 마치 하늘에게
있다는 듯 가녀린 두 손을 높이 하늘로 뻗으며,
그리고 두 눈에 메마른 눈물방울을 머금은 채,
그녀는 있는 숨을 다해 이런 슬픈 말을 쏟아냈다:
"그렇다면 들어보세요, 모든 감각을 훨씬 초월하여,
내 혀로는 차마 말할 수도 없는 슬픈 이야기를.
여기 아래에 누워 있는 이 죽은 육체를 보세요,
생기발랄한 말을 박차고 초록색 들판을 달리던
선량한 기사였던 이분은 전에는 훌륭한 모단트 경이었어요.

9 모단트(Mordant): 라틴어 어원은 "죽음을 주다"는 의미이며, 기사로서 그는 적에게 죽음을 주는 자이지만, 죽음을 주는 자로서 그는 자신의 아내에게 죽음을 주고, 자신의 후손에게 정신적 죽음을 주고 있다. "육신적"인 인간(52연 참조)으로서 그는 스스로를 파괴하고 죽음을 맞을 수밖에 없다.

50
전에는—아 그때는, 지금은 그렇지 않으니까요—
내 남편, 내 사랑—극진한 내 남편, 지극한 내 사랑—
정의로운 하늘이 공정한 표정으로 저 위에서
우리를 내려다보고 있는 동안에는 그랬었지요.
어느 날 드높은 용기가 그의 마음을 부추겨서
그대 기사들이 하는 대로, 거친 모험을 찾게 하자,
그는 자신의 강한 무력을 증명하고자 떠나갔지요,
이 아기를 태 중에 가지고 있던 저를 남겨둔 채,
이 불운한 아기를, 보시는 대로 이렇게 피로 더럽혀진 아기를.

9 이 아기의 이름은 루디메인(Ruddymane)으로서 그 이름이 칸토 3의 2연에 등장한다. 루디메인은 "피 묻은 손"이라는 뜻인데, 즉 죄가 있다는 표시이다.

51
운명이—짐작하시다시피 무정한 운명이—그를
사악한 아크레시아가 사는 곳으로 데려갔는데,
아크레시아는 무예를 수도하는 수많은 기사들을
악랄하게 파멸시켜온 바 있는 악독한 마녀입니다.
그녀가 사는 곳은 위험천만한 심해를 부유하며
옳은 길을 벗어나 배회하는 방황의 섬 안에 있지요.
기사님, 만일 그쪽으로 가시게 되면 많은 이들이
잘못 간, 그 저주스런 섬은 피해 가시기 바랍니다.
그 이름을 알아두세요. 그곳은 희락의 소굴이라고 불립니다.

2 아크레시아(Acrasia): 그리스어 "akratos"에서 온 이름으로 "무력함, 스스로 통제할 힘이 없음"(*incontinence*)을 뜻한다. 제 2권에서 그녀는 제 1권의 두엣사

와 아키마고를 합친 역할을 담당한다고 볼 수 있다.

6 방황의 섬(wandring Island)은 칸토 12의 11연에 등장한다.

9 희락의 소굴(Bowre of blis) : 아크레시아의 본거지로서 칸토 12에서 가이언이 만나게 되는 최후의 결전장이다. 이름이 본질을 드러내 보여주기 때문에 이름을 알아두라는 것.

52

그녀의 행복이란 모두 쾌락과 열락에 있는데,
그걸로 그녀는 애인들을 미치도록 취하게 한 후,
기이한 힘을 가진 온갖 언어와 약초를 사용하여
제 마음대로 그들을 사악한 곳에 이용한답니다.
내 사랑하는 주인을 그녀가 이처럼 기만하였지요,
그이는 육신적이었어요—모든 육신은 나약함을 낳는 법.
그이가 그렇게 곤경에 처했다는 것을 제가 듣고서,
연약하고 불쌍한 저는 순례자의 복장을 차려입고
무시무시한 두려움과 위험을 무릅쓰고 그이를 찾아 나섰습니다.

53

이제 아리따운 신시아가 규칙적으로 순환하여
그녀가 가진 한 해의 사분의 삼을 가득 채우고,
자신의 휘어진 뿔을 세 번의 세 배만큼 메우자,
그때 내 자궁은 그 무거움을 내려놓으려 하면서,
루시나를 곁에 가까이 부르라고 제게 시켰지요.
루시나가 왔고, 저는 사내아기를 낳았습니다.
숲은 제 산실이 되었고, 요정들이 제 산파였어요.
요긴한 도움을 받았지요. 그렇게 귀한 아기를
낳았지만, 제 사랑을 찾고 있던 제겐 아무것도 귀하지 않았어요.

1~3 신시아(Cynthia): 달의 여신인 다이애나(Diana)의 별명이다. "휘어진 뿔"(*crooked hornes*)은 초생달(또는 그믐달)을 가리키는데, 보름달로 변하기를 9번 반복했다는 말은 임신 후 9달이 지나 출산할 때가 되었다는 뜻이다.

5 루시나(Lucina): 역시 달의 여신인 다이애나를 가리키는데, 라틴어로 lucus, 즉 풍요로움을 뜻하는 숲을 의미하는 말이 암시하듯이 출산하는 여성의 수호신이기도 하다.

54

그렇게 전 그이를 찾아다니다, 마침내 찾았는데,
그 마녀가 그이를 제멋대로 부릴 노예로 만들어
욕정의 사슬과 음란한 욕구로 묶어 놓았으며,
그이가 가지고 있던 총명함을 바꾸어 버렸기에
그이는 저는 물론, 자신의 병조차 몰라보았어요.
마침내 현명한 방법과 성실한 관리를 통해서
저는 그이에게 보다 선한 의지를 되살려 주었고
사악한 무절제의 마약으로부터 정화시켰답니다.
그리고 나서 저는 그이를 구출할 방도를 궁리하기 시작했지요.

55

사악한 마녀는 제가 어떻게 그이를 그녀로부터
탈출시키려고 하는지 눈치를 채고는, 다음과 같이
저주받은 잔으로 그이와의 거짓이별을 꾸몄어요:
'슬픈 노래여, 바커스가 요정과 결합하자마자,
남에게 죽음을 부여하는 자에게 죽음을 주고
삶을 사랑하는 여인에게 사랑의 상실을 주어라.'
그래서 우리는 거길 떠나서 갈 길을 재촉했는데,
이 샘에 이르자, 그이가 물을 마시려 몸을 굽혔지요.

그러자 그 마술에 걸렸고, 갑자기 그이는 넘어지며 죽었습니다.

4~5 바커스(Bacchus) : 바커스는 술(*wine*)의 신이며 요정(Nymphe)은 물의 정령이다. 술과 물을 혼합하는 것은 전통적으로 절제의 상징으로 알려져 있다. 또한 태양의 풍요로움을 의미하는 남성적 바커스와 여성적 요정의 결합은 모단트와 아마비아의 재회를 의미할 수도 있다. 여기서 "남에게 죽음을 제공하는 자"는 바로 모단트의 이름이다. 49연을 참조할 것.

56

저는 그걸 보자, 불쌍하…" 그녀는 한 마디도
더 하지 못하고 숨이 가빠서 말끝을 중단하였고,
마치 잠자리에 들듯이, 가볍게 미끄러져 누워
조용한 죽음으로 자신의 모든 괴로움을 끝냈다.
그것을 보자, 선한 가이언 경은 좀처럼 눈물을
억제하지 못했으며, 슬픔으로 가슴이 짓뭉개졌다.
그리고 그 무거운 광경으로부터 머리를 돌렸다,
아리따운 숙녀를 그토록 참담한 지경에 빠뜨린
운명의 여신과 너무나도 잔혹하기만 한 숙명을 비난하면서.

57

그리고 나서 팔머를 향해 말했다, "원로 선생,
결코 죽음을 면할 수 없는 인간의 모습을 보세요,
육신의 옷을 걸치고 있는 연약한 인간의 본성을.
사나운 횡포를 부리는 맹렬한 격정이 이성에게서
그 왕권을 강탈하고, 자신의 가장 천박한 부분에
종사하는 하인으로 삼으면 모두 저렇게 되는군요.
격정은 강한 자들의 결점을 잡아 허약하게 만들고,

가장 연약한 마음을 대담한 격분으로 무장하지요.
강한 자들은 환락으로 곧 무너지고, 약한 자들은 분노로 무너집니다."

9 가이언이 대변하는 절제에 반대되는 두 종류의 무절제(*intemperance*)를 가리키는데, 그 하나는 후에 카이머클레스(Cymochles)가 보여주는 "색욕적"(*concupiscent*) 특성이고, 또 하나는 파이로클레스(Pyrochles)로 대변되는 "성을 잘 내는"(*irascible*) 특성이다.

58
그는 계속했다, "그러나 절제는 황금의 사각형으로
그 둘 사이에서 중용의 길을 찾아낼 수 있습니다:
환락의 뜨거운 욕망에 스스로 녹아 버리지도 않고,
음울한 비애와 무심한 슬픔으로 번민하지도 않지요.
그 둘을 잘 조절하는 사람은 세 배나 행복합니다.
하지만 범죄에 사로잡힌 게 아니고 고뇌에 사로잡힌
이 가엾은 여인은 스스로 영원한 멸망을 추구했군요.
그러니 최소한 그녀가 영예로운 무덤을 가지도록 해주십시다."

1 황금의 사각형(*Golden squire*): 정사각형(*square*)은 르네상스시대에 흔히 절제의 상징으로 통용되었다.

59
"팔머여", 그가 말했다, "죽음은 선하거나 악한
사람에게 똑같은 파멸이자, 동일한 휴식처입니다.
그렇지만 죽음 다음에는 심판이 오기 마련이며,
최선을 다해 산 사람은 최선의 대접을 받겠지요.
하지만 죽음을 당하면 선하거나 악하거나 모두

똑같은 종교적 경외심을 가지고 매장해야 합니다.
누구든지 그게 부족하면 그만큼 안식을 잃는 법.
죽는 것도 서러운데, 그 다음에 묻히지도 못하면
그건 너무도 커다란 수치가 될 것이라고 저는 생각합니다."

60

그래서 두 사람은 그들의 육신을 묻어주기로 했다.
그들은 하늘을 향해 위대한 대지의 자궁을 열고,
그곳을 슬픈 사이프러스 나무로 잘 치장하였다.
그 다음에는 그들의 감긴 두 눈을 흙으로 덮고,
두 시체를 그 무덤 안에 부드럽게 눕히고 나서,
두 사람이 영원한 평안 속에서 잠들기를 빌었다.
그러나 그들이 극진한 장례의식을 마치기 전에,
가이언 경은 점점 더 결심을 굳히게 되었으며,
신성한 맹세를 했는데, 그 누구도 해제할 수 없는 것이었다.

3 사이프러스 나무(Cypresse) : 물에 강한 특성 때문에 관을 만들거나, 장례식에 흔히 쓰이는 나무이다.

61

그는 죽은 기사의 검을 칼집에서부터 뽑아내어,
그것으로 죽은 두 사람의 머리타래를 잘랐는데,
기사는 피와 흙으로 마구 헝클어진 머리타래를
무덤 속으로 던졌으며 신실한 서원을 시작했다:
"죄 있는 자의 피로 그녀에게 보상해주기 전에,
만일에 그대나 내가 마땅한 복수를 주저한다면.

신께서 가이언에게 그지없는 불행을 내리시고,
어린 고아여, 네 고통이 점점 더 커지게 하실지라."
그리고 하염없이 눈물을 흘리며, 그들은 무덤을 다시 덮었다.

제 2 칸토

아기의 피 묻은 손은 닦이지 않는다.
황금의 중용이 가진 모습.
두 극단을 달리는 그녀의 누이들은
그녀를 완전히 추방하려 한다.

1
그렇게 가이언 경이 충실한 안내자와 함께
적절한 예식과 비통한 애도를 갖추어 두 사람의
애절한 비극의 마지막을 잘 마무리짓고 나자,
그는 두 팔로 그 어린 아기를 안아 들었다.
부드럽게 달래고 대담하게 어르자 그 아기는
그들을 보고 웃었는데, 차라리 울었어야 했다.
자신의 불행도 염두에 두지 않고, 또 무슨 일이
있었는지도 모르는 그 웃음이 기사의 가슴을
애절하게 깊이 파고들어, 쓰라린 눈물에 흠뻑 젖어 말했다.

2
"아, 불행한 아기야, 잔인한 운세를 갖고 태어나,
죽은 부모의 애절한 잿더미 속에서 자라게 되다니,
네가 살아갈 삶의 일부분으로 너에게 남겨진
슬픔이 무엇인지 너는 전혀 짐작하지 못하겠지.
드넓은 세상에 던져진 불쌍한 고아가 되었구나,

막 싹트기 시작하는 가지가 원래의 나무로부터
잘려지고 내버려져 끝내는 시들어 버리는 것처럼.
그것이 인간의 모습이란다. 그와 같이 우리들은
이 고통스런 세상에 태어나고, 비참하게 생을 끝내는 것이지."

3

그리고는 아기를 자신의 무릎에 안고 기울여서
그 샘에 있는 물에 담가 아기의 손에 엉겨 있는
죄 많은 피를 깨끗하게 씻어주려고 생각했다—
그처럼 사랑은 혐오스러운 것을 특히 싫어하는 법—
아기의 손을 씻고 또 씻었지만, 아무리 애를 써도
전혀 깨끗해지지 않았다. 그는 계속 애를 썼지만
그 작은 두 손에는 여전히 핏자국이 남아 있었다.
그는 이러한 사건을 정말로 기이하게 생각했고,
흔들리는 그의 놀라움은 여러 가지 의문으로 갈라져 나갔다.

1~7 피 묻은 손과 그것을 씻어내려는 시도는 전통적으로 죄악을 상징한다. 아기의 손을 씻어주려는 가이언의 노력에도 불구하고 죄악을 상징하는 피가 씻어지지 않는다는 사실은 세례(*baptism*)의 한계를 나타낸다. 죄인으로 태어난 인간은 세례를 통해서 다시 태어나지만 원죄는 그대로 남아 있다는 것이다.

4

추악한 악행의 자취는 원래 물로 씻거나 목욕으로
지워질 수 없는 것인지, 아니면 피로 물든 죄악을
자신이 얼마나 혐오하시는지 보여주기 위해서
지고하신 하나님이 순결함 대신, 분노의 표식을

그 손에 새겨둔 것인지 기사는 알 수가 없었다.
그도 아니면, 그 아기의 부모가 마신 독과 마약이
그들의 피를 남모르는 더러움으로 오염시켜서,
아무런 감각이 없는 몸통의 곳곳에 퍼져 나가
끔찍한 죽음의 악취를 온통 감염시켰는지도 모를 일이었다.

5
그런 그를 바라보면서 팔머는 훌륭한 이성으로
생각하기 시작했고, 다음과 같이 부드럽게 말했다:
“자비로운 주인님, 그처럼 놀라시는 게 마땅합니다.
원인을 잘 알 수 없기에, 주인님의 순진함 때문에
이 일을 굉장히 기이한 것으로 여기시는 것이지요.
그렇지만 이 세상의 모든 샘물과 모든 호수에는
은밀한 힘이 깃들여 있다는 사실을 아셔야 합니다.
그것을 바르게 선택할 수 있는 능력이 있는 자는
그것을 이용해서 종종 대단히 놀라운 일을 만들어 내곤 합니다.

6
그런 샘 중 일부는 위대한 어머니인 자연에게서
그 천부적 능력을 부여받아, 자연의 풍성한 젖에서
샘의 근원이 솟아 나오고 수분으로 흠뻑 젖습니다.
그 수액으로 살아 있는 모든 식물들에게 영양을 주며,
어여쁜 플로라의 채색된 무릎을 꽃으로 채웁니다.
그러나 다른 샘물들은 나중에 은총을 선사받거나,
신실한 기도로, 아니면 또 다른 우연한 일로 인하여

그러한 능력이 샘의 근원에 퍼부어지기도 하는데
그 때문에 유명해져서 사람들이 이리저리 그것을 찾아다닙니다.

5 플로라(Flora) : 꽃의 여신.

7
이곳이 바로 그러한 샘이며, 기인한 사건이
샘의 요정에게 닥쳐서 그렇게 된 것입니다.
하루는 겁 많은 암사슴과 수노루를 쫓아서
그녀가 활과 화살을 들고 숲을 누비고 있는데
파우누스 왕이 우연히 길에서 그녀를 만나,
아름답게 빛나는 눈을 보고, 불타는 연정을 품고
그녀의 미모를 사냥하려고 몸이 달아서 쫓아와,
그로부터 재빨리 달아나는 그녀를 추적했습니다.
암사슴이 그녀를 피해 도망하듯, 그녀는 추격자로부터 도망했지요.

5 파우누스 왕(Dan Faunus) : 로마신화에 등장하는 숲의 신이며 보통 자연의 신인 반인반수의 팬(Pan)과 동일한 존재로 취급된다.

8
마침내 숨이 차서 쓰러질 지경이 되었을 때,
닥쳐올 치욕을 면할 방도가 더 이상 없음을 알고,
그녀는 앉아서 자신의 비통한 처지를 애통해하며
다이애나에게 큰 소리로 도움을 청했습니다,
자신이 처녀로서 죽게 해달라고 간절히 청했지요.
여신이 그 말을 듣자, 갑자기 그녀가 앉은 곳에서

눈물의 샘이 솟구쳐 나왔으며, 그 거칠고 버릇없는
상대가 크게 놀라 두려움에 온몸이 굳어지도록,
그녀는 영원한 처녀의 몸인 채, 하나의 돌로 변해 버렸습니다.

4 다이애나(Diana) : 달을 상징하기도 하지만 처녀성과 사냥을 수호하는 여신으로도 알려져 있다. 자신의 정절을 지키기 위하여 돌로 변한 이 여인의 이야기는 그리스신화에서 아폴로(Apollo)에게서 달아나던 대프니(Daphne)가 수선화가 된 것이나, 팬(Pan)으로부터 도망하던 시링크스(Syrinx)가 갈대로 변한 것과 비교할 수 있다.

9

보소서, 그녀가 지금 저 돌입니다, 두 곳에서부터
마치 눈에서 눈물이 흐르듯, 샘물이 흘러 넘치는데,
옛날에 겪은 공포와 두려움으로 항상 차갑습니다.
또한 저 돌은 처녀의 형상을 가져, 그녀의 모습을
짐작할 수 있도록 그녀와 비슷하게 생겼습니다.
그런데 그녀의 위력이 아직도 그 샘물에 남아 있어,
그 물은, 마치 가장 순수한 눈처럼, 맑고 순결하여
그 어떤 더러운 것으로도 물들지 못하게 함으로써,
그녀 자신처럼 항상 한 점의 혼탁함도 없이 유지되고 있습니다.

10

바로 그런 연유 때문에 이 아기의 피 묻은 손을
이 샘물의 물로는 씻을 수가 없게 된 것입니다.
또한 기사님, 그에 대해 힘들게 저항하지 마시고
그렇게 된 대로 두 손이 피로 물든 채 두셔서,
아기의 어머니가 최후의 증언으로 남겨 놓았듯이

그 두 손이 그녀의 억울함을 드러내게 하소서.
핏자국은 신성한 상징이 되어 아들의 육신에
남아 있음으로써 복수할 것을 상기시킬 것이며,
모든 순결한 여인들에게는 영원한 기념물이 될 것입니다."

6 칸토 1의 37연에서 아마비아는 죽어가면서 아기의 피 묻은 손을 정표로 남기면서 그것이 자신이 "더러운 죄악에 물들지 않고 깨끗하게 죽었다는 것을 증언"하도록 하였다.

11

기사는 그의 이성에 귀 기울이고, 아기를 안아 들어
팔머가 안고 가도록 그에게 건네주었다. 그리고
그 자신은 피로 더럽혀진 아기 아버지의 무기를,
무게가 상당한 짐이었는데도, 가볍게 집어들었다.
그리고 황금빛 안장을 얹은 자신의 준수한 말과
찬란한 자신의 무구들을 남겨두고 온 그 장소로
향했는데, 거기서 그것들을 찾을 수가 없었다.
어떤 다른 사고가 있었다는 것을 알 수 있었지만,
어디로, 또는 어떻게 그리 되었는지는 예서 말할 계제가 아니다.

12

가이언 경은 상황을 목격하고 매우 분개했지만,
그럼에도 불구하고 그는 마음을 조용히 진정시키고
아무리 싫어도 두 발로 걸어서 전진해야만 했다.
이중의 짐 때문에 그는 견딜 수 없이 불편해 했다.
그렇게 그들은 쉽지 않은 길을 오랫동안 여행하여,

마침내 한 성채가 있는 곳에 당도하게 되었는데,
그곳은 바다와 잇닿아 있는 바위 위에 서 있었다.
그 성채는 옛적부터 고풍스런 명성이 자자했고,
천연적으로, 그리고 세련된 설계 덕분에 놀라우리만큼 튼튼했다.

13
서로 본성이 다른 세 자매가 거기 살고 있었는데,
한 아버지가 세 어머니에게서 난 자식들이었다.
아버지는 얼마 전에 죽으면서 이 성채를 나누어
그들이 똑같은 소유권과 지분을 가지도록 하였다.
그러나 호전적 마음과 서로 다른 성격 때문에
그들은 서로 나뉘었고, 각기 서로의 적이 되었다.
점차 그들은 서로 싸워 매일 의견이 충돌했는데,
그중에서 첫째는 막내에 대해서 악감정을 품고,
또 두 사람은 가운데 자매를 괴롭히기 위해서 골몰하였다.

2 한 아버지(*sire*)는 이성(*reason*), 혹은 마음(*mind*)을 의미하며, 세 어머니(*mothers three*)는 플라톤(Platon)의 《공화국》(*Republic*)에 등장하는 인간 영혼의 세 부분, 즉 이성, 감각, 그리고 분노(또는 감정)를 가리키거나, 르네상스시대에 인간이 가지고 있다고 믿었던 세 가지 영혼, 즉 이성적(*reasonable*), 감각적(*sensible*), 그리고 식물적(*vegetable*) 영혼을 가리키는 것이다.

14
기사가 그곳에 도착하자, 그는 둘째 자매로부터—
그처럼 가치 있는 기사에게 걸맞은—아주 융숭한
영접을 받았는데, 그녀는 다른 두 자매에 비해
대단히 훌륭했다. 그녀의 이름은 메디나였고,

점잖고 근실하며 행동거지가 우아한 여인이었다.
자신에게 잘 어울리는 훌륭한 의상으로 수려하게
차려 입었지만, 동시에 옷매무새는 검소했으며,
존경할만한 자세로 아름답게 앞으로 걸어나와
성문 입구에서 기사를 맞이하였고, 그를 잘 환대하였다.

4 메디나(Medina) : 중간이라는 뜻의 라틴어 medium에서 온 어휘로 중용, 즉 칸토 2의 서문에 언급된 황금의 중용(*golden Meane*)을 가리킨다.

15

그녀는 한 훌륭한 방으로 기사를 안내하였고,
적절한 겸손함을 가지고 그에게 점잖게 대했다.
그녀의 말이나 행동에는 그 어떤 경박함이나
단정치 못한 허영심도 전혀 보이지 않았으며,
젊은 나이에 어울리지 않을 만큼 합리적으로
우아한 여성다움과 신중함을 갖추고 있었다.
그녀는 황금빛 머리타래를 삼중으로 땋아서
둥글게 위로 묶었기에, 단 한 올의 머리카락도
준수한 두 귀 근처에 제멋대로 흐트러져 나오지 않았다.

16

그녀가 새로 온 손님을 극진히 환대하느라고
이렇게 이것저것 바쁘게 움직이고 있던 차에,
그 소식이 그녀의 다른 두 자매에게 전해졌는데,
그들은 무절제한 파티로 각기 자신의 애인을
대접하면서 사치스런 휴식을 즐기던 중이었다.

그들은 힘에 있어서 당할 자가 없고, 전투적
업적으로 널리 이름을 떨치던 두 기사였는데,
이 두 자매에게 연정을 품고 있었으며, 또한
각기 자신의 애인에게 구애하려고 애를 쓰고 있던 중이었다.

17
가장 나이가 많은 여인에게 사랑을 품은 자는
후디브라스 경이라고 부르는 강건한 자였으나,
거창한 이름만큼 행동이 훌륭한 것은 아니었고,
그 이름도 그가 전투를 찾아 편력을 시작한 이래
수많은 성급한 모험에서 승리하여 얻은 것이다.
그는 일을 처리할 때, 지혜보다는 힘이 막강했고,
무모함이 합리적 판단보다 우월한 자였다.
붙임성 없는 침울함이 그의 용기를 앞질렀고,
공포스러움은 주로 그의 번쩍이는 청동의 무장에서 나왔다.

2 후디브라스(Huddibras) : 고대 영국 왕의 이름을 딴 것인데, "hardi-bras", 즉 "무모함"(*foolhardiness*)을 의미한다. 칸토 10의 25연을 참조할 것.

18
가장 어린 자매를 사랑한 자는 산스로이였는데,
최근에 어여쁜 우나를 비열하게 범하려던 자로서,
전투용 무기를 다루는 자 중에서 그 누구보다도
버르장머리가 없으며, 가장 천방지축인 녀석이었다.
또한 자신의 힘이 천하무적이라는 자부심을 갖고,
제 무절제한 색욕을 쉴 새 없이 만족시키려 했다.

그는 자신의 비뚤어진 악행 때문에 누가 다치든지,
또는 누가 권리를 잃든지 간에 전혀 개의치 않았다.
그런 그가 이제 이 여인의 기사로서 사랑 때문에 싸우려는 것이다.

1 산스로이(Sansloy) : 불어에서 온 말인데 "without law", 즉 무법의 의인화로서 제 1권에서 레드크로스에게 버림받은 우나를 겁탈하려던 악한이다.

19
이 경박한 두 기사는 각기 다른 사랑을 맹세하며,
죽이고 싶은 증오심을 가지고 상대방을 시기했고,
매일처럼 자신의 적을 상대로 싸움을 일삼으면서,
제 짝으로부터 좀더 호감을 얻기를 바라는 한편,
상대방의 호의적 행동을 평가절하 함으로써
자신의 호의를 키워보고자 하였다. 그러나 그곳에
최근에 새로운 기사가 도착했다는 소식을 듣고는
두 기사와 여인들은 그 즉시 대단히 분노하면서,
가차없이 험악한 전투를 치르기 위한 모든 준비를 갖추었다.

20
하지만 그들은 가이언 경이 머물고 있는 곳에
채 도달하기도 전에 자기들끼리 불화를 일으켜
중간쯤에서 서로를 상대로 처절한 전투를 벌였다.
무시무시한 공격과 죽일 듯한 격노를 발하면서,
경멸스런 적을 누르기 위해 강한 타격을 반복하여,
커다란 소동 때문에 성채가 원래 있던 자리에서
들썩일 지경이었고, 집안 사람들도 모두 놀랐다.

그것은 마치 엄청나게 거대한 천둥이 내리치는
번개의 섬광으로 우르릉거리는 하늘을 갈라놓는 것 같았다.

21
그 소리 때문에 새로 온 기사는 어떤 끔찍한 일이
근처에 일어났는지 알아보려고 밖으로 나왔다.
그는 두 용맹스런 기사가 죽음의 원한을 가지고
피맺힌 싸움을 하고 있는 것을 보고는 격분하여,
태양처럼 커다란 자신의 방패를 손목에 차고,
빛나는 칼을 칼집에서 뽑아 들고는 두 사람이
싸우는 연유를 알아보려고 그쪽으로 달려갔다.
그리고 거기 당도하여, 자신이 할 수 있는 한,
최선을 다해서 좋은 방법으로 그들을 진정시키려 하였다.

22
그러나 그들은 그를 보자, 탐욕스런 힘을 발하며
그에게로 달려들었고, 조금도 주저하지 않고
그를 향하여 치명적 무기로 타격을 가했으며,
마치 철퇴로 내려치듯이 그의 방패를 때렸다.
흡사 곰과 호랑이가 드넓은 리비아 사막에서
서로 마주쳐 끔찍한 싸움을 벌이고 있는 중에,
발에 상처를 입은 여행자 한 사람을 발견하고는,
그를 둘이서 함께 나누어 먹으려는 희망을 품고,
저희끼리의 싸움을 멈추고, 양쪽에서 그를 공격하는 것 같았다.

5 곰과 호랑이: 전통적으로 성적 폭력과 연관이 있는 동물들이며, 특히 후디브라스의 육욕적 성정과 산스로이의 급한 성미를 나타내주고 있다.

23

하지만 가이언은 여느 지친 여행자와는 달리,
그들의 날카로운 공격을 대담하게 맞받아치면서,
그들의 타격이 자신 주변에 이르지 못하게 했으며,
오히려 두 배의 반격으로 그들을 물러나게 하였다.
상심한 그들은 화가 나서 쓸개즙을 마구 삼키며,
분노가 가득 찬 경멸감을 서로에게로 돌리면서
새삼스레 격노하여 저희끼리 방패로 치고받았다.
그러나 가이언이 여전히 싸움을 말리려고 오자,
그들은 또다시 엄청난 힘을 내서 그를 가격하기 시작했다.

24

마치 바다의 거센 풍랑에 시달리는 거대한 배가—
맹렬한 바람이 거친 바위의 제물로 삼기 위하여
그 배를 위협하면서 사방에서 이리저리 괴롭힐 때—
항해하는데, 양쪽에서 그 배를 심하게 공격하며,
탐욕스런 무덤으로 그 배를 삼키겠다고 공언하는
두 상반되는 큰 파도를 만난 것 같은 형국이었다.
배는 비웃으며 그러한 공격이 비껴가게 하면서,
거품이 이는 물결을 자신의 가슴으로 가르며,
그 두 파도의 등을 타고 항해하여, 안전하게 빠져 나온다.

25

그처럼 기사는 자신의 칼을 능숙하게 사용하여
과감하게 행동하며, 그 둘 사이로 달려들었다.
놀라우리만큼 막강한 무력과 영웅적 진가를
보이며, 그날 기사는 보기 드문 선례를 남겼다.
그처럼 막강한 두 용사를 그가 격퇴한 것이다.
피하는가 하면 즉시 공격하고, 타격을 받다가는
되받아치고, 굴복하는가 하면, 또 쳐들어가고,
앞으로, 뒤로, 그리고 사방으로 상대를 물리쳤다.
그의 수고가 두 배나 되기에, 그에 대한 찬양도 두 배가 될지라.

26

좀 이상한 싸움이었다, 용맹스런 세 명의 기사가
하나가 되어 세 개의 싸움을 치르며, 세 명의
적을 상대로 삼중의 전투를 하는 것을 보게 되니.
모두 자기 여인의 잘못된 사랑을 얻기 위함인데,
결국 미움만 받을 것이다. 그처럼 사랑은 강건한
마음을 지배하여, 기형적 전쟁을 만들어낸다.
사랑은 전쟁을 만들고, 다시 평화도 만들어 내지만,
사랑이 만드는 평화란 단지 지속되는 불화일 뿐.
오, 사랑의 포로가 되어 버리는 그대들은 가엾은 인간들일지라.

6~9 여기에 등장하는 사랑(*love*)은 연애감정을 포함하는 "에로스"(*Eros*)를 뜻하며, 기독교적 사랑인 "아가페"(*Agaphe*)나 자비(*charity*)를 의미하는 것은 아니다.

27

이처럼 그들이 맹렬한 전투로 서로 얽혀 있는데,
아리따운 메디나가 그들의 상처를 염려하여,
머리타래를 풀어헤치고, 가슴을 다 드러낸 채,
그들 사이로 뛰어들면서, 그들 앞에 엎드리며,
그들을 출산해 낸 어머니의 자궁을 생각하고
또한 그들에게 가장 소중한 사랑을 생각하며
그들이 분명히 맹세했던 기사도를 생각하여
잔혹한 죽음의 불협화음을 멈추도록 간청하면서,
선한 평화를 위해 그녀가 제시하는 공정한 조건을 듣도록 했다.

28

그러나 그녀의 곁에 서 있던 다른 두 자매는
큰 소리로 반박하며, 자신들의 두 수호기사에게
자신들의 사랑을 얻고자 하는 마음이 있다면
계속하여 지극한 원한을 끝장내라고 일렀다.
그러나 메디나는 힘찬 말과 타당한 충고로
그들의 고집스런 분노를 진정시키려고 애써서,
마침내 그들은 격렬한 광기를 가라앉히면서
격렬하게 내리치는 타격을 억제하기 시작했고,
그녀의 다음과 같은 타당한 말에 귀를 기울이기 시작했다.

29

"아, 힘 있는 군주님들, 어떤 저주스런 악령이나
잔인한 에리니스가 그대들의 고귀한 마음에

원한에 찬 자신의 지옥의 불씨를 지펴놓았으며
그대들 스스로 고통을 자초하도록 부추겼습니까?
이것이 무력이 기쁨인가요? 피에 목말라 하며
마땅히 올바르고 정의로운 가치를 개의치 않는
이런 행동이 영광스런 기사도의 일부란 말입니까?
정당한 목적보다 무력에 더 의지하여 얻게 되는
자부심은 헛된 것이며, 그러한 승리는 정의롭지 못합니다.

2 에리니스(Erinys) : 인간 안에 있는 비이성적 격분의 정신을 가리킨다. 그리스 로마신화에서 보통 에리니스는 복수, 또는 불협화음의 영으로 등장하는데, 악귀(Furies) 또는 유메니데스(Eumenides)라고 불린다.

30
설령 견해가 다른 마땅한 이유가 있다 하더라도,
서로를 공격함으로써 피맺힌 죄과를 쌓아가며
치명적 복수로 끔찍한 범행에 동참하는 것보다
서로 조화롭게 화해하는 것이 좋지 않겠습니까?
오, 분노를 피하세요, 피하세요, 친애하는 기사님.
전투의 모습은 음울하며, 그 결과는 씁쓸합니다,
또한 수천의 악귀가 격분하는 칼을 기다립니다.
더러운 복수의 분노와 저속한 경쟁적 불화보다
더 무력에 대한 칭송을 망쳐놓는 것은 아무것도 없습니다.

31
하지만 아름다운 화합과 지극히 신성한 평화는
덕을 부양하고 굳건한 우정을 만들어낸답니다.

화합은 약한 자를 강하게 하고, 강한 것을 더욱
강하게 하여 가장 드높은 칭송을 받게 하지요.
화합을 위한 전쟁은 위대하며, 그 행동은 영예롭고
그로 인해서 화합은 분노와 교만을 물리치고
올리브 화환을 보상으로 얻게 되는 것입니다.
그러므로 오, 친애하는 기사님들, 진정하시고,
이런 어울리지 않는 불화를 가만히 곁에 내려놓으십시오."

32
온화한 그녀의 말은 그들의 증오심을 억누르고
부글거리는 그들의 가슴 깊숙이 내려앉아서,
그들은 자신들의 끔찍한 무기를 내려뜨렸으며
그녀의 아름다운 자태와 신중한 행동 앞에
자신들의 드높은 투구를 겸손히 내려놓았다.
그러자 그녀는 화해 협정을 주선하기 시작했고,
쌍방의 요구조건 사이에 조약을 설정함으로써
영원히 법으로 지켜나갈 수 있도록 하였으며,
그들은 그 조약을 지키기로 기사의 언어로 다짐하였다.

33
그들의 피곤에 지친 땀과 피로 홍건한 노고 후에
이루어진 맹약을 공고히 하고, 확정하기 위해서,
그녀는 평화로운 휴전기간 동안 그들이 얼마간
자신의 성에서 요양을 취하도록 그들에게 청했다,
편안히 쉬면서 그들 사이의 화해를 빛내기 위해서.

그들은 곧 동의했고, 그녀와 함께 성으로 갔는데,
거기서 그들은 환대를 받으며, 더러워진 무기를
벗어 던지고, 즐거움에 자신들의 마음을 대비하고,
훌륭한 대접에 자신들의 입맛을 대비하도록 배려를 받았다.

34
그들의 어여쁜 사랑, 저 심술궂은 두 자매도
또한 함께 왔는데, 모두 지극히 싫어하면서도
상황에 따라 어쩔 수 없이 즐거운 척했지만,
그렇게 진실을 잘 가장할 수는 없었기 때문에
둘 다 자신들의 악한 본성을 드러내고 있었다.
두 여인은 두 번째 자매에 대해서 불평하면서
속이 상해 있었다, 마치 숨겨진 좀벌레가
겉감은 건드리지 못하고, 속옷을 부식시키듯.
하나는 그녀가 너무 근엄하고, 또 하나는 너무 쾌활하다고 여겼다.

35
엘릿사 — 첫째는 그렇게 불렸는데 — 는
그러한 접대를 저속하게 여기고, 먹으려고도,
말하려고도 않으면서, 여흥이나 고기가 없다고
시종일관 불만스러워하는 것처럼 보였다.
그녀의 연인이 간청하면서 구애하고, 희롱해도
그녀는 한 번도 만족스런 표정을 보이지 않았다.
도리어 마치 협박하듯이 눈살을 아래로 깔며
심술궂은 표정으로 노려보며 얼굴을 찌푸렸기에,

아리따운 숙녀가 취할 온당한 행동에는 전혀 걸맞지 않았다.

1 엘릿사(Elissa): "도덕성의 결여"를 의미하는 그리스어 "elleipsis"에서 온 이름으로 부족함을 나타낸다.

36

그러나 동생 페릿사는 또 다른 태도를 가져,
항상 웃고, 난잡하게 가벼우며, 쾌활함이 넘쳐,
자기 언니와는 완전히 정반대되는 성격이었다.
그녀의 기분에는 한계도 없고, 바른 규범도 없이,
쾌락과 기쁨에 온통 정신을 빼앗기고 있었다.
그녀는 술과 고기를 둑이 넘쳐흐르도록 먹었고,
무엇이던 자신의 역량을 넘어서 과도하게 했다.
그녀는 호화스런 의상을 입고 전시하길 즐겼고,
자신의 사랑을 헤프게 주었다—거의 감사를 받지도 않으면서.

1 페릿사(Perissa): "중용에 미치지 못하는 과도함"이라는 의미의 그리스어 "perissos"에서 나온 이름으로 지나침을 가리킨다.

37

그녀의 곁에 바짝 붙어 무모한 산스로이가
앉았는데, 자신의 방종에서 과도한 기쁨을 얻는,
그러한 애교 떠는 애인에게는 꼭 맞는 짝이었다.
그녀의 음탕한 몸가짐에 대한 동반자로서
그보다 더 난잡한 난봉꾼은 찾기 어려울 터.
그러나 후디브라스는 흡사 불평분자처럼

산스로이의 대담한 행동에 눈살을 찌푸렸다.
이 자의 뻔뻔스러움을 견디기 힘들어했지만,
그는 그대로 앉아서 자신의 마음을 괴롭히고 있었다.

38
그 둘 사이에 아리따운 메디나가 앉았는데,
건실한 온화함과 훌륭한 몸가짐을 하고 있었다.
그녀는 그들의 분노가 너무 지나치지 않도록
공평한 조치를 취하며 둘을 적절히 억제하였다.
그들이 적정한 이성을 넘어서서 싸우려고 하면,
그녀가 서로 달려드는 두 사람을 항상 진정시켰다.
그러나 고집불통의 두 사람은 자꾸 싸우려 했고
그럼으로써 그녀가 꼭 있어야만 하게 되었다.
이처럼 그녀는 그들에게 질서를 부여했으며, 존중받았다.

39
이와 같이 그녀는 자신의 잔치를 잘 통제하면서
적당한 포만감으로 손님들 모두를 즐겁게 하였다.
마침내 술과 고기에 대한 탐닉이 끝났을 무렵,
그녀는 친애하는 가이언에게 그가 역경을 헤치며
어디에서 왔고, 이제 새로운 모험을 찾아 어디로
갈 것인지 모두에게 말해달라고 정중하게 청했다.
그는 굳센 온화함과 점잖은 진지함을 발휘하며,
좌중의 모든 시선을 자신에게로 쏠리게 하고는,
드높은 자리에서 쩌렁쩌렁한 소리로 이렇게 말을 시작했다.

40
"오, 낭자, 이처럼 요청을 하시니 저 위대하신
여왕님에 대한 기억이 새롭게 떠오르는구려.
세상에서 가장 위대하고 영예로우신 처녀여왕이신
그 분은 자신의 군주다운 위력과 빛나는 왕권으로
선녀의 나라 전체를 평화롭게 유지하십니다.
그 분은 자신의 권좌를 드넓은 대양에 세우시어
이 세상 어디에서나 보일 수 있도록 하셨다오.
마치 아침해가 그 햇살을 깨끗하게 퍼뜨리듯,
아름다운 평화와 자비로움이 그 분의 얼굴에 드러납니다.

41
그 분 안에서 가장 고귀한 지위에 있는 천상의
은총이 갖는 온갖 풍요로움이 드높이 쌓입니다.
또한 인간의 눈에는 위대하고 영예롭게 보이나,
이 세상에 속해 있는 열등한 존재가 하나같이,
장엄하신 여왕폐하, 그 분을 흠모하고 있기에,
유한한 존재로서 그처럼 위대하신 탁월함과
보기 드문 완전함을 바라보는 모든 사람들은
그 분의 창조자의 위대하신 위업의 상징으로서
신성한 경애심을 가지고 그 분을 숭배하고 있는 것입니다.

42
이 땅에 있는 가장 고귀하신 기사들과 더불어
저도 그 분께 봉사하며, 충성을 맹세하였는데,

폐하께서는 당신의 기사들 중에서 제게 오늘날
이 세상 전체에서 찾아볼 수 있는 것들 중에
가장 명망 있는 처녀의 작위를 하사하셨지요.
폐하께서는 한 해의 순환이 처음 시작되는 날,
관례에 따라 연례적인 장중한 축제를 여시는데,
그곳으로 굳센 용기를 가진 고귀한 기사들이
기이한 모험에 대한 이야기를 듣고자 모두 모여듭니다.

5 처녀의 작위(*Order of Maidenhead*): 영국에서 가장 이름 있는 가터 훈장(*Order of Garter*)에 대한 비유로서 선녀나라 최고 훈장의 이름이다.

6 1월 1일이 아니라, 3월 25일이거나 11월 17일로 추정된다. 중세시대에는 크리스마스가 아닌 부활절을 기준으로 새해를 정했기 때문에 춘분인 3월 25일을 한 해의 시작으로 보았다. 또한 엘리자베스 여왕의 즉위가 11월 17일이었기 때문에 스펜서의 작품에서 선녀여왕이 한 해를 시작하는 축제를 개최한 날을 그날로 삼았을 수도 있다.

43

그날 거기에 이 나이가 많은 팔머가 나타나
그 지엄하신 여왕님께 통탄스러운 악행에 대해
탄원했는데, 어떤 사악한 마녀가 많은 사람들을
파멸시키고 죽음의 고통 속에 몰아넣고 있으니,
바로잡아달라는 것이었습니다. 제 주군께서는,
그 분의 영광이 자비로우신 행동에 있고, 또한
당신의 은총이 온 세상에 입히기를 즐기시기에,
즉시 그러한 괴로움을 치유할 방도를 생각하셨고,
전혀 자격이 없는 제게 그처럼 위대한 위업을 맡기셨습니다.

가이언이 "사악한 마녀"인 아크레시아를 무찌르는 과업을 맡게 된 이야기는 "월터 랄레이 경에게 보낸 스펜서의 편지"에 그 내용이 수록되어 있다. 그러나 편지에는 팔머가 두 손이 피로 물든 아기를 안고 들어와서 아기의 부모가 아크레시아라는 마녀에게 살해당했다고 탄원하는 것으로 되어 있으며, 이는 칸토 1의 내용과 상충되는 것이다.

44

제가 여왕폐하의 고귀한 왕궁이 건립되어 있는
그 영광스러운 장소를 마지막으로 떠나온 이래로
오늘까지 아름다운 피비가 은빛 얼굴을 가지고
지옥세계의 그늘진 곳을 세 번이나 보았습니다.
저는 저 사악한 아크레시아를 물리칠 때까지는
결코 집안이나 휴식처에서 쉬지 않을 것입니다.
말하기에도 너무 끔찍한 그녀의 사악한 행위를
저는 직접 보았으며, 이게 그 가엾은 아들인데,
이 아기의 애처로운 부모를 그녀가 악독하게 파멸시켰지요."

3~4 피비(Phoebe): 달의 여신 다이애나(Diana)를 가리키는 호칭인데, 그녀가 "지옥세계의 그늘진 곳을 세 번이나 보았다"는 말은 달이 차고 기우는 것을 세 번 반복했다는 뜻이며 세 달을 가리킨다.

45

메디나가 말했다, "기사님, 그 비참함 때문에
자제하시는 듯한데, 그 슬픈 이야기를 계속하셔서,
우리가 그처럼 불행한 재앙을 동정하고, 그로부터
쾌락의 독약을 멀리하는 걸 배울 수 있게 해주세요.
악이 본보기가 되면 종종 선을 얻게 된답니다."
그래서 그는 자신이 하려고 했던 이야기를 계속하며
모단트와 아마비아가 힘겹게 겪어야만 했던

그 치명적 괴로움에 대한 이야기를 들려주었다,
비통해하는 두 눈을 통해 얼마 전에 자신이 직접 본 그대로.

46

그가 불쌍하기 그지없는 이야기를 끝마쳤을 때,
밤은 많이 지나서, 쉿쉿거리는 뱀에게서 빠르게
달아나는 오리온이 자신의 불타는 머리를
깊은 대양에 흠뻑 적시려고 서두르는 참이었다.
그가 해주는 현명한 이야기의 즐거움에 취해,
그 손님들은 자신들의 눈에 친근하게 밀려오는
잠을 잊어버리면서 그의 이야기를 듣고 있었다.
마침내 그들은 하늘이 바뀐 것을 발견하고서야
시간이 너무 흘러가 버린 것을 알고, 각각 서둘러 쉬러 갔다.

3 오리온(Orion): 별자리 오리온좌를 가리키며, 오리온좌는 새벽에 전갈(Scorpio)좌가 동쪽에서 뜨는 것과 동시에 서쪽으로 기울어지는데, 그리스신화에 의하면 오리온은 전갈—여기서는 뱀으로 등장하는—과의 싸움에서 죽음을 맞기 때문에 전갈에게 쫓겨서 달아난다고 표현하고 있는 것이다.

제 3 칸토

허풍쟁이 브라가도키오는 가이언의
말을 취하여 진정한 기사도를
우습게 만들고, 비겁한 방법으로 아름다운
벨피비를 달아나게 만든다.

1
곧이어 아름다운 아침이 자줏빛 광선으로
희미한 밤의 어두운 그림자를 흩뜨리고,
동쪽 바다에서 장난치고 있던 타이탄이
솟구치는 빛으로 이슬 젖은 공기를 맑게 하자,
가이언 경은 자신이 맹세한 언약을 상기하고,
졸음이 가득한 침대에서 몸을 일으켜 자신이
언약했던 여행길에 나설 차비를 갖추었다.
자신의 튼튼한 갑옷을 고귀한 가슴에 두르고,
겹겹이 포개진 방패를 자신의 손목에 단단히 고정시켰다.

3 타이탄(Titan) : 태양을 가리킨다.

2
그리고 그 순결한 처녀에게 이별을 고하면서,
피로 물든 손을 가진 아기를 진지한 태도로
그녀에게 맡기고, 신사답게 성장해 가는데

필요한 모든 것과 도덕적 학문을 가지고
그 어린아이를 교육시켜달라고 간청했다.
또한 그 아이가 성숙한 연령에 달하게 되면,
그가 처참한 날의 기억을 되살릴 수 있도록
그를 루디메인이라고 부를 것과, 그럼으로써
부모의 죽음을 부른 자에게 복수하도록 가르치라고 당부했다.

8 루디메인(Rudymane) : 여기서 처음 이름이 소개되는 루디메인은 "피 묻은 손" 이라는 뜻을 가지고 있다. 이에 관한 사항은 칸토 1의 50연을 참조할 것.

3

그렇게 하여 그는 이제는 걸어서, 길을 떠났다,
그의 뛰어난 말이 최근에 사라져 버렸기 때문에,
애써 인내하며 — 어쩔 수 없으니, 화가 나서
이를 갈고, 울며불며 슬퍼한들 무슨 소용이랴!
팔머는 이제 더 이상 혼자 걷지 않게 되었다.
운세가 그렇게 되었다, 최근에 녹색의 숲가에서
그가 저 죽어 가는 여인의 신음소리를 듣고,
자신의 말과 그 곁에 있던 창을 그냥 내버려두고,
죽기 전에 그녀를 돕기 위하여 두 발로 뛰어들어 갔을 때.

4

그때 마침 배회하는 한 부랑자가 있었는데,
그는 도덕과 용기에는 전혀 마음이 없고,
그 비겁한 가슴에는 명예에 대한 생각이 결코
깃든 적이 없으며, 그의 저속한 본성에는

허풍떠는 것을 즐기는 기질이 담겨 있는데,
그의 유려한 혓바닥과 거친 정신이 더해져
그를 부추겨 점점 더 그쪽으로 빠져들게 하는
그 자가 거기서 잘 갖추어진 용맹스런 말을
발견하고, 그 말과 창을 둘 다 훔쳐 잽싸게 달아난 것이었다.

5
이제 그의 가슴이 유쾌함으로 부풀어오르고,
스스로 원대한 위업에 대한 자신감을 품어,
허영의 연기로 의기양양해지고, 제가 스스로
만든 자기 모습에 대한 사랑에 현혹되어서,
그는 자신이 정말 그런 사람으로, 또는 그렇게
되기를 바라는 사람으로 대접받기를 원했다.
그러나 신나는 일이 궁정에 있다고 여기고
가장 좋아하는 것이 화려한 모습에 있었기에
곧바로 그는 모든 일을 제치고 궁정을 향하여 나아갔다.

6
그런데 길을 가다가 그는 양지바른 둔덕에
한가롭게 앉아 있는 자를 우연히 보게 되었고,
엄청난 허세를 부리면서 그에게 돌진하였다.
마치 형형색색의 깃털을 과시하는 공작새처럼,
그는 자기 준마의 떨리는 옆구리를 박차면서,
그 자를 향하여 심장을 꿰뚫는 창을 겨누었다.
그 무지한 자는 그가 자신에게로 그처럼 맹렬히

달려오는 것을 보고, 두려워 땅에 납작 엎드려,
애처로운 두 손을 쳐들고, 자비를 베풀어달라고 크게 외쳤다.

7
그러자 그 허수아비는 자신의 첫 번째 그럴듯한
모험에서 얻은 행운으로 엄청난 자신감에 부풀어,
큰 천둥과 같은 목소리로 그 자를 심히 매도했다:
"두려움과 절망의 노예인, 미천하고 비겁한 자야,
다들 숨쉬는 공기를 마실 자격도 없는 녀석아,
죽은 개 같은 것아, 얼른 죽음을 준비하지 않고,
무엇 때문에 더 이상 오래 살려고 하는 것이냐?
죽던가, 영원히 내 포로가 되도록 항복하거라.
이처럼 대답할 여유를 주는 것도 네게 베푸는 큰 호의니라."

1 허수아비(*Scarcrow*): 이 자의 이름은 서언(*argument*) 사행시에 등장하는 브라가도키오인데, 현재 남의 복장(가이언의 말과 무기)으로 치장하고 있으며, 까마귀나 무서워할 것이라는 그의 허풍적 특성을 드러내는 비유이다.

8
그러자 그 자가 크게 외쳤다, "잠깐만, 오 각하,
죽음의 손길을 멈춰요. 전 각하의 비천한 포로예요."
그가 말했다, "아 불쌍한 것, 네 운명이 격노하는
나의 의지에 맞서 대항하며 자비를 구하는구나.
네게 생명을 하사하마. 그러니 땅에 납작 엎드려
내 등자에 입맞추라. 그것이 네 충성의 맹세니라."
그 비열한 자는, 마치 쓰레기처럼, 천박한 굴욕의

태도로 그 즉시 그의 발을 향해 몸을 던졌으며,
그를 자기의 주인으로 불렀고 스스로 그의 종자가 되었다.

9
그렇게 그들은 행복한 화해를 하고 잘 어울렸다.
곧이어 이 종자는 조금씩 대담해지기 시작했고,
자기 주인의 행동이 어리석다는 것을 눈치채고,
제 스스로 자신의 본성을 드러내기 시작하였다.
그 자는 교활한 머리를 가졌고, 교묘한 책략과
능숙한 협잡으로 나이를 먹은 자였기 때문이다.
그날 이후로부터 그 자는 교묘한 아첨을 해서
제 주인의 어리석은 망상을 받들어 올려주고,
솟구치는 그의 허영심으로 그의 배를 부풀리려고 애를 썼다.

10
브라가도키오에게 어울리는 자, 트롬파트는
우쭐대는 자의 관점에서는 궁정에서 종사할 만했다.
허영심이 강한 사람은 아첨의 바람이 살랑거리며
가벼운 날개를 부추기면, 하늘로 날아오르는 법.
고상한 행동과 고귀한 성품을 가지고 이루어낸
아무 공적도 없이 높이 오르기를 바라는 것은
진정한 기사도와 기사의 정신에 대한 경멸이다.
그런 명성은 수치일 뿐. 하나 덕의 결과인 영예는
명예로운 씨앗에서부터 가장 아름다운 꽃을 피우기 마련이다.

1 브라가도키오(Braggadochio)와 트롬파트(Trompart) : 브라가도키오는 허풍을 의미하는 brag와 이탈리아어 형용사 occhio의 합성어인데, 로마 희극에서 물려받은 전형적 허풍쟁이 군인(*braggart soldier*)의 변형으로서, 셰익스피어의 《헨리 5세》(*Henry V*)에 등장하는 겁쟁이 피스톨(Pistol)과 비교될 만한 인물이다. 트롬파트는 조작하다는 뜻을 가진 trump에서 온 말로 사기꾼, 또는 아첨꾼을 의미한다. 9연의 마지막 줄에서 그가 "허영심으로" 브라가도키오의 "배를 부풀리려고"(*blow the bellowes*) 한다는 묘사는 아첨꾼인 그의 역할이 트럼펫(*trumpet*)과 같다는 점을 강조하려는 것으로 볼 수도 있다.

11

서로 잘 어울리는 두 사람은 그처럼 함께 갔는데,
한참을 가다보니 아키마고와 마주치게 되었다.
멋진 갑옷을 차려입고, 발굽에서 천둥소리가 나는
훌륭한 준마를 타고 있는 자를 보자마자, 그 즉시
아키마고는 제 자신의 복수를 실현할 도구로
부려먹을 수 있는 자를 만났다고 혼자서 생각했다.
왜냐하면 레드크로스 기사가 가이언과 마음을
합쳤다는 것을 그가 처음 알게 된 때부터, 처음에
레드크로스에게 가졌던 악의를 이제 가이언에게로 돌렸기에.

12

아키마고는 트롬파트에게로 가까이 다가가,
단지 창 한 자루를 가지고 적을 물리칠 칼도 없이,
황금의 말안장에 올라타고 가고 있는 저 양반이
대체 어떤 막강한 용사인지 물어보기 시작했다.
그가 대답했다, "저분은 위대한 모험가이신데,
치열한 격투에서 자신의 칼을 잃어버리셨지요.
그래서 그러한 모욕에 대한 복수를 하기 전에는

결코 다른 칼을 지니지 않겠다고 맹세하셨습니다.
저분께서는 창 하나만으로도 수천을 상대하기에 충분하답니다."

13
그러한 허풍에 그 마법사는 대단히 기뻐하였으며
머지않아 자기 뜻대로 할 수 있음을 알아채고,
두 원수를 모두 함께 패배시키리라고 생각했다.
그래서 그는 그에게 엎드려 절하며 가이언과
저 사악한 레드크로스 기사에 의해서 저질러진
악행에 대해 하소연하기 시작했는데, 두 사람이
배신과 속임수의 계략을 통해서 모단트 경과
그의 아리따운 부인을 살해했다면서, 그처럼
더러운 악행에 대해 복수하면 영예를 얻게 된다는 것이었다.

14
그러자 브라가도키오는 갑자기 격분하여
마치 그들의 목숨이 자신의 손에 맡겨진 듯,
무서운 얼굴 표정으로 죽이겠다고 위협하며,
자신의 대담한 용기를 그에게 과시하기 위해,
거센 힘으로 자신의 흉악한 창을 흔들어대며
이렇게 말했다. "노인장, 그대가 그 기사들이
마땅한 보복이 두려워서 숨어 있는 곳을 내게
고하면 그대에게 기필코 보상하겠다. 이 몸이
그 기사들의 가증하고 흉악한 행위에 대해 복수할 테니까."

15
그가 대답했다, "물론입죠, 기사님, 곧 고하고,
그 자들을 궤멸하실 수 있도록 도와드립지요.
하지만 현명하게 하시라고 제가 조언을 드립니다;
적들에게 이득을 주지 마시고, 그 피맺힌 날이
오기 전에, 부디 칼을 준비하시기 바랍니다.
그들은 이 땅에서 가장 용맹스런 두 사람이고,
치열한 전투를 통해 단련되었기 때문이지요.
그러므로 그들을 무찌르시려면, 그날을 대비해
찾을 수 있는 것 중에서 가장 좋은 강철 칼로 무장하소서."

16
그가 말했다, "그대의 긴한 충고는 노망이로다.
많은 세월 때문에 정신이 없고, 또한 허약하게
먹은 나이로 그대는 전혀 현명해지지 않았구먼,
그렇지 않다면 칼이나 갑옷으로 사나이다움을
측정할 만큼 그대의 판단력이 부실할 리가 없어.
칼이나 방패가 없이, 사나이의 온전한 팔다리를
가지고 적을 두렵게 하기에 충분치 않을 것인가?
그대는 이 오른손이 가진 위력을 잘 모르는군.
전투를 직접 보고 나서 누가 승리했는지 말해 보라고 하라."

17
그의 허풍에 아키마고는 적잖이 무안했다.
하나 누구든지 그 기사들 중 하나와 정면으로

맞붙으려면, 자신을 지키기 위해, 가진 무기를
다 동원해야 한다는 것을 그는 잘 알고 있었다.
그러나 그의 뱃심을 거스를까 근심하고 있는데,
브라가도키오가 말했다, "언젠가 맹세를 했지,
내가 칼 한 자루로 기사 일곱 명을 끝장냈을 때,
그날 이후로 이 세상에서 가장 고귀한 기사가
가졌던 칼이 아니라면, 전투에서 결코 칼을 지니지 않겠노라고."

18
그러자 마법사가 잽싸게 말했다, "그렇죠, 기사님
제가 바로 그것을 기사님의 손에 쥐어 드리지요.
지금 살아 있는 가장 훌륭하고도 고귀한 기사는
아서 왕자인데, 선녀의 나라에 살고 있습지요.
그는 타오르는 불꽃처럼 번쩍이는 칼을 가졌는데,
단언컨대, 제가 술수를 써서 바로 그것을 구해서
내일까지 기사님 곁에 가져다놓도록 하겠습니다."
그 대담한 말에 허풍쟁이가 몸을 떨기 시작했고
그처럼 엄청난 일을 해내는 이 자가 누군지 내심 놀라워했다.

19
마법사는 더 이상 분부를 기다리지 않고, 갑자기
브라가도키오의 눈앞에서 사라져 가버렸다.
그의 명령에 따라 북풍이 자신의 날개를 드넓게
펼치면서, 그를 대지에서부터 가볍게 들어올려
그가 공중으로 비행할 수 있도록 한 것이었다.

두 사람은 주위를 둘러보았지만, 아무 곳에서도
그의 자취를 찾을 수 없었다. 그러자 크게 놀라
둘 다 거의 죽는 줄 알고, 서로 도망치라고 했다.
그 즉시 두 사람은 도망쳤다, 한번도 뒤를 돌아보지 않은 채.

3~5 중세 민화에 의하면 북쪽에 있는 존재는 흔히 사탄(Satan)을 가리킨다. 구약성서 《이사야》 14장 13~14를 참조할 것. 또한 신약성서 에베소서 2장 2절에서 사탄은 "공중을 다스리는 군주"(*the prince that ruleth in the aire*)로 묘사되고 있다.

20

마침내 그들은 어느 신록의 숲에 이르게 되었는데,
이유 없는 두려움으로 인해 그 속에 몸을 숨겼다.
하나 공포는 계속 어디든지 그들을 따라다녔다.
떨리는 나뭇잎이나 휙 하는 바람소리를 들으면,
마치 무서운 유령이나 본 듯이 무척 두려워했다.
그러나 둘 다 자신의 두려움을 감추려고 애썼다.
급기야 그들은 숲 전체를 날카롭게 꿰뚫는 것처럼
메아리쳐 울리는 나팔소리를 들었는데, 그 소리는
마치 숲을 둘로 갈라놓는 것처럼 숲 전체에 울려 퍼져 나갔다.

21

곧이어 그들은 울창함 사이로 어떤 거친 발소리를
들었는데, 그 소리에 브라가도키오는 자신의
높은 말에서 땅으로 내려와, 덤불 속으로 기어가
죽음의 공포로부터 자신의 비겁한 머리를 숨겼다.

그러나 트롬파트는 굳세게 그 자리에 머물러
무슨 일이 일어날지 주목했다. 곧 사냥꾼의 의복을
차려입은 한 훌륭한 숙녀가 그곳으로 걸어왔는데,
무척이나 고귀한 가치를 지닌 여인처럼 보였으며
그녀의 위엄 있는 몸가짐으로 보아 천상에서 태어난 것 같았다.

6~9 "한 훌륭한 숙녀"(*a goodly Ladie*) : 서언(*argument*) 사행시에 이름이 등장하는 벨피비(Belphoebe)로서 시인은 "월터 랄레이 경에게 보낸 스펜서의 편지"에서 그녀가 엘리자베스 여왕을 대변한다고 밝히고 있다. 벨피비는 아름다움을 뜻하는 라틴어 bella와 순결하고 밝음을 뜻하는 phoebe의 합성어로서 사랑의 여신 비너스와 처녀성과 사냥의 수호 여신 다이애나를 합친 존재로 묘사되고 있다.

22

그녀의 얼굴은 너무 아름다워 인간의 몸이 아니라,
얼굴빛의 조화가 너무도 적절하고 탁월한 모양이
빛나는 천사의 용모를 가진 천상의 모습이었으며,
한 점의 오점이나 티끌도 없이, 하늘처럼 맑았다.
또한 그녀의 두 뺨에는 은근한 붉은 색이 감돌아
마치 백합으로 가득한 꽃밭에 떨어진 장미꽃처럼
거기서부터 성스러운 향기가 발산되어 나왔으며,
보는 이의 감각에 두 배나 되는 즐거움을 주었고,
아픈 자를 치유하기도 하고, 죽은 자를 살릴 수도 있었다.

23

그녀의 아리따운 눈에는 두 개의 불꽃이 타올라
천상의 창조자가 만든 빛보다도 더 높이 빛났고,

거기에서부터 쏟아져 나오는 작렬하는 광선은
너무도 지극히 날카롭고 너무도 놀랍도록 밝아
경솔하게 바라보는 자의 시각을 빼앗아 버렸다.
그 눈 속에 저 눈먼 신이 자신의 욕정의 불을
여러 번 지펴보려 했지만, 아무 소용이 없었다.
그녀가 두려운 위엄과 무시무시한 분노를 가지고
그의 헛된 화살을 꺾고, 저속한 욕망을 잠재웠기 때문이다.

6 눈먼 신(*blinded god*): 사랑의 신 큐피드(Cupid)를 가리킨다.

24
풍성한 선으로 가득한 그녀의 상아빛 이마는
드넓은 화폭처럼 스스로를 드러내고 있었는데,
거기에 사랑이 자신의 드높은 승리를 새겨 놓고
그의 위대한 신성함이 치른 전투를 써 놓았다.
거기에 모든 선함과 영예로움이 드러나 있었다,
그곳이 그들의 거주지였기에. 그녀가 말을 하면,
뚝뚝 떨어지는 꿀처럼 달콤한 언어를 쏟아내어,
마치 하늘나라의 음악이 만들어내는 것 같은
맑은 은빛 소리가 진주와 루비 사이로 부드럽게 흘러나왔다.

25
그녀의 눈까풀에는 수많은 자비로움이 깃들어,
그녀의 균형 잡힌 두 눈썹의 그림자 아래에서,
아름다운 모습과 사랑스런 표정을 만들어내어,

모든 사람이 자비로움을 가지고 그녀를 대했고,
모든 사람이 온순한 태도로 그녀에게 절했다.
그처럼 천상의 은총을 보이는 빛나는 거울이며,
인간적 서원에 대한 최상의 기념비일진대,
어찌 그 신성한 얼굴을 연약한 펜으로 묘사하랴,
능력의 부족으로 그녀의 아름다움을 욕되게 할까 두려우니.

26

그녀가 눈앞에 나타났을 때, 그녀는 그토록이나
아름답고, 또 천 배나 만 배나 더 아름답게 보였다.
또한 그녀는 타오르는 대기의 열기 때문에, 온통
백합처럼 하얀 은빛의 간편한 복장을 하였는데,
그 옷은 수없이 접힌 주름으로 장식되어 있었다.
그 위에는 전체적으로 금빛으로 빛나는 장식이
빠짐없이 흩뿌려져 있어, 마치 반짝이는 별처럼
밝게 빛나고 있었으며, 치마는 온통 빠짐없이
금빛의 술로 둘리어져 있었는데 … .

9 스펜서의 《선녀여왕》은 모든 연(*stanza*)이 9행이며 처음 8행은 약강오보격(*imabic pentameter*)이고 마지막 행은 언제나 알렉산드린(Alexandrine)이라고 부르는 육보격(*hexameter*)으로 구성되어 있다. 그러나 이 행은 특이하게 삼보격(*trimeter*)으로 이루어져 있다. 시인이 왜 여기서 행을 절반으로 만들었는지, 그 이유는 분명치 않다. 칸토 8의 55연에서도 또다시 삼보격으로 이루어진 마지막 행이 등장한다.

27

옷은 그녀의 허벅지 아래로 약간 늘어져 있고,

금박을 입힌 값비싼 코도반 가죽장화가 그녀의
반듯한 두 다리를 멋지게 감싸고 있었는데,
신비한 형상들이 새겨져 있으며 멋진 광택이
나는 황금색 끈이 서로 엇갈려 묶여 있었다.
그녀의 무릎 아래 앞부분은 고귀한 보석으로
묶여 있었고, 거기서부터 매듭의 끝 부분이
모두 둘둘 감겨서, 어느 누구도 촘촘히 접힌
그 끈들이 어떻게 얽혀 있는 것인지 알 수가 없었다.

28

그녀의 두 다리는 마치 모든 사람들이 녹색의
화환을 바닥에 깔고 자신들의 축제의 장소로
숭상하는 신전, 그러한 신전을 떠받치고 있는
두 개의 아름다운 대리석 기둥처럼 보였다.
그녀가 장엄한 자비로움과 제왕의 위엄으로
그 화환을 밟고 지나가면, 은총이 넘쳐흘렀다.
그러나 그녀가 숲 속의 요정들과 함께 놀거나
날아가듯 도망치는 표범의 뒤를 쫓을 때에는,
그 두 다리를 재빠르게 움직이며, 날듯이 걸음을 옮겼다.

8 표범(*Libbard*; *leopard*) : 단테의 《신곡》(*Divine Comedy*)의 "지옥편"(Inferno)에서 무절제(*incontinence*)의 상징으로 등장하며, 처녀성(*virginity*)은 그를 파괴하기 위하여 그의 뒤를 쫓는다.

29

또한 그녀는 날카로운 멧돼지 창을 손에 들고,

등에는 날렵한 활과 화살통을 메고 있었는데,
강철촉이 달린 화살이 가득하였으며, 그것으로
그녀는 야생짐승들을 잡아 개선의 놀이를 삼았다.
활과 화살통은 금빛 어깨 끈으로 묶여 있었고,
그 끈은 비스듬히 그녀의 눈빛 가슴에 걸쳐져
멋진 젖무덤을 가르고 있는데, 오월의 풋과일처럼
이제 겨우 부풀기 시작한 젖가슴은 동여매어져
그녀의 얇은 옷을 통해서 그 윤곽만 뚜렷이 보일 뿐이었다.

30
황금빛으로 물결치는 그녀의 금발머리 타래는
그녀의 어깨 근처에 출렁이며 드리워져 있어
바람이 그 사이로 살랑거리고 불어오게 되면
삼각형의 깃발처럼 넓게 나부끼며 물결치고
그녀의 등 뒤로 나지막하게 흩어지며 날렸다.
또한 그것이 기술인지 아니면 우연인지 모르지만,
그녀가 꽃 피는 숲 속을 내질러 달려갈 때면,
흐트러진 머리카락에 향기로운 꽃들이 안기고,
막 피어나는 상쾌한 나뭇잎들과 꽃망울들이 휘감겼다.

31
흡사 다이애나가 굽이치는 유로타스강의
모래해변 곁이나 푸른 신서스산 위에서,
그녀가 눈치 채기 전에 모든 요정들이 떠난 후,
사냥감을 찾아서 끝이 뾰족한 화살과 활을 들고

혼자서 방황하는 것처럼. 아니면 파이러스가
멸망시켰던 아마조네스의 저 유명한 여왕이,
프라이암의 눈에 처음 띄었던 날, 커다란
승리의 기쁨에 넘쳐 자신의 몸을 노출함으로써
슬프게 고통받던 나약한 트로이국가를 구해준 것처럼.

이 연의 내용은 버질(Virgil)의 《아에네이드》(*Aeneid*)에 근거한 비유로서 다이애나는 자신을 따르는 무리들을 유로타스(Eurotas) 강변이나 신서스(Cynthus) 산으로 안내한다고 알려져 있다. 또한 같은 책에서 아마존의 여왕 펜테실리아(Penthesilea)가 그리스군을 상대하는 전투에서 자신의 아름다운 가슴을 드러낸 채, 무장하고 출전하여 모든 그리스 남자들을 경악케 하여 트로이를 구해준 이야기가 등장한다. 그녀가 끝내 아킬레스(Achilles)의 아들 파이러스(Pyrrhus)에게 죽음을 당했다는 이야기는 호머(Homer)나 버질에는 나오지 않는 내용으로서, 스펜서가 중세 트로이전쟁 이야기에서 따온 것이 아닌가 싶다. 프라이암(Priam)은 트로이의 전설적 왕이다.

32

비겁한 트롬파트가 그러한 그녀를 보았을 때,
자신의 비열한 마음에 당황하여 어쩔 줄 모르고
자신을 노출시켜야 할지, 또는 도망쳐야 할지,
아니면 뒤에 그대로 남아있어야 할지 몰랐다.
그녀의 얼굴에서 두려움과 희망을 함께 보았는데,
그녀가 마침내 그를 알아채고 이렇게 말했다:
"안녕하오, 젊은이. 피 흘리는 암사슴을 못 봤소?
내가 굳건한 화살로 오른쪽 엉덩이를 맞췄는데.
혹시 보았다면, 말해주시오, 그놈을 따라잡을 수 있도록."

33
그 말에 정신이 들어, 그는 이런 대답을 쏟아냈다:
"오, 여신이시여, 제겐 그렇게밖에 보이지 않네요—
그러한 얼굴은 지상에서 볼 수 있는 것이 아니고,
목소리도 인간의 것이 아니오니—제가 맹세컨대,
제가 이 야생의 숲 속에 처음 발을 디딘 이후로
저는 그처럼 상처 입은 짐승을 본 적이 없습니다.
그런데 여신이시여 신들 중에서 어느 분이신지
제가 알고자 하오니 제 무례함을 용서하십시오,
제가 여신님께서 받으시기에 합당한 경배를 드릴 수 있도록."

34
그에게 그녀는 이렇게 … 하나 채 말하기 전에,
그녀의 눈이 갑자기 덤불 쪽으로 힐끗 향했는데,
허황된 브라가도키오가 숨어 있는 곳에서 뭔가
움직이는 걸 보았다. 그녀는 예리한 창을 내려놓고,
그 쪽을 향해 치명적인 화살을 겨누기 시작했다,
그 짐승을 쏘아 맞추려고. 활을 막 쏘려는 찰나에,
트롬파트가 나서서 그 죽음의 순간을 막아서며
크게 외쳤다, "오 그 어떤 천상의 존재이시거나,
또는 지상의 인간이시든 간에, 이 무서운 참극을 중단하소서.

35
오 손을 멈추소서. 저기 있는 것은 그 무서운
화살을 쏘아 맞히어야 할 사냥감이 아닙니다.

보세요, 제 주인이신 저 기사님의 용맹한 이름은
수많은 용감한 행적을 통해 널리 알려졌답니다.
지금은 저기 그늘에 덮여 누워 있는 것입니다."
그녀가 동작을 멈추자 그가 둥지에서 기어 나왔다,
비굴한 두 손과 무릎으로 엉금엉금 기어 나와서,
굳건히 일어서서는, 쉬다가 방금 나온 것처럼
자신의 드높은 투구장식을 맹렬하게 흔들면서 일으켜 세웠다.

36
마치 날아오르는 매가 두려워 공포에 찬 새가
자신의 하찮은 목숨을 어떻게든 구해보려고,
제 화려한 색깔의 깃털을 마구 헝클어놓은 채,
오랫동안 아무도 모르는 동굴에 숨어 있다가,
마침내 자신이 위험에서 벗어났다는 걸 알고,
살짝 나와 보고, 곧 원래의 자만심을 되찾아,
처음에 제가 왜 숨어 있었는지는 생각지 않고,
마구 헝클어진 제 깃털을 자랑스레 정리하고
구석구석 깃털을 세우면서, 부끄러움을 떨쳐버리는 것처럼.

37
그가 그녀의 훌륭한 모습을 보았을 때, 그렇게
그는 허풍을 떨기 시작했다. 그러나 그녀가
손에 들고 있는 무서운 무기들을 보고 나서는,
곧바로 또 다른 충격을 받은 것처럼 돌변했는데,
마침내 그녀가 자비로운 말로 그를 회복시켰다.

"안녕하세요, 기사님, 원하시는 바를 이루시기를,
기사님 같은 분들은 무예를 통해서 세우는 업적과
전투의 공적을 쌓음으로써 영예를 추구하니까요.
모든 덕이 칭송을 받을 만하지만, 기사의 덕이 최선입니다."

38
그가 대답했다, "오 하늘 아래 가장 어여쁘신 분,
그대의 말은 진실하고, 전투의 공훈을 가장 높은
영광으로 여기는 그대의 칭송은 고귀한 것이오.
나는 내 젊은 시절을 모두 거기에 쏟아바쳤으며,
수많은 전투를 치렀고, 온 세상을 누비고 다니며
찾을 수 있는 전투를 찾아, 많은 격투를 벌이면서,
무시무시한 내 이름을 달보다도 높이 세우려고
애를 썼다오. 내 이름이 월계수 화환으로 만든
왕관을 쓰고, 명예의 영원한 나팔소리로 울려 퍼지도록.

39
그렇지만 그대는 누구시오? 오, 부인, 아무런
기쁨도 없는 이러한 거친 숲을 누비고 다니며,
그대와 동등한 동료들과 누리는 즐거운 궁정의
사교를 마다하시니. 그곳이 여기보다는 훨씬 더
행복한 기쁨과 온갖 즐거움으로 가득한 곳이오.
거기서 그대는 사랑하고, 또 매우 사랑받으며,
쾌락으로 목욕을 할 텐데, 여기는 그런 게 없다오.
거기서 그대는 최고가 되고, 최고만을 볼 것이오.

숲은 짐승에게나 적당한 곳이고 그대에게는 궁정이 제격이라오."

40

그녀가 말했다, "교만한 신분의 허례허식에 빠져
궁정의 환락에 수영하고, 목욕하는 자는 누구든지
자신의 인생을 어두운 무명 속에 버리는 셈이고,
결국 영원토록 망각 속으로 묻히게 될 것입니다.
편안함이 지배하는 곳에서는 잘못되기도 쉬운 법.
그러나 사지를 움직여 노동하고, 열성으로 자신의
마음을 훈련하는 사람은 쉽사리 잘못되지 않아요.
밖으로는 무공으로, 집안에서는 신중한 생활로,
힘들여 노력을 기울이는 사람이 가장 먼저 명예를 얻게 됩니다.

41

명예는 숲 속에, 파도에, 전투에 존재하는 법이고,
위험과 고통을 겪음으로써 얻어지는 것입니다.
게으른 침실에 길들여진 자는 그 어느 누구도
명예의 행복한 전당에 자리를 얻을 수 없습니다.
지고하신 하나님이 땀 흘리기를 명령하시면서
그 문 앞에 영원히 불침번의 문지기를 두셨지요.
그러나 쾌락의 궁정으로 가는 길은 평탄하며,
그리로 가기는 쉽습니다. 손쉽게 눈에 뜨이며,
밤이나 낮이나 그 문은 모두에게 활짝 열려 있습니다.

42
제왕의 궁정은…." 그녀가 말을 마치려는데
이 멍청한 작자는 그녀의 부드러운 말을 듣는
기쁨에 푹 빠져, 모든 감각이 아득해졌으며,
그녀의 놀라운 아름다움에 아주 황홀해져서,
더러운 색욕으로 불타기 시작했고, 제 열등한
두 팔로 그녀를 껴안으려고 성급히 달려들었다.
그러자 그녀는 뒤로 비키면서 빛나는 투창을
그에게로 겨누면서 맹렬하게 그를 위협하였다.
그리고 나서는 몸을 돌이켜서 잰걸음으로 달아나 버렸다.

43
그 천한 자는 그것을 보고 놀라 자리에 멈춰 서서
그녀가 달아난 것을 슬퍼했다. 그러나 그는 감히
미지의 숲으로 그녀를 추적할 엄두를 내지 못했다.
더구나 그는 덤불에 숨어 있을 때 그녀가 겨누던
활을 아직 잊지 않았고, 그녀의 분노를 두려워했다.
또한 그녀가 있더라도 소용이 없다는 것을 알고,
돌아서서 트롬파트에게 말했다, "기사에게 이게
무슨 창피한 오점인가, 저 여인이 온전하게 다시
숲으로 떠나가 버리고, 그처럼 오만하게 날 멸시하였으니."

44
트롬파트가 말했다, "제발 그녀가 자유롭게
가도록 두세요, 그녀가 있는 게 더 위험하니까요.

그녀가 신성한 천사가 아니라고 — 그렇다면 정말
두려운 일이지만 — 누가 단언할 수 있겠습니까?
왜냐하면 그녀가 말할 때, 그녀의 위대한 언술에
제 간담이 서늘해졌으며, 제 심장이 오그라들어,
아직도 온몸이 부들부들 떨고 있기 때문이에요."
브라가도키오가 말했다, "그렇게 소름이 끼치는
그녀의 나팔소리를 처음 들었을 때, 나도 그렇게 생각했었지.

45
왜냐하면 나는 어머니의 뱃속에 있을 때부터
영원한 숙명에게서 이런 은총을 하사받았는데,
즉, 지옥의 악마이거나 천상의 천사가 아니라면,
지상의 존재는 그 누구도 용맹스런 내 담력을
겁에 질리게 하거나, 날 도망치게 할 수는 없지.
그런데 막상 내가 처음 그 나팔소리를 들었을 때,
하늘에서 울리는 천둥소리라고 생각했기 때문에
마치 겁에 질린 사람처럼 도망가 숨었던 거야.
그런데, 그게 아니라는 것을 알고, 내가 대담하게 일어섰지.

46
하지만 이제 더 나쁜 일이 닥칠까 무서우니까,
얼른 여기서 떠나가자", 그들은 즉시 합의했다.
그래서 그는 말 있는 데로 가서 말을 타고 갔는데,
그의 자세는 그가 기사도 훈련을 받지 않은 것을
누구라도 알 수 있을 정도로 전혀 어울리지 않았다.

그 용감한 준마는 그것을 잘 알아차리고 있었다.
왜냐하면 그 말은 일정하게 걷기를 아주 싫어하며,
맹렬한 용기로 단호하게 거품을 내뿜으며 화냈고,
그 천박한 짐짝을 벗어 던지려고 내내 애를 썼기 때문이다.

제 4 칸토

가이언은 퓨러를 사슬로 묶고
오케이존을 사로잡으며,
페돈을 구출하는데, 그 때문에
스트라이프에게 욕을 먹는다.

1
용감하게 명예로운 과업을 추구하는 데 있어서
천박한 가문 출신과 고귀한 가문 출신 사이엔
무엇인지 알 수는 없지만 커다란 차이가 있다.
고귀한 가문 출신은 무력으로 세우는 업적이나
사랑에 빠지는 것 같은 용감한 행동을 하도록
하늘이 정해준 운세를 타고나는 것처럼 보인다.
그러나 말을 타는 기술은 귀한 혈통에게 특히
어울리는 기술인 것 같다. 바로 이 허풍쟁이처럼,
귀족이 아니면서 말을 잘 타는 척 해봐도, 부질없는 짓이다.

7~9 이 대목은 칸토 3의 10연에서 언급한 고귀한 사람만이 영예롭고 위대한 행동을 할 수 있다는 주장의 되풀이로서, 승마술을 고귀함의 잣대로 내세우고 있다. 이는 물론 편견이지만, 대부분의 르네상스 작가들은 교육에 대하여 언급할 때 승마술을 매우 강조하고 있는 것이 사실이다.

2
한편 그 말의 정당한 소유자는 어쩔 수 없이
걸어가면서, 자존심을 잘 조절하여 다스리며,

가장 믿음직한 안내자인 검은 옷의 팔머와
함께 가고 있었는데, 팔머는 그의 방황하는
발걸음이 샛길로 빠져나가지 않도록 배려했다.
오히려 강한 감정이나 허약한 육신이 기사를
바른 길에서부터 멀리 끌어내고자 할 때마다,
팔머는 절제와 확고함을 가지고, 약한 것은
강하게 부추기고, 강한 것은 억제하도록 그를 가르쳤다.

6~9 칸토 1에 등장하는 모단트와 아마비아의 일화는 유한한 인간이라면 누구나 지니고 있는 "강한 감정"(*strong passion*)이나 "허약한 육신"(*weake fleshlinesse*)의 극단적 모습의 결과가 어떻게 되는지 보여주고 있다. 이러한 극단적 모습들은 "절제"(*temperance*)와 "확고함"(*stedfastnesse*)에 의해서 조절되어야 한다. 여기서 이성을 대변하는 팔머가 절제의 기사 가이언을 어떻게 통제하고 있는지 알 수 있다.

3
기사가 자신의 길을 가고 있는데, 우연히 그는
멀리서 어떤 거친 소동이나, 또는 격렬한 분쟁을
보았거나, 아니면 그런 것을 본 것처럼 느껴져서,
그것을 진정시키고자 서둘러 그 쪽으로 향했다.
한 미친 사람이, 아니면 미친 척하는 사람이,
어떤 말쑥한 젊은이의 머리채를 아주 잔혹하게
움켜잡고 땅바닥에 질질 끌고 가고 있었는데,
얼마나 심하게 때리고 찔러서 상처를 냈는지,
그의 뺨은 눈물로, 그리고 옆구리는 피로 흥건히 젖어 있었다.

4
그 자의 뒤에는 다 헤진 겉옷을 입고 지저분한
차림을 한, 사악한 노파가 뒤따르고 있었는데,
그녀는 한쪽 다리가 불구여서, 걸을 수 없었기에
지팡이에 자신의 약한 걸음을 의지하고 있었다.
그녀의 더럽고 잿빛으로 하얗게 센 머리 타래는
모두 앞으로만 자랐으며, 풀려서 늘어져 있었다.
그러나 뒤쪽은 대머리였고, 다 닳아 없어져서
아무도 뒤쪽에서는 그녀를 붙잡을 수가 없었다,
또한 그녀의 얼굴은 끔찍했고, 늙은 주름살로 가득했다.

2 "한 사악한 노파"(*a wicked Hag*) : 기회를 의인화한 오케이존(Occasion)을 가리키며, 그녀는 퓨러에게 광분을 일으킬 구실을 제공한다. 그녀의 특이한 머리채는 "기회는 지나가기 전에는 알아볼 수 없다", 또는 "기회는 지나가면 잡을 수 없다"는 통념을 반영하고 있다. 스펜서는 등장인물의 이름을 밝히기 전에 그 모습을 묘사하여 독자들이 그가 누구인지 짐작할 수 있도록 하는 기법을 즐겨 사용하고 있는데, 여기 등장하는 오케이존이 그 대표적 경우로서 그녀는 광분, 또는 극심한 분노(*wrath*)를 대변하는 퓨러를 부추김으로써 선한 기사들의 목적달성을 방해하는 존재이다.

5
또한 그녀는 길을 가면서 줄곧 혓바닥을 움직여
더러운 욕설과 사악한 경멸의 언어를 토해내어,
자신의 잔인무도한 이야기로 그를 충동질하여,
그 불쌍한 사람에게 더 큰 위해를 가하도록 했다.
그녀는 때로 그에게 돌멩이를 주어 때리게 했고,
때로는 자신의 한쪽 다리로서 그것이 없어지면
똑바로 걸을 수도 없게 되는 제 지팡이를 내주었다.
그녀는 그를 화나게 하거나, 격분시키기 위해서

제 아무리 사악한 방법이라도 주저하지 않고 사용하였다.

6
커다란 연민에 사로잡힌 숭고한 가이언은
가까이 가서, 먼저 그 노파를 밀어젖혔으며,
그 다음에는 위력을 더하여 좀더 격렬하게,
막강한 두 손으로 그 미친 작자를 붙잡고서
그를 뒤로 젖혀버렸다. 그 자는 즉시 광분하여,
자신의 무자비한 모든 악의를 기사에게 향했고,
짐승처럼 사납게 성내며 공격하기 시작했는데,
마구 때리고, 물고, 발로 차고, 할퀴고, 찢으며,
무엇으로 앙갚음을 하는지 제 자신도 잘 모를 정도였다.

4 제 1권에서 성스러움을 대변하는 레드크로스 기사가 대체로 정신적 무기에 의지하는 데 반하여 절제의 기사 가이언은 두 손의 완력에 의존하여 싸운다. 여기 소개되는 싸움은 그의 이름이 가지는 어원의 하나인 "레슬러"(*wrestler*)의 특성을 보여주는 것이다.

7
그가 제 힘을 잘 다루어 조절할 수만 있었다면.
그는 분명히 놀라운 힘의 소유자라 할 만하였다,
하나 그 광란의 발작이 그의 정신을 불질러서,
그의 힘은 소용이 없었고, 그가 겨냥했던 대상을
맞추기보다는 크게 빗나가는 타격이 더 많았다.
또한 감정에 눈이 멀어 이성이 보지 못했기에
부지불식간에 스스로에게 상처를 입히기도 했다.

마치 눈을 가린 황소가 아무 데로나 돌진하듯,
어디를 치는지 알지도 못했고, 누구를 해치는지 상관도 안 했다.

8
그 자의 막돼먹은 공격과 제멋대로인 수단은
기사에게는 생소했는데, 그는 적을 상대할 때
온당하게 방어하고, 무기를 능숙하게 다루면서
싸우는 데 익숙했기 때문이다. 하나 지금 그렇게
싸우지 않는다고 해서 전혀 당황해하지 않았다.
오히려 그 망나니 같은 놀음에 더욱 힘을 내어
그 자를 굳게 붙잡고 이리저리 끌고 다니며
막강한 힘으로 그 자를 제압하려고 노력하였다.
그러나 자기도 모르는 사이에 넘어져 밑에 깔리고 말았다.

9 여기서 가이언의 실수는 이성이 아닌 분노에 사로잡혀 퓨러(Furor)를 대적한다는 데 있다. 그는 순간적으로 자기 자신의 격분에 포로가 되어 있다. 다음 두 연을 참조할 것.

9
넘어지자, 그 악당은 기사의 남성다운 얼굴을
광대 같은 주먹질로 심하게 때려 상처를 냈다.
또한 그 노파는 수없이 잔혹하게 위협하면서
계속해서 기사를 그 자리에서 죽이라고 하였다.
그러한 치욕과 증오스런 협박을 겪게 되자,
기사는, 그 드높은 마음이 부글부글 끓어올라,
있는 힘을 다해, 그 자가 붙잡고 있는 손에서

벗어나기 시작했고, 곧 가볍게 튀어 일어나서
자신의 역할을 수행하기 위해 치명적 무기를 뽑아들었다.

10
팔머는 그것을 본 순간 커다랗게 소리쳤다.
"그러면 안 됩니다. 오, 가이언, 저 괴물을
그렇게 정복하거나 죽일 수 있다고 생각 마세요.
저 자는, 아, 저 자는 무기로 상처를 입히거나
힘으로 제압할 수 있는 그런 상대가 아닙니다.
저자가 바로 저주스럽고 잔혹한 퓨러인데,
기사도에 수많은 수치와 고통을 안겨준 자요.
또한 바로 저 노파는 저자의 늙은 어미로서
오케이존이라고 하는데, 모든 분노와 원한의 뿌리올시다.

6 퓨러(Furor)는 격분, 즉 "wrath"를 가리키며 분노의 정도가 지나쳐 광기에 이르는 상황을 나타낸다.

11
격노하는 퓨러를 굴복시키려는 사람은 먼저
그녀부터 시작하여 그녀를 굴복시켜야만 합니다.
우선 저 노파의 수치스런 비난을 못하게 막아,
그녀가 미친 자기 아들의 분을 돋우고 용기를
불러일으키는 그 사악한 수단을 제압하십시오.
일단 그녀가 강하게 억제 당하거나 물러나면,
저자의 무의미한 분노를 가라앉히고, 또한
미친 감정의 폭풍을 잠재우기가 쉬워질 것입니다.

범람하는 강물을 가로막으면 강둑이 흘러 넘치기 마련이지요."

9 강물을 막으면 넘쳐흐르듯, 퓨러를 막으려 하면 오히려 그를 더 키우게 된다는 뜻이다. 퓨러는 그 분노의 근원을 막아야 잠재울 수 있기 때문에 분노를 부추기는 오케이존을 먼저 억제해야 한다.

12
그 말에 가이언 경은 처음 상대를 놔두고,
그 여인에게로 돌아서서 그녀의 두 눈앞에
늘어져 있는 백발의 머리 타래를 꽉 붙잡고는
그녀를 땅바닥에 동댕이쳤다. 그래도 그녀는
지독한 폭언과 더러운 욕지거리를 멈추지 않고,
제 분풀이를 해달라고 계속 아들을 부추겼다.
그러나 기사는 계속 그녀에게 고통을 가했고,
또한 그 노파의 무례한 혓바닥을 붙잡아서
거기에다 쇠로 된 자물쇠를 강하고 튼튼하게 채워버렸다.

13
그녀는 더 이상 말을 할 수가 없게 되자,
구부러진 두 팔로 손짓을 하며 아들에게
신호를 했는데, 그게 최후의 수단이었다.
그러나 기사는 그 마지막 수단마저 빼앗고
그녀의 두 손을 지팡이에 단단히 묶어서
꼼짝 못하게 하였다. 그러자 그 아들은
그녀를 버리고 잽싸게 달아나기 시작했다.
그러나 가이언은 서둘러 그를 쫓아갔고,

머지않아 매우 당황스러워하는 그 자를 따라잡았다.

14
기사가 강력한 두 팔로 그를 꽉 붙잡았기에,
그는 대항하며 몸부림쳤으나 다 소용없었다.
그의 모든 힘은 남김없이 소진되어 버렸고,
격분하는 광기도 즉시 시들었기 때문이다.
그는 용을 썼고 그때마다 힘이 달렸지만,
굴복하지도 않고, 증오심도 줄어들지 않았다.
그러자 기사는 그를 땅바닥에 동댕이치며
거세게 밀어붙여 두 손을 등 뒤로 꽉 묶고
두 발에 족쇄를 채워 쇠로 된 선반에 고정시켜 버렸다.

15
백 개의 쇠사슬을 가지고 기사가 그를 묶자,
백 개의 매듭이 그를 견딜 수 없이 압박했다.
그래도 그는 여전히 쇠로 된 큰 이빨을 갈며,
험악하게 투덜대며 헛되이 복수를 다짐했다.
타오르는 그의 두 눈에는 온통 핏발이 서렸고
노려보는 홉뜬 눈에선, 불꽃이 쏟아져 나왔다.
그는 커다란 고통보다도 심한 굴욕감 때문에,
구리철사 빛깔의 긴 머리 타래를 흔들어대고,
황갈색 수염을 씹으며 자신의 타오르는 분노를 드러냈다.

1~2 백 개의 매듭으로 퓨러를 묶는 일화는 버질(Virgil)의 《아에네이드》(*Aeneid*)에서 따온 것이다.

16
이처럼 가이언은 퓨러를 사로잡고 나서,
몸을 돌이켜 그 가엾은 젊은이를 돌아봤는데,
그 미친 자한테 거의 목숨을 뺏길 뻔한 그는
피와 흙으로 범벅이 된 채, 땅에 누워 있었다.
그가 소생하는 기미가 보이자 가이언은
그의 상처를 처매고 그를 위로하기 시작했다.
마침내 그가 회복되자 기사는 어떤 험한 불운이
그를 그러한 곤경에 빠뜨려, 그 비열한 자에게
사로잡혀 비참한 노예가 되었는지 그에게 묻기 시작했다.

17
그러자 미어지는 가슴으로 눈물을 가득 머금고,
그가 말했다, "기사님, 숨어 있다가 순식간에
덮쳐오는 운명을 그 누가 피할 수 있겠습니까?
불운은 제아무리 신중한 인간이라도 자신의
접힌 옷자락에 휘감으려고 기회를 엿보지요.
그래서 잘 모르고, 불행을 의식하지도 못하는,
수많은 약한 자 중에서, 연약한 인간인 저를
적당한 기회를 통해서 비참함에 빠뜨렸으며,
그게 바로 이 사악한 악한이 제게 덮친 사건이었습니다.

18
저의 모든 슬픔과 이 비참한 눈물의 근원은
바로 믿음이 없는 어느 젊은이에게 있습니다.

저는 한때 같은 유모의 다정한 젖을 먹으며
그와 함께 성장했지요. 그리고 우리가 좀더
성숙하여 스스로 친구를 선택할 지각이 생기자,
우리는 우정의 맹세를 서로에게 다짐했습니다.
그렇게 질투에 대한 염려나 잘못된 생각 없이,
오랜 시간을 우리는 당연히 친하게 지냈지요.
그리고 제가 한 맹세에는 티끌만큼도 거짓이 없었습니다.

19
그 나이에는 다 그렇듯이 저는 운명적으로
매우 아름다운 한 여성을 사랑하게 되었는데,
그녀는 고귀한 가문 출신이었을 뿐만 아니라
매우 높은 위치에 있었지요. 그런데도 불구하고
받는 것보다 더 많은 사랑을 베풀었습니다.
저는 신실한 그녀를 한결같이 오랫동안 위했고,
우리를 갈라놓을 것은 아무것도 없었습니다—
사랑은 두 마음뿐 아니라 의지도 하나로 묶지요—
우린 서로를 기쁘게 하고, 서로의 기쁨이 되려고 애썼습니다.

20
필레몬이라는 이름을 가진 제 친구에게,
저는 제 사랑과 비밀을 모두 말해주었습니다.
그는 저를 위해 무척이나 기뻐하는 것 같았고 ,
제게 하는 것처럼 그녀에게도 잘 해주었지요.
그녀에게 그처럼 아무런 사심이나 오점 없이

환영받았던 사람은 그 누구도 없었을 것이며,
그녀가 생각하거나 본 것 치고 있는 그대로를
그와 나누지 않은 것은 아무것도 없었습니다.
아 더러운 인간 같으니, 그처럼 정숙한 숙녀를 속이다니.

1 필레몬(Philemon) : 그리스어로 좋아하다는 뜻의 'Phil'과 질투 또는 불화를 의미하는 'emon'에서 온 말로 추측되는데, 정확한 출전은 알 수 없다.

21
마침내 그녀를 제 배우자로 맞이할 은총이
저를 찾아왔고, 전 그 방법을 강구했습니다.
친구들의 동의와 부모님의 허락을 얻고 나서,
약혼이 성사되자, 제 행복이 시작되었습니다.
소수의 예식 말고는, 결혼하는 데 부족한 것이
아무것도 없었어요. 그날이 멀게만 보였지요.
저는 밝은 태양이 얼굴을 비치는 사람 중에서
저 스스로를 가장 행복한 사람으로 여겼으며,
악랄한 제 친구도 못지않게 행복해할 것으로 생각했습니다.

22
그러나 그 소망스런 날의 햇살이 비치기 전에,
그는 제가 행복해지는 것에 질투를 느꼈거나,
저를 배반하고자하는 사악한 마음이 생겨서,
어느 날 다정스런 표정을 가지고 제게 다가와,
비밀리에 자신이 알게 된 것을 이야기했습니다.
저와 정혼하기로 되어 있는 그 여인이 자신의

영광스러운 가문을 욕되게 했으며, 또한 제게
헌신하기로 맹세한 그 언약을 깨버렸다는 것을.
그래서 내가 진실을 좀더 알 때까지 기다리자는 것이었지요.

23
그 자의 처참한 이야기가 제 가슴에 아로새긴
에는 듯한 괴로움과 찢는 듯한 질투심은 너무도
쓰라리게 사무쳤고, 마음속으로 짓물러왔기에,
제가 그 이야기에 대한 진실을 밝히기 전까지
제 아픈 마음은 아무런 휴식도 찾지 못했습니다.
그리고 우리 둘 사이의 성스런 맹세에 의지하며,
내게 최선의 방도를 알려주도록 그에게 청했지요.
그러자 그 자는 손을 들어 엄숙하게 서약하면서
머지않아 제가 진실을 알 수 있게 하겠다고 다짐했습니다.

24
머지않아 그는 다시 제게 같은 다짐을 하며,
이제야 모든 의혹을 다 밝혀냈다고 말하면서,
내 사랑하는 이를 애인으로 삼고 있는 자는
한 천박한 계층에 속한 하인인데, 그 자는
어두운 내실에서 종종 그녀와 밀회를 한다는
것이었습니다. 그것을 더욱 확실히 하기 위해
제 근처에서 그렇게 작당하는 것을 직접 보고
모욕 받은 저의 눈먼 사랑을 거둘 수 있도록,
그 시간에 저를 데리고 가겠노라고 약속을 하였습니다.

25

이 버림받은 작자는 자기 사기를 진행하려고
제 사랑하는 여인의 몸종에게 구애를 했지요.
몸종은 그 자의 사악한 애정을 간직하기 위해,
반색하면서, 할 수 있는 모든 것을 다했습니다.
하루는 그녀를 더욱 자기 뜻대로 조정하려고
이렇게 구애했지요: '프리엔느 — 그녀의 이름이죠 —
운명은 그대에게 어떤 커다란 원한이 있기에,
그 빛나는 미모를 이처럼 천한 곳에 두어서,
다른 여인들의 부족한 미모를 가리지 못하게 하는 것인가?

6 프리엔느(Pryene) : 그리스어로 불을 암시하는데, 그녀가 "사랑에 미친"(27연) 여인이며 36연에서야 이름이 밝혀지는 화자인 페돈(Phedon)에게 분노의 불을 지피는 원인이 된다는 것을 보여주고 있다.

26

운명이 최소한 그대가 자신의 미모에 알맞은
모습으로 꾸미도록 그대를 도와주기만 한다면,
가장 부족한 모습으로도 다른 여인들의 불타는
자존심을 꺾고, 그들의 가치를 얼룩지게 할 텐데.
비록 아리따운 클래리벨이 그대의 주인이지만
제아무리 꾸민다 해도 그대 근처에도 못 올 걸.
그것을 증명하기 위해서, 오늘밤에는 그녀의
옷 중에서 가장 멋진 것으로 치장하도록 하지,
내가 그대를 정답게 안으면서 더욱 큰 기쁨을 누릴 수 있도록.'

5 클래리벨(Claribell) : 라틴어 'clara'와 'bella'의 합성어로서 "아름다움이 반짝이다"는 의미를 가지고 있다.

27

그 처녀는 칭찬에 우쭐해지고 사랑에 미쳐서
그의 말을 들었고, 곧바로 그렇게 치장했지요,
그동안에 그 배반자는 자신의 교활한 계략을
제게로 돌려서 (자신이 이미 말했던 것처럼)
저를 안내하여 한 은밀한 장소에 데려다놓고
제 비극에 대한 슬픈 관람자로 만들었습니다.
거길 떠난 그는 자신의 거짓 역할을 맡아서,
그가 제 사랑을 욕되게 하는 자라고 꾸몄던
바로 그 천박한 계층의 하인으로 자신을 변장했습니다.

28

곧이어 그는 그 약속한 장소로 나타났는데,
클래리벨의 의상으로 멋지게 차려입은
프리엔느를 데리고 왔지요. 그 어둠침침한
곳에서 저는 그녀의 얼굴을 잘 볼 수 없었고,
그가 희롱하는 게 내 사랑이라고 여겼습니다.
아 하나님, 그 어떤 공포와 고통스런 슬픔이
제 가슴과, 두 손과, 두 눈에 엄습해 왔는지요!
질투의 뱀에 물리는 상처와 그에 따른 치욕을
당하기보다는 오히려 수천 번의 죽음을 선택하겠습니다.

29

집으로 돌아와서 — 지독한 경멸감에 가득 차,
돌아오는 길에서 내내 복수를 되씹었습니다 —

저는 혐오스런 제 사랑이 눈에 나타나자마자
격노한 손으로 순진무구한 그녀를 살해했지요.
그러나 곧 그 일을 한없이 후회하게 되었습니다.
제가 그런 불행을 만들어낸 저 악독한 하녀에게
그처럼 과격한 행동을 하게 된 원인이 무엇인지
말하라고 단호하고 분명하게 다그치자, 그녀는
필레몬이 어떻게 옷을 바꾸어 입혔는지 고백했습니다.

30
그 말을 듣자, 저는 끔찍하게 무서운 공포와
지옥의 격분에 온통 사로잡혀, 그처럼 잔혹한
상처에 대해 저 자신에게 복수해야 했습니다.
그러나 먼저 그런 일을 처음 꾸민 그 자에게
제 격분을 터뜨리는 게 좋겠다고 생각했지요.
필레몬에게, 비열한 악당 필레몬에게
저는 그처럼 비싼 값을 그에게 지불했습니다.
곧 그 자에게 치명적 독약이 든 술을 주어,
그의 죄악을 죄가 있는 액체로 씻어 주었으니까요.

31
그처럼 죄악에 죄악을, 슬픔에 슬픔을 쌓고,
사랑을 잃은 것에 덧붙여서 친구를 잃고서,
저는 세 번째 악행으로 두 행위를 정화하고,
제 불행을 시작한 곳에서 끝내고자 했습니다.
그건 프리엔느였죠. 최초로 죄를 범했으니

최후로 벌을 받아야지요. 그런 잔인한 의도로
제가 그녀를 향해 살인적 칼날을 들이대자,
그녀는 파랗게 질려 혼비백산하여 달아났고
저는 제 사나운 목적을 달성하고자 그 뒤를 쫓았습니다.

32
그녀는 공포로 날아 도망치고, 전 분노로 질주했지요.
저는 숲과 들판으로 오랫동안 그녀를 추격했고,
결국 기사님이 방금 승리의 위세로 꽁꽁 묶은
이 미친 자를 중간 지점에서 만나게 되었습니다.
제가 그녀에게 했듯이 그는 잽싸게 절 추적하여
곧 저를 따라잡았지요. 저는 분노를 내뿜으며
그런 때에 절 방해하는 데 대해 지독히 화가 났고,
이 자의 잔혹한 열화는 제 울분으로 타올랐는데,
한 번 불이 붙자, 그의 어미가 더욱 더 분노를 부추겼습니다.

33
그 두 사람은 함께 절 죽이기로 작정을 하고,
수많은 상처와 구타와 극심한 폭행을 가했고,
괴로움과 분노가 제게 가져다준 고통 때문에
차라리 죽는 것이 더욱 나을 지경이었습니다.
그 치명적 침은 아직도 제 안에 박혀 있어서
제가 살아 있는 한 결코 사라지지 않을 것입니다."
그가 이처럼 자신의 구슬픈 사연을 끝마치자,
가이언이 말했다, "참담한 고통을 겪었구려,

그러나 그 모든 상처는 절제를 통해서 곧 가라앉게 될 것이오."

34
그러자 팔머가 말했다: "가장 불쌍한 인간은
애정에게 자신의 고삐를 내어주는 사람입니다.
애정이란 처음에는 희미하고 약한 것이지만,
그냥 내버려두면 곧 무서운 결과로 커지지요.
그것이 약할 때 그 즉시 싸워 눌러야 하는 법.
일단 완전한 위력을 가질 만큼 커지게 되면,
애정은 큰 전쟁을 만들고, 이성을 넘어뜨리려고
이성의 성문을 향해 잔혹하게 돌진해 옵니다.
광분, 질투, 슬픔, 사랑이 이 젊은이를 이처럼 망쳐 놓았군요.

2 고삐(*bridle*)는 전통적으로 절제를 상징하는 표시(*emblem*)이다.

35
광분, 질투, 슬픔, 사랑은 이렇게 발산되는 법:
광분은 불이요, 그리고 질투는 잡초가 됩니다.
슬픔은 홍수이며, 사랑은 끔찍한 괴물이랍니다.
불을 일으키는 불씨와, 잡초의 작은 씨앗과
홍수의 물방울을 더러움의 괴물이 키우지만,
불씨, 씨앗, 물방울, 더러움은 이렇게 억제되지요.
불씨는 곧 사그라지고, 피어나는 씨앗은 뽑히며,
물방울은 마르고, 더러움은 깨끗이 씻겨집니다.
그처럼 광분, 질투, 슬픔, 사랑도 시들어 없어지는 법입니다."

36

가이언이 말했다, "운 없는 젊은이, 그대가
무절제로 인하여 재앙에 빠졌던 것이니만큼,
이제부터 그대가 이제까지 겪은 것을 유념하여
조심스런 다스림으로 그대의 길을 관리하시오,
때늦게 더 나쁜 일이 그대에게 생기지 않도록.
하나 그대의 이름과 출신에 대해 말해주구려."
그가 대답했다, "저는 페돈이라 하며, 또한
제 가문은 유명한 코라딘에서 시작되었는데,
그 분이 처음 저희 집안을 영예롭게 일으키기 시작했지요."

7 페돈(Phedon) : 그리스신화의 비너스가 젊음과 아름다움을 부여한 사공의 이름에서 따온 것으로서, 그가 인간성을 회복한 다음에야 여기서 그의 이름이 소개된다는 점이 흥미롭다.

8 코라딘(Coradin) : 라틴어 'cor'와 그리스어 'adin'의 합성어로서 통제할 수 없는 과격한 영혼이라는 뜻을 가지고 있으며 페돈의 무절제한 성품의 근원이다.

37

그가 이렇게 말할 때, 보라, 그들은 멀리서
한 시종이 성급히 뛰어오는 것을 보았는데,
그가 발걸음을 나는 듯이 어찌나 빨리 딛는지,
그의 발걸음 주변에 먼지가 구름처럼 일어나,
온통 땀과 뒤섞여서 그의 눈을 흐리게 했다.
그는 곧 덥고, 숨이 차서 헐떡이며 다가왔는데,
온몸이 흙더미여서 아무도 알아볼 수 없었다.
그의 표정은 대담했고, 가이언의 모습에도
주춤거리지 않고, 경멸에 찬 눈빛으로 그를 쏘아보았다.

38
그는 등 뒤에 빛나는 방패를 지니고 있었는데,
그 위에는 피 어린 들판 한가운데서 타오르는
불꽃이 형형색색으로 아름답게 그려져 있었고,
그 주변을 빙 둘러서 이런 말이 적혀 있었다:
불타라, 내가 태우리니. 그것은 어떤 가공할
기사의 방패에 아주 적합한 구절처럼 보였다.
또한 그는 무척 날렵하고, 치명적으로 예리한
두 단창을 들고 있었는데, 그 창의 머리에는
독과 피가 발라져 있어서 악의와 경멸을 나타내고 있었다.

39
그가 다가와 조우하자, 그는 먼저 가이언에게
무례히 말했다: "기사님, 만일 그대가 기사라면,
내 충고하건대, 더 큰 화를 당할지도 모르니까,
주인이 있는 이 장소를 즉시 떠나시기 바라오,
아니면 그대 자신의 위험을 각오해야 할 것이오."
기사는 그 자의 대담무쌍함에 놀라워하였으며,
비록 그 자의 무의미한 허풍을 경멸하면서도,
그 말에 대해서 그에게 부드럽게 대답하였다.
왜냐하면 그가 아직 어리다고 짐작하였기 때문이었다.

40
"얘야, 이곳은 마땅히 내 것이라고 생각한다,
이곳을 강점했던 자로부터 내가 뺏었으니까.

그런데 위험을 감수하려는 사람을 협박하면서
네가 말하는 그 위험은 어디서 온단 말이냐?"
그가 말했다, "바로 가까이서 이리 오고 있소,
놀라운 위력과 대단한 관록을 지닌 기사로서,
이제까지 맞닥뜨린 적들을 모두 예외 없이
치명적으로 위압하거나 대경실색케 했다오.
그대도 그 분과 마주치면, 다를 것이라고 바랄 수 없소."

41

기사가 물었다, "이름은 뭐고 어디 출신인가?"
"파이로클레스가 그의 이름인데, 이는 수많은
처참한 전쟁에서 여실히 증명된 용맹한 무공과
굳센 배짱을 통해 멀리까지 알려진 이름이오.
그는 카이머클레스의 형제로서, 이 두 사람은
모두 아크라테스와 디스파이트의 아들들인데,
아크라테스는 플레게톤과 자르의 아들이고,
플레게톤은 에르버스와 나이트의 아들이며,
에르버스는 이터니티의 아들이라고 칭해지고 있다오.

2 파이로클레스(Pyrochles) : 불(*fire*)을 의미하는 그리스어 'pyr'과 충동질 또는 움직임을 뜻하는 'ochleon'의 합성어로서, 분노와 난폭함을 일으키는 다혈질적 인간을 대변한다.

5 카이머클레스(Cymochles) : 물결(*wave*)을 의미하는 그리스어 'kyma'와 움직임을 뜻하는 'ochleon'의 합성어로서 불안정한 본성 또는 자제심이 전혀 없어 통제가 불가능한 인간을 대변한다. 그는 파이로클레스와 함께 인간이 갖는 두 가지 상반되는 요소인 불과 물을 상징하며, 인간의 본성 중에서 급한 성미와 호색적 요소를 대변한다고 볼 수 있다.

6 아크라테스(Acrates)와 디스파이트(Despight) : 아크라테스는 "무절제" 또는 "통제가 불가능하다"는 의미의 그리스어 'akrates'에서 온 이름이고, 디

스파이트는 원한으로 번역할 수도 있지만, "악의"(*malice*) 또는 "분노"(*anger*)를 의미하기도 한다.

7~9 플레게톤(Phelgeton)은 지옥에 있는 강의 이름이며, 동시에 그 강을 지배하는 신의 이름이기도 하다. 자르(Jarre)는 불화(*discord*)를 나타내며, 에러버스(Herebus)는 지옥의 가장 낮은 지역을 가리키거나 또는 어둠의 신으로서 그리스신화에서 나이트(Night)의 오빠이자 남편으로 등장한다. 영원함을 의미하는 이터니티(Aeternitie)는 기독교적 영원함이라기보다는 혼돈(*Chaos*)에 가까운 존재이다.

42

그처럼 그 분은 불멸의 혈통을 타고났기에
유한한 인간들은 그 분의 힘을 견딜 수 없고,
그 대담한 용기와 잔인한 행동을 두려워하오.
온갖 피비린내와 약탈이 그 분의 기쁨이니까.
나 아틴은 옳거나 그르거나 그의 종자로서
그런 일거리를 그 분께 제공해주고, 그 분을
부추겨서 분쟁과 잔혹한 싸움을 하게 한다오.
그러니까 즉시 이 무서운 곳에서 도망가시오,
그대가 무모함 때문에 처참히 황망한 꼴을 당하지 않도록."

5 아틴(Atin): 분쟁의 여신인 아테(Ate)에서 나온 이름. 칸토의 서언(*argument*) 사행시에 소개되는 스트라이프(Strife)는 바로 아틴을 가리킨다.

43

"그런 걱정은 당사자가 알아서 할 일이니라",
기사가 말했다, "그런데 너는 어디로 그처럼
황급히 달려가는 것인가? 네가 그렇게 급히
달려가는 데는 분명히 그럴 이유가 있을 텐데."
그가 대답했다, "내 주인은 나를 보내며 즉시

오케이존을 찾아오라 하였소, 어디 있든 간에.
그 분은 피맺힌 싸움을 할 마음으로 가득하고,
광분과 흉악한 잔혹함을 내뿜고 있기 때문이오.
가장 먼저 그 분에게 걸려드는 자는 운수가 사나울 것이오."

44
그러자 팔머가 말했다, "분노와 싸움을 위해
오케이존을 찾아다니는 사람은 미친 사람입니다.
기회는 찾지 않아도 오고, 피하려 해도 쫓아오는 법.
가득한 원한이 복수를 일으키려고 악독한 칼로
위협할 때, 억제할 수 있는 사람은 행복합니다.
온갖 원한의 원인에 사로잡히면 재앙이 뒤따르고,
섣부른 오케이존은 불안한 인생을 만들어줍니다."
"자 보아라, 네가 찾는 그녀가 묶여 있는 것을",
가이언이 말했다, "이 소식을 네 주인에게 전해주어라."

45
그 말을 듣고 종자가 그 광경을 보자 그 즉시
엄청난 분통을 터뜨리며 말했다, "악한 기사여,
그대는 기사와 기사도에 수치를 안겨주었구나,
이처럼 무지하고 나약한 늙은 여자와 싸워서
자신의 어린애 같은 위세를 내보이려고 했다니,
과연 위대한 영광과 화려한 전리품을 획득했고,
여기 보란 듯이 제 위세를 단단히 증명했네그려.
이건 반드시 파이로클레스가 잘 갚아줄 테고,

이처럼 수치스런 오점을 그대의 피로 모두 지워줄 것이다."

46
그러면서 그는 분노와 맹렬한 경멸감에 가득 차
자신이 가지고 있던 예리한 단창 하나를 던졌다.
그 진동하는 강철은 겨냥하는 지점을 잘 알고서
가이언의 가슴 쪽을 향해서 곧바로 날아왔다.
그러나 기사는 방심하지 않고 단창이 목표지점에
꽂히기 전에 자신의 방패를 앞으로 내밀어 막았다.
방패에 맞은 창은 그것을 뚫고 들어갈 힘이 없어
예리하게 갈라진 끝을 남기고 다시 튕겨 나왔다.
그 자는 곧바로 도망쳐버려 어디에서도 찾아볼 수 없었다.

제 5 칸토

파이로클레스는 가이언과 싸우고
퓨러의 쇠사슬을 풀어주지만,
그에게 심한 상처를 입고, 그의 복수를 위해
아틴은 카이머클레스를 찾는다.

1
누구든지 절제를 자신의 확고한 삶에 적용하여
자신의 모든 행동을 거기에 맞추려는 사람은,
내 장담하건대 삶에서 격렬한 마음의 격분보다
더 큰 적이 없다는 것을 발견하게 될 것이다.
현명한 사람들이 아주 적절한 이름을 부여했다,
격분은 확고한 마음이 지니는 훌륭한 평화를
무너뜨리고, 소란스런 전쟁을 선포하기 때문에.
파이로클레스처럼 격분이 묶인 것을 보고
스스로 풀어주는 자는 누구나 자기 불행의 창조자이다.

3 "격렬한 마음의 격분"(*stubborne perturbation*) : 칸토 4에 등장한 퓨러(Furor)가 대변하는 마음상태인데, 5행에서 거론된 "현명한 사람들"(*the wise*) 중의 하나인 로마의 시인 시세로(Cicero)는 이러한 마음의 격분이 슬픔(*sorrow*), 공포(*fearfulness*), 음탕함(*lasciviousness*), 그리고 태만한 쾌락(*idle pleasure*)의 네 가지 상태로 나타난다고 보았다. 이 연에서 격분은 모두 퓨러를 가리킨다.

2

그 종자가 도망한 후 그리 오래 되지 않아서
가이언은 빛나는 무구로 완전무장한 자가
들판으로 빠르게 말을 달려오는 것을 보았다.
마치 태양의 빛살이 떨리는 파도 물결 위로
비추며 미끄러지듯이, 갑옷이 찬란히 빛났고,
그의 주변에 타오르는 불꽃을 뿜어냈기 때문에,
그의 주위에서 불길이 그를 에워싼 것 같았다.
그 자의 말은 핏빛의 빨간색이었는데, 능숙한
박차로 그가 거칠게 자극할 때마다 분노의 거품을 뿜었다.

3

가까이 다가오며 인사를 위해 멈추지도 않고,
대담한 용기를 불러일으킬 한마디 말도 없이,
너무도 격렬히 박차를 가해 그의 발 아래서는
먼지의 연기가 피어올라 자욱히 그를 감싸며
말과 주인을 둘 다 거의 질식시킬 지경이었다.
그리고 머리가 강철로 된 창을 아래로 꼬느면서,
강력한 타격으로 기사에게 첫 인사를 하였다.
가이언 경은 다가서며, 그처럼 끔찍한 힘을
땅에 서서 견디려는 것은 전혀 이롭지 않다고 생각했다.

4

그래서 그 가격을 가볍게 피했고, 지나치면서
자신의 빛나는 칼로 그를 맹렬하게 가격하여,

그 날카로운 쇠가 강한 힘으로 그 자의 넓은
방패를 때렸으나, 뚫지 못하고, 미끄러지면서
말의 목 부분, 장식된 안장 바로 앞을 강타해,
목을 몸통에서부터 아예 나누어 버리고 말았다.
그렇게 그를 아래로 떨어뜨려, 두 발로 서서
동등하게 싸우기를 그에게 강요하였던 것이다.
머리가 잘린 짐승은 피를 철철 흘리며 그를 더럽게 물들였다.

5
넘어지면서 심하게 다친 그는 서서히 일어나,
분기가 충천하여, 큰 소리로 기사에게 욕했다:
"부정직한 기사여, 네 비겁한 용기라는 것이
원래 의도했던 표적은 피해 가고, 순진무구한
짐승에게 분풀이하기로 작정한 것이 고작이냐!
과연 팔은 강한 것 같은데, 인성은 연약하구나.
그런 술수로 이제껏 네가 명예를 더럽혀왔으나,
이제 그런 술수는 별로 도움이 되지 않을 거다,
나의 위력과 운세가 이제껏 해온 대로 나를 따라준다면."

6
그러면서 그는 불꽃이 튀는 칼을 꺼내 기사를
어찌나 맹렬히 내려쳤는지 기사의 일곱 겹의
방패 위쪽 끝 부분이 잘려나갔으며, 기사의
투구 위로 미끄러지며 거기에 커다랗게 갈라진
틈을 내놓았다. 그 자가 의도한 격렬한 공격에

부서진 기사의 방패가 없었더라면, 그 타격은
거기서 기사의 지친 영혼을 떠나보냈을 것이다.
그렇지만 그 타격은 기사를 너무 심하게 때려
비틀거리게 했으며, 그의 투구는 가슴께까지 구부러졌다.

2~3 "일곱 겹의 방패"(*sevenfolded shield*)는 호머의 《일리아드》(*Iliad*)에 등장하는 아이작스(Ajax)의 방패에서 온 구절일 수도 있으나, 여기서는 사람을 7대 죄악(제 1권의 칸토 4 참조)으로부터 보호하는 일곱 가지 덕목(제 1권의 칸토 10 참조)을 의미한다고 할 수 있다.

7

그 타격에 가이언은 엄청나게 격노했으며,
비록 별다른 상처를 입지는 않았지만, 살아 있는
인간의 타격에 자신이 그처럼 놀라고, 그처럼
낮게 몸을 굽힌 것을 대단히 부끄러워했다.
하여 강철로 덧댄 자신의 팔을 높이 쳐들고
그 자의 갑옷 어깨 판을 억세게 내리쳤기에
왼쪽에는 갑옷이 거의 남아 있지 않게 되었다.
그러나 그의 칼은 거기 머물지 않고, 안으로
살 속에 깊이 파고들어가 붉은 수문을 활짝 열어놓았다.

8

그 타격이 주는 공포 때문에 파이로클레스는
죽을 것처럼 질렸고 또한 대단히 비통해 했다.
그렇지만 그는 그 때문에 격분을 멈추지 않고,
오히려 기왕의 불길에 화약을 더한 꼴이 되어,

격렬한 분노로 그의 심장이 거의 녹아 내렸다.
그때부터 그는 전투에 임하여 피하고, 때리고,
둥글게 몸으로 부딪치는 익숙한 기술을 모두
잊어버리고, 자신의 안위도 염두에 두지 않고,
거칠게 격분하며, 마치 잔인한 호랑이처럼 마구 덤벼왔다.

9
내리치고, 비껴 치고, 찌르고, 천둥처럼 때리며,
그는 기사의 목숨을 앗으려고 온갖 애를 썼다.
어떤 갑옷도, 쇠 그물도 그처럼 강한 타격을
막지 못해, 그 잔혹한 칼날에 길을 터주기 마련.
하지만 가이언은 그러한 싸움의 열기 속에서,
그의 적이 가장 맹렬하게 격분하는 동안에도,
신중하고 현명했으며, 남몰래 기회를 기다렸다.
때로는 비스듬히, 때로는 곧바로 적을 가격하며,
짐짓 타격을 빗나가게 하여 그러한 미끼로 적을 유인하며.

10
마치 한 마리 사자가 제왕다운 위력을 가지고,
교만스럽고 다루기 힘든 일각수와 맞서 싸우며,
무서운 적의 급박한 공격과 분노에 찬 타격을
피하기 위해, 한 그루 나무에 몸을 기대고 서서,
상대방이 전속력으로 돌진해 오는 것을 보고는,
옆으로 비끼는 것처럼. 그러면 그 사납게 날뛰는
일각수는 적을 향해 내지른 자신의 귀한 뿔을

나무둥치에 박아 거기서 빠져 나오지 못하고,
그저 그 위대한 승리자에게 풍요로운 잔치를 제공해줄 뿐.

2 일각수(Unicorne) : 신화에 등장하는 뿔이 하나 달린 말로서 교만함과 분노의 상징이며, 결코 길들여지지 않는 동물로 알려져 있다. 사자가 일각수와 싸울 때 사용하는 이러한 계교는 중세 동물기(*medieval bestiaries*)와 우화에 자주 등장하는 내용이다.

11

그러한 멋진 책략으로 그를 유인한 가이언은
마침내 그가 숨이 가득 차, 지치고 약해진 것을
보고는, 새롭게 공격을 시작하면서, 시든 것처럼
보였던 자신의 용기를 또다시 타오르게 했으며,
그를 엄청나게 가격하였기에 그 막강한 위력에
자신의 무릎 앞에 상대가 엎어지게 만들었으며,
그래서 그가 가이언의 방패에 그려진 성녀를
바라보면서 본의 아니게 경배를 드리게 만들었다.
그는 그 순간까지 결코 그러한 경배를 해본 적이 없었다.

7 가이언의 방패에 그려져 있는 성녀는 엘리자베스 여왕을 상징하는 글로리아나(Gloriana), 즉 선녀여왕이다.

12

가이언은 그가 무너지는 것을 보고, 잽싸게
그 순간 제공된 멋진 승리의 기회를 포착하고,
곧바로 자신의 무시무시한 칼을 마구 휘둘러서,
그 자의 높다란 투구장식을 맹렬히 강타하여,

그를 그대로 쓰러뜨려 땅에 길게 눕혀 버렸다.
그리고는 승리자의 발로 그 자의 가슴을 밟았다.
그러자 그가 외쳤다, "자비를 베풀어, 죽이지는
마시오. 또한 그대의 힘이 날 이처럼 땅바닥에
눕혔다고 여기지 마오, 운명의 저주로 억울하게 파멸된 것이니."

13
곧 가이언은 자신의 잔혹한 손길을 멈추고,
여유로운 묵상을 통해 자신의 열정을 조절하며,
넘어져 있는 적에게 가해질 힘을 억제하였다.
자신도 그럴 경우가 있을 것을 잘 알고 있기에.
그리고 그에게 말했다, "살아서 그대에게 생명과
자유를 주신 그 분께 충성을 다하도록 하시오.
그리고 이제부터는 오늘의 경우를 거울 삼아서
조급한 분노와 무분별한 경솔함이 때늦은
후회와 지속되는 불명예를 낳는다는 것을 믿으시기 바라오."

14
그렇게 기사가 그를 일어서게 하자, 불길한
눈빛과 굳은 표정으로 일어나면서, 그 자는
엄청난 모멸감에 꽉 다문 이를 갈았고, 또한
자신이 전투에서 불운하게 패했다는 마음의
슬픔 때문에, 피와 흙으로 뒤엉켜 있는, 뒤로
길게 쳐진 자신의 깔깔한 머리채를 흔들었다.
하지만 마음속으로는 그처럼 고귀한 기사가

자신을 정복했다는 것에서 어떤 위로를 얻고,
그의 힘보다는 관대함에, 아니 둘 다에, 경이로워하였다.

15

가이언은 그것을 눈치 채고 말했다, "기사님,
이렇게 패한 것을 너무 애통해하지 마시구려.
가장 위대한 승리를 성취한 자는 모두 언젠가
전투에서 나쁜 경우를 당해 패배하였을 것이나,
곧바로 그 패배를 훨씬 더 크게 만회하였을 터.
패배는 물론, 상대보다 약한 것도 수치가 아니오.
그러나 자신보다 약해서 무절제하게 되는 것이
패배자의 운과 또한 승리자의 영광을 망칩니다.
자기 자신에게 무너지는 자는 남을 무너뜨려도 소용없는 법.

16

달아나시오, 오 파이로클레스, 그대 안에서
약한 부분을 자극하는 끔찍한 전쟁에서 달아나오,
바로 포악한 분노와 재앙을 부르는 불화, 비참한
성급함과 심장을 찌르는 사랑, 이런 것들이 바로.
그대의 적이며, 전사들이 떼어놓으려는 것들인데,
그대를 영원한 괴로움에 사로잡으려 드는 것이오.
그러나 힘에서는 그대가 내 자비를 경험했으니까,
이제는 예의로서 그대가 왜 그처럼 무서우리만큼
성급하게 나를 향해 공격했는지 이유를 밝혀주시기 바라오."

17
그가 말했다, "두려움 없이 곧 이유를 밝히리다.
그대가 한 불쌍하고 헐벗은 나이 많은 여인에게
엄청난 잘못을 저질러, 그녀를 강력한 사슬로
꽁꽁 묶어서 아무런 원조나 최소한의 안락함도
얻을 수 없도록 만들었다는 하소연이 들려왔소.
내가 그대를 보아하니, 그처럼 수치스런 일을
할 인물이 아닌 듯하오. 그러니 내 강요하오만,
마음을 바꾸어 오케이존을 자유롭게 풀어주고
사로잡힌 그녀의 아들에게 원래의 자유를 허락해 주시오."

18
그 말에 가이언이 미소를 지으면서 말했다,
"그게 그처럼 심하게 불쾌했던 이유의 전부요?
그의 자유가 그대에게는 엄청난 해가 될 텐데도
그를 구속에서 풀어주는 건 분명 큰 자비로구려.
그렇지만 이제는 끓어오르는 분노를 식히시오.
보시오, 저기 그들이 있소. 그대에게 넘겨주리다."
그 말에 그는 크게 기뻐하며, 가볍게 가이언을
비껴 넘어가서, 그들이 묶여 있는 곳으로 갔고,
두 사람을 구속하고 있는 사슬을 풀어주기 시작하였다.

19
오케이존은 자신이 풀려났다고 느끼자 그 즉시,
자신의 아들이 아직 다 자유롭게 되기도 전에,

자신의 옛 습관으로 되돌아가서, 가이언과
파이로클레스를 마구 비난했다, 한 사람은
승리했고, 또 하나는 패배했기 때문이라면서.
그처럼 그녀는 아무것도 아닌 문제를 가지고
분쟁을 일으키고 불화를 만들어내는 것이었다.
그러나 퓨러가 풀려나기가 무섭게, 그녀는
사그라진 그의 열화를 북돋우려고 천 가지 이유를 지어냈다.

20
얼마 되지 않아 그녀는 그의 분노를 일으켰기에,
그는 무조건 파이로클레스와 싸우려 했으며,
제 구원자를 적으로 돌리며 그에게 도전했는데,
그 이유는 그가 제 권리를 잘 유지하지 못하고
바로 그 이방인 기사에게 굴복했다는 것이었다.
이제는 파이로클레스도 미친 듯이 화를 내기,
시작하며, 성급한 완력으로 그 자를 공격하였다.
그렇게 두 사람은 다 같이 격분에 사로잡혔으며,
가이언은 곁에 서서 그들의 거친 싸움을 보고 있었다.

21
그러는 동안 내내 오케이존은 기사를 충동질하여
파이로클레스를 대적하게 했고, 자꾸 새로운
구실을 만들어서, 그 자가 이전에 저지른 잘못을
앙갚음하도록 부추기며, 기사로서 그러한 능욕을
참는 것은 기사도의 수치라고 마구 비난하면서,

그를 꼼짝 못하게 했다. 그러나 기사는 현명했고,
헛된 기회가 주어졌다고 해서 격분하지도 않았다.
그녀는 더욱 다급해져서 다른 구실을 만들었으나,
그 어느 것으로도 기사를 성급함에 사로잡을 수 없었다.

3~5 여기서 오케이존은 가이언에게 이전에 아틴과 파이로클레스가 그를 비겁하다고 힐난한 것을 상기시켜 주고 있다. 아틴은 기사가 죄 없는 늙은 여인을 학대했다고 비난했고, 파이로클레스는 기사가 죄 없는 말을 죽였다고 비난했는데, 두 사건 모두 최소한 겉모습으로는 기사도에 어긋나는 행동임에 틀림없다.

22

두 사람의 무시무시한 싸움은 점점 더 커졌으며,
그로 인해서 퓨러의 위력이 더 더욱 증가되어,
그는 상대방에게 상처를 주어 심한 부상을 입혀,
피와 흙으로 범벅이 된 모습으로 바꾸어버렸다.
또한 그의 어미는 그의 앙심을 더 더욱 돋우려고,
타오르는 불 칼 하나를 그에게 가져다주었는데,
그건 그녀가 항상 불타는 스티지언 호수에서
불을 붙인 것이었다. 그것을 그의 손에 쥐어주자,
불로 무장하게 된 그는 더욱 거세게 상대를 몰아세웠다.

7 스티지언 호수(Stygian lake): 지옥에 있는 스틱스(Styx) 강을 가리키는데, 보통 검고 느린 물결을 지닌 곳으로 알려져 있다. 그리스신화에서 "불타는" 호수로 알려져 있는 곳은 오히려 칸토 4의 41연에 등장하는 플레게톤(Phlegeton) 강이다. 5행부터 9행까지의 내용은 신약성서 야고보서 3장 6절에 나오는 구절을 형상화한 것이다: "혀는 곧 불이요 불의의 세계라 혀는 우리 지체 중에서 온몸을 더럽히고 생의 바퀴를 불사르나니 그 사르는 것이 지옥불에서 나느니라."

23
그 악당은 점점 더 사납고 강해져갔기 때문에
아무것도 그의 격노한 위력을 견딜 수 없었다.
그는 파이로클레스를 땅에 쓰러뜨리고, 줄곧
그를 사정없이 먼지와 진흙탕에 끌고 다녔으며,
멀쩡한 그의 육신을 지저분하게 뭉그러뜨려서,
끔찍한 광경에 가이언이 매우 분노할 정도였다.
마침내 그 자는 어쩔 수 없이 부르짖게 되었다:
"도와주오, 오 가이언경, 가장 고귀한 기사님,
지옥에서 온 자의 손에서 이 가엾은 인간이 벗어나게 해주오."

24
기사는 그 자의 간청에 마음이 크게 움직여서,
그를 위기에서 구할 준비를 하기 시작했으나,
결국 팔머는, 그가 가진 근엄한 자제력으로,
기사가 동정 어린 도움을 주지 못하게 하면서
말했다, "젊은이여, 이유 없는 격분을 억누르고,
굳센 마음이 헛된 동정심에 풀리지 않게 하세요.
자신이 스스로 원해서 괴로움을 찾아 나서며,
감금된 자신의 적을 또다시 풀어주려는 자는
제 어리석음의 결실 — 후회스러운 고통 — 을 맛볼 만합니다."

25
가이언은 순종했다. 그래서 그는 이미 싸운
싸움을 또다시 시작하는 불필요한 수고로부터

자기 자신을 빼내어 자신의 갈 길을 향해 갔다.
하나 성급한 파이로클레스의 시종, 아틴은
최근에 제 주인이 가이언경의 강력한 타격에
쓰러져서 커다란 곤경에 빠진 것을 목격하고는,
그가 죽은 것으로 알고, 그땐 그렇게 보였는데,
재빨리 도망쳐 그의 죽음을 그의 형에게 알리러
갔는데, 사람들은 그 자를 카이머클레스라고 불렀다.

26
그는 보기 드물게 가공할 만한 힘의 소유자로서,
위험한 싸움을 통해서 얻은 명예로운 전리품과
전투의 명성으로 그 이름을 온 세상에 떨쳤다.
그는 살아생전에 수없이 많은 용감한 기사들을
동등한 격투에서 굴복시켜 죽음에 이르게 하고,
자기 이름을 두렵게 보이기 위하여 그 시체들을
새들과 짐승들의 가엾은 먹이로 삼았는가 하면,
더욱 욕보이기 위해서, 굴복 당한 그들의 갑옷을
그가 가장 사랑하는 여성을 기리기 위해 교수대에 걸어두었다.

27
그가 가장 사랑하는 여성은 바로 저 마녀, 사악한
아크레시아였는데, 그녀는 허망한 즐거움과
한가로운 쾌락으로 자신의 희락의 소굴에서
제 애인들을 매혹하여, 연약한 정신이 나약한
인간들의 몸에서 빠져나갈 수 있도록 한 후에,

그들을 흉물스러운 형상으로 바꾸어버렸으며,
보기에 추한 모습으로 끔찍하게 만들어놓고서,
어두운 동굴 속 쇠로 만든 우리에, 타이탄이
결코 자신의 얼굴을 비치지 않는 그곳에 영원히 가두곤 했다.

28
거기서 아틴은 카이머클레스가 체류하면서
제 연인의 사랑을 구하고 있는 것을 발견했다.
그는 자신의 무서운 두 손이 한가로울 때마다
천성적으로 욕정과 나태한 삶에 빠져들었기에.
그래서 지금 그는 자신의 전투용 무기들을 뒤에
던져 둔 채, 자신의 게으른 마음을 온통 호사한
쾌락과 무절제한 즐거움에 쏟아 붓고 있었으며,
방종한 여인들과 음란한 소년들 가운데 뒤섞여
환락과 허망한 즐거움의 유희 속으로 흘러들고 있었다,

29
그의 머리 위에는 예술이 자연과 견주려 애쓰며,
한 녹색의 나무가 그늘져 늘어져 있어, 허망한
담쟁이 꽃이 아름답게 피어나며 얽혀 있었으며,
그 사이로 향기로운 들장미가 붉은 장미꽃과
어우러져 가시 돋친 나뭇가지를 드리우고 있어,
그 주변을 온통 화사한 향기로 감싸고 있었다.
그 안에는 온통 꽃으로 장식되어 있었기 때문에,
온화한 제피러스가 그 사이로 불어오게 되면,

풍요로운 향기를 내뿜었으며, 채색된 색깔을 내비쳤다.

8 제피러스(Zephyrus): 그리스신화에 의하면 바람은 지구의 네 방향에서 각각의 신이 불어내는 입김이며, 서쪽에서 바람을 일으키는 신의 이름이 제피러스(Zephyrus), 즉 서풍이다. 영국에서 서풍은 봄에 불어오는 바람이며, 이는 초서(Chaucer)의 《캔터베리 이야기》(*Canterbury Tales*)의 서시나, 셸리(Shelly)의 〈서풍부〉(*Ode to the West Wind*)에서도 쉽게 확인할 수 있다.

30

바로 곁에는 졸졸거리며 부드럽게 흘러내리는
한 멋진 샘물이 있어, 굽이쳐 흐르는 물결이
가벼운 돌멩이들 사이를 노닐며 내는 소리로
그 곁에 눕는 사람을 달콤한 잠으로 유혹했다.
피곤한 여행자가 그쪽으로 방황하다 거기서
종종 자신의 목마른 열기를 식히곤 하였는데,
그러면 그 때문에 피곤한 사지가 나른해지고,
졸음이 기어들어 그가 겪었던 이전 괴로움을
잊어버리고, 고생스런 땀방울들이 모두 씻겨나갔다.

31

그 다른 한쪽에는 쾌적한 작은 나무숲 하나가
높이 솟아 있었는데, 올림피아산의 조브와
그의 아들 알시데스에게, 그가 니머스에서
멋진 승리를 획득했을 때, 바쳐진 위풍당당한
나무들로 작은 숲이 가득 차 있었다. 거기서
온갖 종류의 명랑한 새들이 크게 노래하면서
유쾌한 화음을 만들어내고 있었고, 저희들끼리

달콤한 조화를 이루면서 활기가 없는 영혼에게
음악으로 위로를 하면서 생기를 불러 일으켜주고 있었다.

3~5 "위풍당당한 나무"(*the stately tree*) : 참나무(*oak*) 거나 아니면 포플러(*poplar*) 로서, 참나무는 그리스신화에서 올림푸스 신 중의 왕 조브에게 바쳐진 나무이며 포플러는 알시데스(Alcides), 즉 허큘리스(Hercules) 와 밀접한 관계가 있는 나무이다. 참나무는 올림픽 게임의 승리를 나타내며, 허큘리스는 유명한 첫 번째 시험에서 니머스(Nemus) 의 사자를 죽이고, 마지막 시험에서 지옥을 이긴 후 포플러 잎으로 만든 화환을 쓰고 돌아왔다.

32

거기서 아틴은 카이머클레스가 햇빛으로부터
가려진 은밀한 그늘 아래, 백합으로 된 달콤한
침상 위에 부드럽게 누워서, 주변에 음란하고
어리석은 행동과 마음 들뜬 유희로 방탕하게
놀고 있는, 신선하고 쾌활한 여인들 한 무리에
둘러싸여, 아무렇게나 늘어져 있는 것을 보았다.
그 여인들은 모두 적절히 상체를 가린 의복을
아무렇게나 벗어 던졌기 때문에, 많은 장식으로
치장되어 있는 자신들의 알몸을 그대로 드러내고 있었다.

33

그들은 모두 한결같이 최고의 기쁨을 보여주며
최상의 쾌락으로 그를 즐겁게 해주려고 애썼다.
몇몇은 석양처럼 빛나는 예쁜 모습을 지어냈고,
다른 이들은 꿀 이슬처럼 떨어지는 달콤한 말을,
어떤 이들은 입맞춤을 퍼부으며 녹아드는 그의

입술 속에 달콤한 액체를 부드럽게 흘려 넣었다.
하나는 미색을 뽐내며 자신의 부드러운 엉덩이
위로 뻗은 멋진 몸매를 드러내 보이고 있었고,
또 하나는 그녀를 능가하여, 보란 듯이 발가벗고 있었다.

34
카이머클레스는 덤불 속에 숨어 있는 독사처럼,
방황하는 자신의 생각을 깊은 욕망에 담그고서,
미녀들의 나체로 제 사악한 눈을 채우고 있었다.
때때로 그는 거짓으로 잠들어 있는 척 가장하고,
그 호색적 장면의 한 자락을 훔쳐보기 위하여
두 눈까풀 사이로 제 음란한 눈을 살짝 떴는데,
그로 인해 비밀스런 욕정이 마음에 스며들었다.
그렇게 그는 그들을 속이면서, 자신의 속임수에
속아서, 지극히 관능적 처방으로 만든 약에 취해 있었다.

35
아틴이 그곳에 도착해서, 그가 이처럼 깊은
쾌락의 고요한 파도에서 허우적대는 것을 보고,
사납게 다가가서는 그에게 커다랗게 소리쳤다,
"카이머클레스! 오 아니, 최근에 그 남자다운
모습이 시들어버린 카이머클레스의 그림자여,
위대한 아크라테스의 아들이 어찌된 일이요?
그토록 많은 당당한 승리를 가져다 준, 그 분의
치명적 칼을 대체 어디에 걸어 두었단 말이오?

그 분의 힘이 모두 없어지고, 그 분의 명예도 모두 끝난 거요?"

36

그리고 끝이 날카로운 제 단창으로 그를 찌르며
말했다, "일어나요, 일어나, 그대 여기서 여인들의
무릎 안에 파묻혀 있는 여자처럼 나약한 기사여 —
자신의 명성과 가장 용맹스런 위용은 젖혀두고,
또 최근에 생긴 원한 맺힌 일에도 무관심한 채 —
불쌍한 파이로클레스는 무심한 대지에 누워
지극히 한스런 마지막 숨을 토하고 신음하면서,
수많은 타격과 수많은 상처를 입어 피를 흘리며,
여기서 쾌락에 빠진 그대의 도움을 헛되이 부르고 있으니."

37

그 자는 갑자기 자신의 홍겨운 꿈에서 깨어나,
무슨 일인지 좀더 자세히 물어보려고 하였다.
그렇지만 아틴은 저 비참한 주제에 대하여
자세한 정황을 설명하려 하지 않고, 날카로운
말과 불쌍한 탄원으로 그가 빨리 일어나도록
통렬하게 요구했다. 그러자 지옥의 악마들이나
악귀들의 미칠 듯한 소란에 질겁한 사람처럼,
잔혹한 모멸감에 타오르며, 그가 떨쳐 일어났고,
반드시 싸우고야 말겠다면서 자신의 무장을 가져오게 했다.

38

무장이 도착하자, 그는 재빨리 그것을 착용하고,
가볍게 말에 올라타고, 자신의 갈 길을 떠났다.
그 어떤 여인들의 사랑이나, 달콤한 환대라도
그의 열기를 식히거나 다급한 길을 막지 못했다,
사랑하는 파이로클레스를 경악케 한 자에게
그날 중으로 복수를 하겠다고 그가 맹세했기에
그날 하루도 그에게는 너무 긴 것처럼 보였다.
그래서 그는 강한 준마를 당당하게 박차고 갔고,
아틴은 그를 수치와 죄악의 박차로 자극하며 갔다.

제 6 칸토

가이언은 방종한 머스에 의하여
음란한 욕망에 끌려들어 가고,
카이머클레스와 싸우는데, 그의 동생은
격렬한 불길에 마구 타오른다.

1
신나는 즐거움에 있을 때 절제를 배우기는
극심한 괴로움에 있을 때보다 어려운 법이다.
왜냐하면 달콤함이 연약한 감각을 강력하게
유혹하기에, 허약한 본성이 매우 원하는 것을
억제한다는 일이 너무나도 힘들기 때문이다.
오히려 슬픔과 분노는 인간 본성의 적이요,
인생의 원수인바, 그것들은 자제하기가 쉽다.
하지만 덕성은 그 둘 다에게 승리를 거두고,
가이언은 두 가지 모두에 대해 훌륭한 자제력을 보인다.

2
대담한 카이머클레스는 아틴이 제 마음에
불을 지펴놓은 울분을 그 기사에게 쏟아 부을
잔혹한 목적을 품고서, 그를 찾아 길을 떠나,
넘실대는 물결이 넘칠 것처럼 보이는 한 강에
도달하였는데, 그곳에서 강둑을 따라 눈빛처럼

빠르게 미끄러져 가고 있는 한 작은 곤돌라를
보았다. 나뭇가지와 수목으로 정교하게 엮어서
멋지고 말쑥하게 단장되어 있는 그 작은 배는
밖에서 보기에는 어느 조그마한 숲과 같이 보였다.

6 곤돌라(*Gondolay*) : 작은 배라는 뜻의 이탈리아어에서 온 어휘로서 르네상스시대에 흔히 성적 방종의 상징으로 쓰였다.

3

그리고 그 안에는 한 청초하고 어여쁜 여인이,
혼자서 제 스스로를 달콤하게 위로하고 있었다.
때로 그녀는 하늘의 종달새처럼 크게 노래했고,
때로 그녀는 거의 숨이 끊어질 듯 웃어젖혔다.
그런데 그곳에는 그녀 말고는 그녀에게 그러한
즐거움을 제공할 사람이 아무도 없었던 것이다.
비록 그녀를 즐겁게 해줄 것들이 전혀 없었으나
그녀는 제 어리석은 기분과 허망한 흥겨움을
충족시켜 줄 수 있는 수천 가지 그런 방법을 생각해냈다.

4

멀리서 카이머클레스가 그것을 보고 듣고는,
마치 배를 타려는 사람처럼 커다랗게 부르며,
그 작은 배를 강변에 가져다 대어 그로 하여금
그 깊은 여울을 건너갈 수 있게 하라고 했다.
흥겨운 사공은 얼마 되지 않아 그의 말을 들었고,
그 즉시 자신의 치장된 배를 강변으로 돌려서

묻에 댔으며, 거기서 그녀는 그 호전적 기사를
맞아들였다. 그러나 그녀는 어떤 일이 있어도,
기사가 수없이 부탁을 해도, 아틴은 받아주지 않았다.

5
곧 그녀의 날렵한 배는 제비가 투명한 하늘을
가로지르는 것보다 더 빠르게 미끄러져 갔는데,
노도 없었고, 그 배를 조종할 사공도 없었으며,
바람을 타고 나아가도록 펼쳐진 돛대도 없었다.
그녀는 다만 걸쇠를 돌렸을 뿐인데도, 점차로
그 배는 물러서는 파도 위를 가르며 나아갔고,
그녀는 진로를 잡는 것조차 상관하지 않았다.
배는 그녀가 가고자 하는 방향을 알고 있었고,
바위와 개펄을 모두 비껴가며 교묘하게 순항하며 나아갔다.

6
또한 가면서 내내 자유분방한 그 처녀는 새로운
여흥거리를 찾아서, 가는 길을 즐겁게 하였다.
그녀는 즐거운 이야깃거리가 넘쳐나게 있었고,
흥겨운 이야기를 지어내는 것을 매우 즐겨서,
그런 이야기를 한 보따리 가지고 있었음에도,
그 어떤 것도 그녀에게는 살 어울리지 않았다.
왜냐하면 그녀는 헛된 웃음으로 말을 감쌌고,
그 말을 하는 데 있어서도 우아함이 부족하여,
모든 유쾌함을 경멸스런 장난으로 돌려버렸기 때문이다.

7

그리고 또 때로 그녀는 자신의 환상적 재치로
허황된 소일거리를 만들어 내기를 매우 즐겼다:
때때로 그녀는 장난 삼아 형형색색의 화환으로
자신의 머리를 꾸미거나, 싱그런 꽃들을 자신의
목에 두르거나, 골풀을 꼬아 반지를 만들었다.
때때로 그를 웃게 하기 위해서, 그녀는 나뭇잎이
가볍게 떨리는 것을 보거나, 자신의 작은 배가
그리로 지나가면서 물이 그 주위로 굽이치거나,
물결이 이는 것을 보고서도 애써 웃으려고 노력하였다.

8

그녀의 경박한 행동거지와 방종스러운 희롱은
그 기사에게 놀랍도록 큰 만족을 주었기에,
그는 자신이 가야 할 길을 모두 잊어버리고,
맹세한 복수와 잔혹한 싸움도 개의치 않고서,
제 전투적 힘을 연약한 여인에게 주어버렸다.
그의 불타는 마음은 그처럼 쉽게 한 방울의
감각적 쾌락의 달콤함으로 식어버린 것이다.
그처럼 쉽게 원한에 찬 거센 폭풍의 바람도
즐거운 여성의 평온함에 의해서 가라앉는 법이다.

9

가는 동안 그들은 여러 가지 이야기를 했고,
그 이야기 중에 카이머클레스는 그녀에게

그녀가 누구이며, 또한 그녀가 무엇 때문에
매일 그 배 위에서 그렇게 지내는지 물었다.
그녀가 말했다, "자기 집에서 마치 이방인처럼
처신하면서 페드리아 — 그게 내 이름인데 —
에 대해서 아무것도 모르는 허망한 양반아,
당신은 자기 자신이 아크레시아를 모신답시고
자랑하면서, 정작 자신의 하인인 페드리아는 모르시다니.

9 페드리아(Phaedria) : 그리스어 'phaidros', 즉 "겉이 번지르르하다"는 뜻의 단어에서 온 이름으로 명랑함 또는 유쾌함(*mirth*)을 상징한다. 서언(*argument*) 사행시에 등장하는 "방종한 머스"(*immodest* Merth)는 바로 페드리아를 가리키는 말이다.

10

이 드넓은 내륙의 바다는 게으름의 호수라고
부르는데, 여기서 저는 떠도는 제 배를 젓지요,
이 배는 도착지를 알고, 거길 향해 항해합니다.
저는 바람이 어찌 부는지, 또는 제가 빨리 가건
천천히 가건, 상관도 안 하고 걱정도 안 합니다.
빠르든 느리든 둘 다 제 목적에 부합하니까요.
또한 거만한 넵튠이나 큰 천둥의 조브도
제 흥겨움을 바꾸거나 절 슬프게 할 수 없지요.
제 작은 배는 위험한 장애물을 안전하게 비껴간답니다."

1 내륙의 바다(*Inland sea*)와 게으름의 호수(*Idle lake*) : 내륙의 바다는 지중해(Mediterranean)를 가리키며, 게으름의 호수는 사해(Dead Sea)를 지칭하는 것으로 볼 수 있다.

7 넵튠(Neptune) : 조브의 동생인 바다의 신 포세이돈(Poseidon)의 로마식 이름.

11

이렇게 그녀가 말하며, 이렇게 희롱하는 동안,
그들은 기사가 말했던 지점을 훨씬 벗어나서,
그 거대한 호수 한가운데를 떠다니고 있는,
황량하고 아무도 살지 않는 섬에 도착하였다.
그녀의 작은 곤돌라는 그곳을 종착지로 삼고,
흥겨워하는 한 쌍을 육지에 내리게 함으로써
제 짐을 덜었다. 그들은 저희 앞에 아름답게
펼쳐진 땅을 향해 앞으로 나아갔으며, 그녀는
그곳의 즐거움과 풍부하고 멋진 보고를 그에게 보여주었다.

3~4 떠다니고 있는 섬(*floating island*) : 《오디세이》(*Odyssey*)에 등장하는 에올리아(Aeolia)의 섬 또는 제우스가 바다 밑에 쇠사슬로 묶어두기 전까지는 에게 해(Aegean Sea)를 떠다닌 것으로 알려진 델로스(Delos) 섬을 연상시킨다. 이곳은 칸토 1에서 아마비아가 아크레시아의 거처라고 소개하고, 칸토 12의 11연에 등장하는 방황의 섬(*wandering island*)과 비교할 수 있는 곳이다.

12

그곳은 비옥한 땅에서 선택된 구역이었는데,
드넓은 물 한가운데 작은 둥지처럼 자리잡아,
마치 넵튠이 직접 자신의 교묘한 손으로
다른 모든 장소보다 특별히 이곳을 선택하여
최고의 견본이라고 제시한 장소인 것 같았다.
땅에서 자라는 어떤 어여쁜 꽃이나 식물 치고,
채색된 꽃으로 옷 입고 달콤한 향기를 내는
나무 치고, 어느 것도 거기서 아름답게 피어나
주변에 온통 달콤한 향기를 발하지 않는 것이 없었다.

13
나무란 나무는 모두 가지가 만발하게 피고,
가지란 가지에는 모두 멋진 새가 앉아 있고,
새란 새는 모두 달콤하게 드높이 노래했고,
노래란 노래는 모두 사랑스런 음조를 품어,
나무, 가지, 새, 노래, 모두가 나약한 마음을
나태한 편안함으로 유혹하도록 꾸며져 있었다.
그 인간은 곧 나태해졌으며, 연약한 정신은
자신을 즐겁게 해주는 것들에게 지배되었다.
그렇게 즐거워서, 자신의 한 맺힌 목적을 말끔히 잊었다.

14
그녀는 그렇게 카이머클레스의 눈과 감각을
거짓된 즐거움과 허망한 즐거움으로 채우고,
그를 어느 그늘진 골짜기로 살며시 인도하여,
풀이 무성한 어떤 들판 위에 그를 눕게 했다.
그리고는 두려움이나 싫은 기색도 없이 그녀
스스로 곁에 앉아서, 투구를 벗은 그의 머리를
제 방종한 무릎에 얹고 부드럽게 받쳐주었기에,
거기서 그는 곧 아무런 걱정 없이 잠이 들었고,
그녀는 사랑의 노래로 이렇게 달콤하게 그를 매혹시켰다:

9 이후 세 연에 걸쳐서 페드리아가 부르는 사랑의 노래는 타소(Tasso)의 《해방된 예루살렘》(*Jerusalem Delivered*)에서 마녀 아르미다(Armida)가 주인공 리날도(Rinaldo)를 잠재우기 위한 노래가 원전이라고 알려져 있다. 그러나 여기서 페드리아의 노래는 신약성서 마태복음 6장에 등장하는 그리스도의 산상수훈을 패러디(*parody*)하고 있다는 점이 대단히 흥미롭다.

15

"보아요, 오 고생스런 고통을 자청하는 사람아,
꽃들과 들판, 그리고 멋지게 자라는 모든 것을.
어떻게 이것들이 그대에게 본보기가 되는지를,
아무런 질투도 없이, 자연이 이것들을 풍요로운
자기 무릎에서 던져주었네. 아무도 몰라, 어떻게
이들이 싹트고, 봉오리 지고, 싱그럽고 아름답게
꽃 피어, 값지고 화려한 모습으로 세상을 꾸미는지.
아무도 이들을 위해 보살피고 수고하지 않지만,
아무리 정성어린 치장을 한다해도 이들에게 비할 수 없지요.

16

꽃이 만발한 들판의 숙녀라 할 수 있는 백합과
백합의 사랑스런 연인이라 할 수 있는 붓꽃은
그대에게 결실 없는 수고는 자신들에게 주고,
이 고생스럽고 피곤한 갈등에서 떠나라고 하오.
보아요, 보아요, 그녀가 은 커튼과 금 침대보로
얼마나 멋지게 자신의 풍부한 침실을 꾸미는지,
그것으로 자신의 멋들어진 연인을 덮어주려고.
하지만 물레질도, 빗질도, 염려도, 안달도 없이,
자신의 어머니인 자연에게 모든 걱정을 맡기고 있답니다.

9 어머니인 자연(*mother Nature*) : 페드리아가 내세우는 자연(*Nature*)은 후에 칸토 12에서 아크레시아가 대변하는 예술(*Art*)과 대조된다. 아크레사아의 예술이 자연을 모방하는 육욕적 기교를 표방하는 데 반해서, 페드리아의 자연은 도덕이 배제된, 있는 그대로의 나태함을 드러내 보이고 있다.

17
그렇다면 대체 어찌하여, 이것들 모두와 또한
존귀한 자연의 주인이 되시는 그대, 인간이여,
그대는 스스로를 비참한 노예 신세로 만들고,
흥겨운 시간을 불필요한 고통으로 낭비하면서,
위험과 허망한 모험을 찾아다닌다는 말입니까?
쓰지 않는다면 모두 가지고 있어서 뭐합니까?
망망대해에서 헤엄치면서, 물 마시길 거부하고
목이 말라 죽는다면, 누가 그를 애도하겠어요?
그런 결실 없는 수고를 거부하고 현재의 쾌락을 취하세요."

18
이렇게 그녀는 그를 깊이 잠들도록 유혹하여,
그는 그 어떤 세상일도 상관하지 않게 되었다.
그러자 그녀는 강력한 액체로 그의 눈을 적셔
아무것도 그를 성급히 깨우지 못하도록 했다.
그렇게 그녀는 그를 두고 나서, 또다시 스스로
자신의 배에 올라타고, 저 거대한 잿빛 호수의
느릿느릿한 물결을 양쪽으로 가르며 나아갔다.
곧이어 그녀는 그 섬을 멀리 뒤에 남겨놓고서,
이제 그녀가 처음 머물렀던 바로 그 장소에 이르게 되었다.

19
그럴 무렵 그녀가 노를 젓고 있는 넓은 해변의
다른 한 편 기슭에 고귀한 가이언이 이르게

되었고, 그는 호수를 건너갈 방도를 찾게 되었다.
그가 오래 부를 필요도 없이, 그녀는 곧 자신의
나룻배를 저어와, 기사가 엄숙한 안내자와 함께
기다리는 것을 보았다. 그녀는 그를 태웠으나,
검은 옷의 팔머는 그대로 남아 있어야 하였다.
그 어떤 대가나 탄원을 가지고서도 그 노인을
저 위험스런 여울 너머로 건너가게 해줄 수가 없었기에.

3 카이머클레스는 아크레시아의 희락의 소굴(*Bower of Bliss*)에 나오는 길이었고, 가이언은 그 쪽으로 가는 길이다. 그러므로 페드리아의 거처인 떠다니는 섬(*floating island*)은 가이언이 자신의 과업을 수행하기 위하여 반드시 거쳐가야 하는 지점에 있다고 할 수 있다.

20
가이언은 자신의 안내자를 뒤에 남겨두기는
싫었지만, 일단 들어온 이상 물러날 수 없었다,
왜냐하면 재빠른 배가 그녀의 마음에 복종하여,
그녀가 원하는 대로, 신속히 육지를 떠나갔기에.
기사가 그 나이든 어른께 인사를 드릴 기회도
주지 않고, 날렵하게 익숙한 뱃길로 항해하여,
바람도 억지로 밀어내지 못하고, 일정한 조수도
그 느릿느릿한 근원으로부터 몰아내지 못하는,
거친 진흙탕처럼 빽빽하고 둔중한 파도를 헤치며 나아갔다,

21
그리고 가면서 내내 그녀는 늘 하던 버릇대로

새롭게 자신의 명랑함을 만들어내기 시작했고,
흥겨움과 유쾌함을 지어내어, 자신을 사랑스레
꾸미고, 자신의 손님을 기쁘게 해주려고 했다.
기사는 예의를 갖추어, 그녀의 단순한 명랑함을
금하지도 않았고, 즐거움에 참여하지도 않았다.
그러나 그녀의 장난과 조롱과 희롱을 보고서,
그러한 것들이 정숙한 여흥의 한계를 넘어서자,
그는 그녀의 유희를 경멸했고, 음탕한 짓을 못하게 했다.

22
하지만 그녀는 여전히 예전 행태를 답습하면서,
잠들어 있는 또 다른 기사를 얼마 전에 두고 온,
그 즐거운 섬에 두 사람이 도착하게 될 때까지
그를 즐겁게 할 만한 것을 모두 말하고 행했다.
그러나 가이언은 그곳이 눈에 들어오자마자,
무언가 잘못되었다는 것을 알고, 화내며 말했다,
"아, 아가씨, 그대 말에 따랐는데, 나를 이처럼
속이다니, 아마도 온당한 처사가 아닐 것이오.
나는 내가 갈 길에서 벗어나 방황할 필요가 없는 사람이오."

23
그녀가 말했다, "기사님, 불쾌해하지 마세요.
바다에 나가는 자는 자기 길을 정할 수 없고,
바람과 날씨도 자기 마음대로 부를 수 없지요.
바다는 넓어서 길을 잃고 방황하기 쉬우며,

바람은 일정치 않고, 결코 멈추지도 않습니다.
그러나 다시 여행하기 좋은 계절이 올 때까지,
기사님은 여기서 잠시 편안히 쉬실 수 있어요,
험악한 바다보다는 안전한 항구가 있기 좋은 법.”
그러면서 그녀는 웃었고, 제 진짜 의도를 장난처럼 밝혔다.

24

그는 반쯤 불만스러웠지만, 그럼에도 불구하고
자신을 가라앉히고, 해변으로 올라 나아갔다.
그곳의 즐거움과 과일처럼 주렁주렁한 행복을,
그녀는 그가 보는 대로 그 앞에 펼쳐 보였는데,
모두 흥겨웠으나, 그녀가 훨씬 더 흥겹게 꾸몄다.
들판은 웃고 있었고, 꽃들은 새롭게 피어났으며,
나무들은 새순이 올라, 때 이른 꽃들을 머금었고,
새들의 온갖 합창이 달콤하게 노래하고 있어서,
자신들의 지저귐으로 그 정원의 즐거움을 노래하고 있었다.

25

나뭇가지에 앉은 어떤 새보다 더 달콤한 그녀는
때때로 그들의 합창에 섞여서 노래하곤 하면서,
자신의 절묘한 예능으로 그들의 자연스런 음악을
앞서려고 애썼다 — 그녀는 충분히 그럴 수 있었다.
그렇게 그녀는 전투적 일에 대한 생각으로부터
기사의 한결같은 마음을 딴 데로 돌려놓음으로써,
그를 방종한 쾌락에 담그려고 있는 힘을 다했다,

무기들의 소리와 전투적 무장의 모습이 그에게
기사도를 실천하고자 하는 욕망을 되살려 놓지 못하도록.

26
그러나 그는 현명했고, 그녀의 의도를 경계하며,
항상 자신의 손을 가슴 위에 얹어두고 있었다.
그렇지만 그 상냥한 여인이 자신에게 보여주는
그처럼 친절하게 보이는 행위를 경멸할 정도로
무례하고 예의에 어긋나 보이려 하지는 않았다.
다만 잘 절제하면서, 어리석은 욕망을 눌렀으며,
그녀에게서 떠나가겠다고 끈질기게 요구하였다.
그녀는 들으려 하지도 않고, 제 유희를 계속하며,
조수가 바뀔 때까지만 머물도록 기사에게 계속 요청했다.

27
그 사이에, 이제, 카이머클레스는 시간이 지나,
자신의 한가로운 꿈에서부터 깨어 일어나서는,
눈이 무겁게 내리 감기는 육중함을 떨쳐버리고,
나태한 수면에 빠져서, 타는 듯한 마음의 김을
빼고, 격분으로 가득 찬 횃불을 식혀버린 것이
얼마나 어울리지 않는지 스스로 깨닫기 시작했다.
극심한 부끄러움에 동요되어 그는 떨쳐 일어나,
제 여인이 어디 있나 알아보려고 머물지도 않고,
자기 길을 다시 찾아가기 위하여, 물가를 향하여 걸어갔다.

28

그런데 가는 길에 그는 어여쁜 페드리아와
동행하고 있는 가이언 경과 만나게 되었다.
그는 곧 마음속으로 불쾌하여 분노를 발하며,
외쳤다, “저 숙녀는 쾌활하게 그냥 놔두어라,
그대 비겁한 기사여, 또한 만일 그대가 그녀의
사랑을 얻고자 한다면 바로 결투를 준비하거라.
봐라, 봐, 벌써 공중을 나는 새들이 짝을 지어,
그대의 수고에 대한 보답으로, 그대의 시체를
곧 저희들의 먹이로 얻기 위하여 기다리고 있지 않은가.”

29

그러면서 그는 맹렬하게 기사를 향해 달려들어,
극심한 격분을 품고서 그에게 공격을 가했다.
기사는 곧 전투를 준비하고, 칼을 뽑아들고서,
그에 상응할 만한 맹렬함으로 그와 맞서 싸웠다.
그들의 거대한 타격은 서로의 갑옷을 찢었으며,
서로 상대방의 남자다운 어깨를 드러나게 했다.
치명적 강철은 인정사정없이 쇠로 된 갑옷을
뚫고 들어가, 그들의 살갗을 아주 깊이 갈라놓아,
거대한 자줏빛 냇물이 그들의 무릎 갑옷 아래로 흘러내렸다.

30

카이머클레스는 이제까지 그처럼 강력한 적을
결코 만나지 못했는지라, 질투 섞인 경멸감으로

제가 자신 있게 여기는 힘을 더욱 증대시켰다,
그처럼 싸움을 오래 끄는 것에 모멸감을 느끼며.
가이언 경도 그가 내뱉는 비기사적 폭언에
비등할 만큼, 자신의 힘을 아낌없이 발휘했고,
분노에 찬 불길로 자신의 용기를 활활 태우며,
그 모욕에 대해 곧바로 앙갚음을 할 요량으로,
모든 힘을 두 배로 하고, 다시 모든 타격에 두 배를 더했다.

31
두 사람은 동시에 자신의 두 손을 높이 쳐들고,
둘 다 동시에 엄청난 타격을 휘둘러 내리쳤다.
카이머클레스의 칼은 가이언의 방패를 스쳐,
그 때문에 거의 사분의 일이 잘려져 나갔다.
하나 가이언의 분노한 칼은 마치 태양처럼
빛나는 상대의 투구를 아주 맹렬하게 가격하여,
깃털로 장식된 꼭대기를 반쪽으로 갈라버려서,
그의 머리를 뼈만 남기고 모두 다 벗겨 놓았다.
그 서슬에 놀라, 그는 무감각한 돌처럼 그냥 서 있었다.

32
그가 서 있는데, 그 치명적 위기를 보고 있던
어여쁜 페드리아가 즉시 둘 사이로 뛰어들어,
그들의 발 앞에 자기 자신을 초라하게 내던지며,
창백한 표정을 한 채 애절한 목소리로 외쳤다.
"아 그만두세요, 가장 고귀한 분들이여, 어떻게

그대들의 잔혹한 눈은 자기 생명으로 땅을 적시는
이 참담한 광경을 견딜 수 있단 말입니까? 처음
저 저주스런 쇠붙이가 자기 자신의 살을 파헤쳐,
살아 있는 영혼이 길을 떠나도록 가르친 자에게 저주 있으라.

여기서 페드리아가 두 사람의 싸움을 말리는 장면은 칸토 2에서 메디나가 가이언과 후디브라스, 산스로이의 전투를 말리는 장면에 대한 패러디(*parody*)라고 볼 수 있다.

33
여인의 사랑이 한 번이라도 그대들의 철 심장을
찌른 적이 있거나, 동정심을 일으킨 적이 있다면,
끔찍한 전투에서 그 피비린내 나는 손을 떼세요,
또한 그대들이 저 때문에 싸우니, 제게 자비를
베푸시어 그 치명적 전투를 잠시만 멈추세요."
그들은 잠시 멈추었고, 그녀는 이렇게 계속했다,
"이런 끔찍한 행동의 원인이 되어서, 두 사람의
강건한 기사님을 피 흘려 죽게 하다니 저야말로
사악한 인종 중에서도 가장 가증스런 여인이 되었습니다.

34
하나 저 때문에 싸우고, 저를 위하려 하신다면,
이런 거친 종류의 투쟁이나 이렇게 무력으로
상대하지 마십시오. 인간을 비참하게 죽게 하고,
치명적 상처로 애달픈 슬픔을 쌓아가니까요.
그런 잔혹한 시합은 제 놀이를 무력하게 합니다.

저는 사랑이 피 흘림 없이 달콤한 공격을 하거나,
적이 자신의 상대에게 즐거운 승리를 양보하는,
또 다른 종류의 전쟁과 다른 종류의 무기를 좋아한답니다.

35

논쟁을 부르는 싸움과 잔혹한 증오심이야말로
기사도의 저명한 이름을 욕되게 하는 것입니다.
하지만 사랑스런 친교심과 부드러운 우호심은
전투에 익숙한 강력한 두 손에게 강하게 명하여
흐르는 시간을 연애하는 데 소비하도록 합니다.
기사들은 언제나 자신들의 무력보다는 사랑으로
더 큰 영예를 얻었지요. 마르스는 큐피드의
친구이며, 그가 기왕에 저질렀던 모든 전쟁과
파괴보다도, 비너스의 사랑 때문에 더욱 유명하답니다."

9 전쟁의 신 마르스와 사랑의 신 비너스의 사랑은 종종 영혼의 조화를 상징하기도 하지만, 그것은 또한 부끄러움과 과도한 육체적 사랑을 상징하기도 한다.

36

그러면서 그녀는 달콤한 미소를 지었다. 그들은
비록 피나는 싸움의 끝장을 내고자 안달했지만,
그래도 그녀의 말에 자신들의 분을 가라앉히며,
자신들의 폭풍 치는 영혼의 바다를 잠들게 했다.
기분 좋은 말은 그런 힘을 갖는 법; 그런 것이
온유한 마음이 지니는 예의 바른 관용의 힘이다.
이제 모든 것이 정리된 후에, 그 선녀의 기사는

그 여인에게 자신을 가게 해달라고 부탁하면서,
건너편으로 가는 신속한 길을 안내해달라고 요청하였다.

5~6 두 기사는 싸움을 멈추었지만 그 이유는 각각 다르다. 카이머클레스는 쾌락—"기분 좋은 말"(*pleasing words*) —때문에 전투를 중지했고, 가이언은 페드리아의 말이 갖는 합리성과 예의—"온유한 마음이 지니는 예의바른 관용"(*courteous clemence in gentle hart*) —때문에 전투를 중지했다.

37
그녀는 그가 그곳을 떠나는 것에 대해서 기사가
원하는 것보다 더 기뻐했다. 왜냐하면 제 모든
기쁨과 헛된 쾌락을 그가 간단히 무시하는 것을
보았기 때문에. 경박함과 방종한 유희의 적이요,
항상 심각하게 근엄하거나, 거만하게 거리를 두며,
오로지 무력과 잔혹한 전쟁만을 즐기는 기사는,
그녀의 달콤한 평화와 쾌락을 성가시게 하였고,
공포와 시끄러운 불화로 그녀를 괴롭혔기 때문에,
거기서 그를 멀리 떠나보내는 것을 그녀는 매우 기뻐하였다.

38
그녀는 기사를 배에 태웠고, 그녀의 날렵한 배는
건너편 해변을 향하여 앞으로 곧바로 나아갔다.
그 배는 무기력한 물결을 타고 가볍게 흘러가
얼마 되지 않아서 얕은 모래밭에 당도하였으며,
가이언은 기뻐하며 힘차게 뭍으로 나아갔다,
그리고 그 여인에게 감사하다는 말로 보답했다.

거기서 그는 아틴이 서 있는 것을 보았는데,
그 자는 최근에 제 주인이 페드리아의 사뿐한
쪽배를 타고 저 위험한 장애를 건너갈 때 거기 남겨졌었다.

39
그 자는 기사를 잘 기억하고 있었다, 얼마 전에
그가 파이로클레스와 극렬한 투쟁을 치렀기에.
그는 곧 기사를 욕하고 심하게 매도하기 시작했다,
마치 목동의 똥개가 어두운 저녁 그늘진 곳에서
어떤 야생짐승의 발자국을 쫓아서 따라가듯이.
그 자가 말했다, "사악한 이단자여, 곧 그대에게
닥칠 수치와 죽음을 피해서 어디로 달아나느냐?
이름난 적으로부터 이처럼 치사하게 도망을 치니,
다음에는 그 어떤 비겁한 손이 그대를 죽음에 이르게 할까?"

40
그러면서 그는 강철 촉 단창을 거칠게 흔들었다.
하나 침착한 가이언은, 그의 그러한 욕을 듣고
자신의 막강한 마음이 얼마간 움직이긴 했지만,
강력한 이성을 가지고 연약한 감성을 다스리며,
점잖게 지나쳐 가버렸다. 그 자는 꼬리를 돌려서,
다시 그 해변으로 물러갔고, 그곳에 계속 서서
전에는 실패했던 그 길을 건너가길 기다렸다.
한편 저 허망한 처녀와 있는 카이머클레스는
자신이 맹세한 복수의 성급한 열기를 뒤로 미루고 있었다.

41

거기 그 시종이 서 있을 때, 한 무장한 기사가
멀리서 제 쪽으로 빨리 달려오는 것을 보았다.
그는 뛰어오고 있었다, 마치 불운한 전투에서
승리자가 불쌍하게 말을 빼앗아가 버린 것처럼.
그는 숨이 차, 정신없이, 쓰러질 듯, 창백했고,
갑옷에는 온통 피가 흩뿌려져 있었는데, 흙과
뒤섞여 더러운 핏덩이가 엉겨붙어, 그 누구도
원래의 빛깔을 알아볼 수 없었다. 멈추지 않고
그는 자신의 진로를 성급히 저 묵직한 물 쪽으로 돌렸다.

42

그 시종이 보아하니, 그 자는 물 쪽으로 다가와,
멈추지도 쉬지도 않고 맹렬하게 물에 뛰어들어,
그 물 속으로 깊이 자맥질해 들어가, 그 호수에
자신의 높은 투구의 머리장식까지 흠뻑 담갔다.
그는 자신의 안전에 전혀 신경을 쓰지도 않고,
자신의 두 팔을 주변의 물결 속으로 발광하듯이
마구 휘둘러, 자기 갑옷을 모두 적시는 바람에,
모든 피와 더러운 것들이 다 씻겨나가게 되었다.
그런데도 그는 여전히 물을 휘저으며 파도로 뛰어들었다.

43

아틴은 무슨 일인지 알아보려고 가까이 갔다,
그처럼 이상한 광경에 몹시 의아해 했기 때문에.

그가 거기서 자신의 경애하는 주인 말고 누구를
보았겠는가, 그 경애하는 주인, 파이로클레스는
비참한 곤경에 빠져, 끔찍한 상태로 익사할 참이었다.
그가 외쳤다, "빠져 나오세요, 어이구 저걸 어쩌나,
이 무슨 참담한 날이 이처럼 저주스런 빛을 밝혀,
내 주인이 저렇게 죽도록 망가진 걸 보게 되었나?
파이로클레스, 오 파이로클레스 아니 이게 어쩐 일입니까?"

44
그러자 그는 크게 외쳤다, "탄다, 탄다, 탄다고,
오 내가 무자비한 불에 얼마나 심하게 불타는지.
하지만 아무것도 내 속의 불길을 식힐 수 없고,
차가운 물의 바다나 흙탕물의 호수로도 안 되니,
죽음밖에는 나를 소생시킬 수 있는 게 없구나."
시종이 말했다, "아, 쫓아오는 죽음을 되레 찾다니,
그건 파이로클레스로부터 멀리 가 있을지어다,
차라리 그 강한 손으로 죽일 것을 생각하시오.
죽음은 불행한 별을 타고난 가련한 자들의 몫이랍니다."

45
그가 말했다, "그렇다면 그게 내게 들어맞는구나,
내 생각엔 인간 중에서 가장 가련한 자가 나다,
불에 활활 타고 있는데도, 불꽃을 볼 수가 없고,
매일 매일 죽어가면서도 또한 매일 되살아나니.
오 아틴, 날 도와서 내게 영원한 죽음을 다오."

그의 하소연에 시종은 너무도 극렬하게 슬퍼서
깊은 상처를 입은 그의 심장이 둘로 쪼개졌으며,
이제 자신의 안위를 더 이상 염두에 두지 않고,
그가 좀 전에 비난했던 전례를 자신이 그대로 따라하였다.

46

그는 호수로 뛰어들어, 자기 주인을 구하려 했고—
그렇게 사랑은 위험에 대한 두려움을 무시하는 법—
그를 붙잡고, 있는 힘을 다해 그가 익사하는 것을
막았다. 그러나 그 바다의 특성을 모르고 있었던
그는 현명하다기보다는 차라리 운수가 좋았다.
그곳에 있는 물결은 무엇이든 끔찍하게 만드는
진흙으로 가득 차서 너무 느리고 찐득찐득하여,
무거운 것은 무엇이든지 위로 떠올렸던 것이다.
거기서는 그 어떤 것도 바닥에 가라앉은 적이 결코 없었다.

47

그렇게 그들이 그 묵직한 물결 속에서, 하나는
스스로 빠져 죽으려 하고, 또 하나는 둘 다를
거기서 구해내려 하며, 헛되이 다투고 있을 때,
보라, 고풍스런 가운을 입고, 하얗게 센 머리에
지극히 엄숙한 관을 쓰고, 손에는 아주 훌륭한
전투용 칼을 들고 있는 사람 하나가 그 소란한
소리에 이끌려 운 좋게도 그 해변으로 다가왔다.
거기서 그는 저 성실한 시종이 묵직한 물결에

흠뻑 젖은 채, 광분하는 제 주인과 싸우는 것을 발견했다.

48
아틴은 그를 보자, 옛날부터 잘 알고 있어서,
커다랗게 불렀다, "도와주오, 오 아키마고여,
비참한 곤경에 빠진 주인을 구하도록 도와주오.
손을 빌려주던가, 아니면 현명한 조언을 해주오"
늙으면 손은 약해지나, 조언은 가장 강해지는 법.
늙은이는 그를 보고, 거기서 파이로클레스가
그처럼 거칠게 광분하는 것을 보고 심히 놀랐다.
그렇지만 그에게 더 필요한 것이 동정심보다는
도움이라는 것을 알고, 그는 서둘러서 해변으로 다가갔다.

49
그가 말했다, "파이로클레스, 이 무슨 꼴인가?
지금 어떤 지옥의 악귀가 그대를 사로잡고 있나?
나는 자네가 항상 성내며 날뛰는 줄 알고 있지만,
이처럼 이상하게 경악한 적은 한 번도 없었다네."
그가 외쳤다, "이 불길이, 이 불길이 날 괴롭히오."
늙은이가 말했다, "내 보기에, 자네는 타죽기보다
되려 빠져죽을 위험에 처해 있는데 무슨 불길이야?"
그가 말했다, "불길이 날 태우며 지독히 괴롭히오,
그게 남모르게 내 뱃속에 들어가 있어 꺼지지도 않는다오.

50

저 저주스런 자, 지옥에서 온 저 잔인한 악마,
퓨러, 오, 퓨러가 나를 이렇게 만들었소.
최근에 그와 헛된 전투를 하겠다고 허풍을 부려,
그가 남긴 치명적 상처가 내 간에서 부풀고,
지옥에서 온 그의 원한 맺힌 인두가 불을 지핀
뜨거운 불길이 내 창자에서 환하게 타오른다오.
이제 나는 알았소, 조브의 끔찍한 천둥 번개도
이에 절반도 안되게 뜨겁고, 플레게톤의 화염
속에 저주받은 영혼도 이처럼 심하게 타지는 않는다는 것을."

8 플레게톤(Phlegeton) : 칸토 4의 41연에서 파이로클레스의 조부라고 소개된 지옥의 강 이름이다.

51

아키마고는 그 말을 듣자, 그가 처한 곤경을
매우 잘 알았기에, 그 자의 갑옷을 즉시 벗겼다.
그리고는 남모르게 숨겨진 그의 상처를 찾아서,
상처를 입어 멍들었거나 비밀스런 불길로 인해,
내부에 열이 있는 곳을 빠짐없이 살펴보았다.
그런 후에, 그는 그곳에 고약과 약초를 발랐고,
강력한 주문으로 거기에 영구히 마법을 걸어서,
얼마 되지 않아서 그 상처들을 가라앉혔으며,
그렇지 않았으면 죽었을 그 자의 건강을 회복시켜 주었다.

제 7 칸토

가이언은 한 골짜기에서 오래된 보물에
햇볕을 쬐고 있는 맘몬을 만나,
유혹 당해, 그 자의 비밀 저장품을 보려고
밑으로 안내되어 내려간다.

1
험난한 파도에 아주 익숙한 사공이 자신의
뱃길을 저 항구적 별에 의지하여 잡지만,
자욱한 안개나 구름을 가득 머금은 폭풍이
그 아름다운 등불의 변함없는 빛을 가리고
하늘을 온통 끔찍한 황량함으로 뒤덮을 때면,
자기 항해지도와 컴퍼스에 눈을 고정시키고—
그것들은 오랫동안 숙련된 안내자였기에—
자신의 꾸준한 키를 거기에 맞추어 조종하여,
날개 돋친 자기 배를 멋지게 앞으로 날아가게 하듯이,

2
그렇게 가이언은 믿음직한 안내자를 잃고,
최근에 그를 게으름의 호수 저편에 남겨둔 채,
아무런 동행자도 없이 자신의 길을 가고 있다.
또한 자기 자신의 도덕심과 칭송할 만한 업적을
생각하면서 가는 동안 내내 자신을 위로하고 있다.

그는 그렇게 한참을 갔으나 명예가 그 날카로운
나팔을 불어 알릴 만한 모험은 전혀 찾지 못했다.
왜냐하면 그는 아직도 주변에 삭막한 사막밖에
보이지 않는 넓고 황량한 땅을 지나고 있었기 때문이었다.

1~5 이 대목은 시제가 과거형이 아니고 현재형으로 쓰였는데, 그 이유는 분명치 않다. 해밀턴은 여기서 가이언의 상황이 광야에서 시험을 받는 그리스도와 병치된다고 주장하면서, 그리스도가 육신의 시험을 받기 위하여 자신의 신성을 제쳐둔 것처럼 가이언도 혼자서 시험을 받기 위하여 팔머를 뒤에 남겨두었다고 설명하고 있다. 그렇다면 스펜서는 모든 인간이 처한 시험의 현재성을 강조하기 위하여 이 대목을 현재형으로 서술했을 수도 있겠다.

3

마침내 그는 나뭇가지와 덤불이 하늘의 빛을
가리고 있는 어느 어둠침침한 숲에 당도했는데,
거기서 그는 한 거칠고, 사납고, 미개한 사람이
소름끼치는 모습과 구역질나게 못생긴 모습을
한 채, 어두운 그늘에 앉아 있는 것을 보았다.
그의 얼굴은 연기로 그을리고 눈은 충혈 됐으며,
그의 머리와 수염은 검댕으로 더럽게 뒤덮였고,
석탄처럼 검은 그의 손은 대장장이의 불꽃 튀는
풀무에 그을린 것처럼 보였으며, 손톱은 갈퀴처럼 보였다.

4

온통 녹으로 가득 뒤덮여 있는 그의 철 갑옷은
그 속 부분이 황금으로 덮어씌워져 있었는데,
그 번쩍이는 광택은, 더러운 먼지가 가득했지만,

기괴한 모양과 야생의 그림들로 구성되어 있는,
아주 오래된 값비싼 조각작품과 신기한 도안을
아직까지도 은은하게 드러내 보이고 있었다.
또한 그는 그의 무릎 위에 동전 한 더미를 놓고
세면서, 앞뒤로 돌려보며, 자신의 거대한 보물로
자기의 두 눈과 탐욕스러운 욕망을 만족시키고 있었다.

5
그 주변을 빙 둘러서 결코 다 쓰지 못할 만큼
엄청나게 거대한 황금 무더기가 놓여 있었는데,
그 중에 어떤 것들은 멀시버의 삼키는 듯한
화염으로 정제되지 않은, 투박한 금광석이었다.
또 어떤 것들은 최근에 망치질하여 사각형의
틀 속에 넣어 주조된 거대한 금괴의 형태였다.
어떤 것들은 조각이 없는 둥그런 접시였으나,
대부분은 조각이 새겨져 있었고, 그 금속 안에
기묘하고 진기한 왕과 황제들의 옛 형상이 그려져 있었다.

3 멀시버(Mulciber) : 그리스신화에서 대장장이의 신인 벌칸(Vulcan)의 다른 이름이다.

6
그는 가이언을 보자마자, 대단히 두려워하며
낯선 자의 부러운 눈빛으로부터 그 값진 보물의
무더기들을 치워두기 위해 황급히 일어나서는,
그것들을 숨기기 위하여 땅 속의 빈 공간으로

뚫린 아주 넓은 구멍 속으로 모두 쏟아 부었다.
그러나 가이언은 잽싸게 그에게 다가가서
공포에 질린 듯 떨고 있는 그의 손을 잡았다.
그리고 그 자신도 그 광경에 놀라기는 했지만,
그를 힘으로 억제하며, 의심스럽다는 듯이 그에게 물었다.

7
"그대는 어떤 사람인가—만일 사람이기는 하다면—
여기 이런 사막을 자신의 거처로 삼고, 이처럼
엄청난 재화의 무더기들을 세상의 이목으로부터
숨겨서 제대로 쓸 곳에 사용하지 못하게 하다니?"
그러자 번뜩이는 눈으로 계속해서 흘겨보면서,
매우 경멸에 차서 그가 대답했다, "대담한 요정아,
감히 내 무시무시한 얼굴을 쳐다보다니, 보아하니
그대는 무모하고 자신의 안위를 돌보지 않는군,
조용한 내 자리와 고귀한 금전 무더기들을 귀찮게 하다니.

8
나는 이 세상과 세상 사람들의 신으로서 자신을
위대한 맘몬이라 부른다. 내 자신의 풍성함을
모두에게 퍼부어 주고, 그 누구에게도 내 은총을
거절하지 않는, 하늘 아래 가장 위대한 신이란다.
재산과 명성, 그리고 군주의 지위, 즉 명예, 영토,
그리고 세상에 있는 모든 물질은, 사람들이 그것을
얻기 위하여 수고하고 끝없이 땀을 흘리고 있지만,

모두가 내게서부터 흘러나가 거대한 강을 이루고,
땅 속에 있는 텅 빈 공간에서 영원히 증식되는 것이라네.

2 맘몬(Mammon) : 시리아 어로 "재물"(*wealth*)을 뜻하는 이름으로서, 성서에 의하면 하나님과 반대되는 개념인 속세의 재물을 상징한다(마태복음 6: 24를 참조할 것). 그는 신성을 가진 존재가 아니지만, 종종 사탄과 함께 타락한 천사 중의 하나로 등장한다. 밀턴의 《실락원》(*Paradise Lost*) 2장에서 그는 재물에 대한 탐욕을 상징하는 악마로 그려지고 있다.

9

그러므로 만일 그대가 내게 봉사하고 따르면,
이 무더기들을 마음대로 처분하게 될 것이야.
만일 그대의 위대한 마음이나 탐욕스런 눈에
이것이 충분치 않다고 하면, 이것보다 열 배나
많은 분량을 그대에게 기탄 없이 거저 주겠다."
기사가 말했다, "맘몬, 신이라고 뻐기는 것이나
자신의 황금을 주겠다는 헛된 제안은 소용없소.
보기만 해도 배부른 이득을 탐하는 자들에게나
그런 선물을 제공해서, 더 적절한 하인으로 부리도록 하시오.

10

나는 용맹스런 전투와 영예를 좇아서 일생을
보내기로 맹세하였기에, 그대의 풍성한 미끼와
즐거운 매력에 — 그걸로 그대는 나약한 사람을
매료시키지만 — 마음을 쓰는 건 어울리지 않소.
세속적 허섭스레기에 경의를 표하는 것은
왕관과 왕국을 위해 싸우는 데서 기쁨을 얻는,

드높은 영웅 정신을 더럽히고 모욕하는 짓이오.
멋진 방패, 날렵한 말, 빛나는 무기가 내 기쁨.
그런 것들이 모험에 나선 기사에게 어울리는 재물이라오."

11
그가 말했다, "자만심 많은 요정이여, 바로 돈이
그대가 원하는 것을 실컷 준다는 것을 모르는가?
돈은 방패나 말이나, 무기, 그리고 모든 것을
눈 깜빡할 사이에 그대에게 가져다준다네, 또한
그대에게 왕관과 왕국을 몇 배나 배가시켜 주지.
바로 내가 왕을 만들고, 때로는 먼지 구덩이에
천하게 누워 있던 사람에게 왕관을 던져주거나,
통치하던 자를 밀어내 원래 그가 속한 곳에 두고,
내가 좋아하는 자에게 영광과 명성을 쌓아주는 존재 아닌가?"

12
기사가 말했다, "나는 재물을 전혀 다르게 보고,
재물을 모든 걱정의 근원이라고 여기고 있다오.
처음엔 속임수로 얻고, 그 다음에는 두려워하며
지키다가, 허영과 무절제함으로 탕진하고 나면,
그 뒤에는 슬픔과 마음의 무거움을 남기게 되오.
재물이야말로 하염없는 해악을 불러일으킨다오.
싸움과 논쟁을 부르고, 피 흘림과 비통한 마음,
잔인무도한 죄악과 지옥 같은 탐욕을 부르는데,
고귀한 마음은 그것들을 심한 불명예로 여기며 경멸하오.

13
왕국도 그대의 것이 아니고, 왕권도 아니오.
다만 그대는 국가와 통치자들을 다 혼란시켜,
정직한 진실에 대하여 반역하도록 유혹하지.
보시오 죄 없는 피가 종종 땅 위에 쏟아지고,
제왕이 종종 살해되며, 살인자가 왕관을 쓰고,
성스러운 왕권이 조각조각 쪼개지는가 하면,
자줏빛 두루마기는 많은 상처로 피가 엉기고,
성이 기습받고, 큰 도시들이 격파되고 불타오.
그따위로 그대가 왕을 만들어 잘못된 통치권을 주었기 때문에.

14
개인을 뒤집어놓고 인생을 씁쓸하게 만드는
그 거친 폭풍에 대해서 이야기하자면 끝도 없소.
부푼 돛으로 카스피안 해를 건너 항해하거나,
약한 목선으로 아드리안 해협을 건너는 자도,
그처럼 많은 재난을 만나진 않는다고 생각하오."
그러자 맘몬은 점차 화가 나 말했다, "그러면,
왜 인간들은 그처럼 악한 것을 그토록 좋아하고
그것을 찾아 곁에 두고 쓰려고 혈안이 되는가,
그게 없으면 불평하고, 또한 그것을 가진 자를 비난하면서?"

3~4 카스피안 해(Caspian Sea)와 아드리안 해협(Adrian Gulf): 이 두 지역은 모두 당대에 뱃길이 험난하기로 유명한 곳이었다.

15

기사가 말했다, "그렇소, 사악한 무절제로 인하여
약한 자가 종종 탐욕에 사로잡히는 것이 사실이오.
그러나 온화한 자연이 얼마나 적은 물질만으로도
스스로를 충족하는지 그 사람들이 생각해 본다면,
노심초사하는 걱정 때문에 우리의 타고난 행복을
망치는 불필요한 과다함을 그들도 경멸할 것이오,
샘의 근원에서는 가장 깨끗한 물이 솟아나는 법.
하나 더러운 오물이 그 흐르는 물줄기에 달라붙어,
지저분한 잡초들이 부드럽게 흐르는 물결을 막히게 한다오.

16

옛적에는, 세상이 처음 피어나던 어린 시절에는,
창조주의 은총에 아무런 오점도 찾아볼 수 없었고,
모든 사람들이 주권자가 하사하신 풍요로운 선물을
기쁜 감사함과 나무랄 데 없는 진실로 받아들였소.
그때는 인간들의 행복함이 천사들의 삶과 같았소.
그런데 후대의 오만함이, 옥수수로 기른 가축처럼,
자신들의 풍족함을 악용하고, 비계가 부풀어 온통
방종한 육욕에 탐닉하게 되어, 절제된 중용의 도와
처음에 자연스럽게 필요했던 수준을 넘어서기 시작한 것이오.

17

그러다가 어느 저주받은 손이 자신의 위대한
할머니의 고요한 자궁에 쇠붙이로 상처를 내고,

불경스런 마음으로 그 성스런 무덤에 숨겨진
보물을 파헤치기 시작했소. 그리고 그는 거기서
금과 은이 풍족히 쌓여 있는 원천을 발견했는데,
그는 곧 그러한 물질로 자신의 거대한 욕망과
거들먹거리는 오만함을 더욱 더 키우게 되었소.
그러자 물욕이 그의 혈관을 자극하기 시작하여,
탐욕의 불길을 일으키고 인생을 집어삼키는 불을 질렀다오."

2 할머니의 고요한 자궁(*quiet wombe Of his great Grandmother*) : 대지를 가리키는 것으로, 이 연의 직접적 내용은 광산에 관한 것이지만 문맥상 문명이 발달하면서 인간들이 신이 자연을 통해서 마련해주는 풍요로움에 만족하지 못하고 점점 더 물질에 대한 탐욕을 키운다는 뜻을 담고 있다.

18
그러자 그가 말했다, "젊은이, 실컷 경멸하게,
그리고 옛 시절의 미개함일랑 버림받은 상태로
거기서 살았던 사람들의 일이니 내버려두게나.
후대에 살고 있는 그대는 재물을 얻기 위해서
일해야 하고, 황금을 위해 인생을 바쳐야 하네.
만일 그대가 내가 제공하는 은총을 받고 싶다면,
이 넘치는 것들 전부 중에서 원하는 만큼 가지게.
만일 원치 않는다면, 거절하고 떠나면 그만이지,
그렇지만 거절한 것을 가지고, 나중에 날 비난하지는 말게나."

19
선녀의 기사가 말했다, "정당하게 얻었다는 것을

알기 전에, 나는 그 어느 것도 받기를 원치 않소.
또한 그대가 이 물건들을 부당한 방법을 쓰거나,
피 어린 죄악이나 속임수로 그것들을 오염시켜,
정당한 주인에게서 갈취했다는 것도 알고 있소."
그가 말했다, "그래, 그러나 어느 눈도 보지 못했고,
어느 혀도 세어 보지 못했으며, 어느 손도 만져본 적
없는 이것들을 내가 비밀스런 방에 잘 간직하여,
하늘의 눈과 그것들을 좇는 모든 세력으로부터 숨겨두었다네."

20

기사가 말했다, "어떤 은밀한 곳이 그처럼 엄청난
뭉치를 간수하여, 하늘의 눈에서 숨길 수 있소?
아니면 대체 그대의 집이 어디기에, 그렇게 많은
황금을 협잡과 강탈로부터 지킬 수 있단 말이오?"
그가 말했다, "직접 와서 보게나." 그래서 결국
그는 저 깊은 은신처 안으로 기사를 안내하여,
땅속 깊숙이 아래를 향해 뚫린 구멍을 통해서,
그 주위가 온통 두려움과 끔찍함으로 에워싸인,
아무도 찾을 수 없는, 어느 어두운 길로 접어들게 되었다.

21

마침내 둘은 한 널찍한 평지로 이어져 펼쳐진
어느 커다란 공간에 들어서게 되었으며, 거기엔
많이 밟고 지나간 드넓은 길의 자취가 있었는데,
길은 곧장 플루토의 무서운 왕국으로 향했다.

그 길의 한 편에는 지옥의 페인이 앉아 있고,
그 곁에 소란스러운 스트라이프가 앉아 있었다.
하나는 쇠로 된 채찍을 손에 쥐고 있었고, 다른
하나는 피 묻은 칼 한 자루를 휘두르고 있었는데,
둘 다 이를 갈고 있었고, 둘 다 목숨을 위협하고 있었다.

5 지옥의 페인(*infernal* Pain): 고통이라는 지옥의 형벌에 대한 의인화이며, 다음 행의 소란스런 스트라이프(*tumultuous Strife*)는 분쟁, 혹은 싸움을 의인화한 것이다. 고통과 분쟁은 전통적으로 지옥, 즉 플루토의 왕국(*Pluto's griesly raine*)의 묘사에 전형적으로 등장하는 개념들이다.

22

다른 쪽에 한 무리를 이루어 앉아 있는 자들은
잔인한 리벤지와 악의에 찬 디스파이트와,
불충스런 트리즌과 심장을 태우는 헤이트,
그러나 이를 가는 젤러시는 보이지 않는 곳에
혼자 앉아서 자신의 모진 입술을 깨물고 있고,
벌벌 떨고 있는 피어는 계속 이리저리 날면서,
제가 안전하게 숨을 곳을 헛되이 찾아다녔다.
슬피 우는 소로는 어두운 곳에 누워 있었고,
쉐임은 제 추한 얼굴을 사람이 보지 못하게 숨기고 있었다.

2~9 리벤지(Revenge), 디스파이트(Despite), 트리즌(Treason), 헤이트(Hate), 젤러시(Gealosie), 피어(Fear), 소로(Sorrow), 쉐임(Shame): 이들은 모두 지옥에 대한 묘사에 전형적으로 등장하는 개념의 의인화로서 각각 복수, 경멸, 반역, 증오, 질투, 두려움, 슬픔, 수치를 가리킨다.

23

그들 위로 잔인한 안색을 한 칙칙한 호러가
자신의 쇠날개를 치면서 항시 날고 있었으며,
끔찍이 혐오스러운 비참한 재앙의 전령사들인,
부엉이와 밤 까마귀들이, 죽음과 비탄의 슬픈
소식을 전하면서, 그 뒤를 따라 날아다녔다.
한편 슬픈 셀레노는 어느 절벽 위에 앉아,
불행과 지극한 슬픔의 노래를 부르고 있어서,
돌 심장이라도 조각조각 갈라놓을 듯하였다.
노래를 마치자, 그녀도 호러를 따라 잽싸게 날아갔다.

1 호러(Horrour) : 공포를 의인화한 것으로 바로 앞연의 피어, 즉 두려움보다는 강한 개념이며, 두려움의 결과로 받게 되는 지옥의 형벌이라 할 수 있다.
6 셀레노(Celaeno) : 날개가 달린 괴물인데, 여성의 얼굴과 가슴을 가지고 있다. 르네상스시대에는 흔히 탐욕(*avarice*)을 상징하는 존재로 등장한다.

24

이런 것들이 다 플루토의 문 앞에 있었는데,
둘은 그 곁을 지나며, 그들에게 말을 걸지 않았다.
그러나 선녀의 기사는 가면서 내내 놀라워하며
눈을 떼지 못하고, 마음속에 여러 생각을 하였다.
마침내 맘몬은 입을 넓게 벌리고 있는 지옥문의
바로 곁에 붙어 있는 어느 작은 문으로 기사를
데려갔는데, 두 문은 더할 수 없이 붙어 있었다.
두 문 사이에는 한 발짝 정도의 간격밖에 없었는데,
그것이 바로 부잣집과 지옥문이 서로 떨어진 간격이었다.

9 부잣집(*house of Richesse*)과 지옥문(*hell-mouth*) : 사실상 맘몬의 거처는 동굴이 아니라 거대한 동굴처럼 생긴 집이며, 이곳은 칸토 9에 등장하는 알마의 집, 즉 절제의 집과 대조된다. 부자는 제네바 성서(*Geneva Bible*)에 표기된 맘몬의 이름이기도 하지만, 부자가 천국에 들어가는 것이 낙타가 바늘구멍을 통과하는 것보다 어렵다는 신약성서의 구절에 기초하여 부잣집과 지옥문과의 거리가 매우 가깝다는 것을 나타내는 장치이기도 하다.

25

그 문 앞에는 스스로를 잡아먹는 케어가 앉아,
포스나 프라우드가 저 몰래 침범해 들어와
제가 지키고 있는 보물을 훔쳐갈까 두려워하며,
밤낮으로 세심하게 지켜보면서 경계하고 있었다.
또한 슬립의 나른한 동굴이 바로 곁에 있어서
슬립이 잠시라도 다가오지 못하게 경계하였다.
슬립이 죽음 곁에 있다고 비교되기 때문인데,
그러므로 그의 집은 죽음의 집과 연이어 있었다.
이쪽은 슬립, 저쪽은 부잣집, 지옥문은 그 둘 사이에 있었다.

케어(Care), 포스(Force), 프라우드(Fraud), 슬립(Sleep) : 조심성, 힘, 협잡, 수면의 의인화. 자신의 재산을 힘이나 협잡으로 빼앗길까 봐 조심하는 부자의 특성을 보여주는 것으로서, 바로 그 조심 때문에 잠이 들지 못하는 부자는 결국 죽어서 지옥에 간다. 지옥문이 죽음과 연이어진 슬립의 동굴과 부잣집과 가까이 붙어 있다는 의미.

26

그렇게 맘몬이 그곳에 당도하게 되자 그 즉시,
문이 그를 향해 열렸으며, 그의 길을 터주었다.
또한 가이언도 이제껏 항시 그를 따라다녔고,
어두움이나 위험도 그를 당황케 하지는 못했다.

그가 그리로 들어서자마자, 그 즉시 문이 다시
닫혔고, 우중충한 날보다도 더욱 흉측하게 생긴,
추악한 악마 하나가 그 뒤에서 뛰쳐나왔는데,
그 자는 끔찍한 살금걸음으로 기사를 따라오며,
기사가 가는 동안 내내 기사를 놓치지 않고 지켜보았다.

27

그가 몹시 바라는 것은 저 굳센 손님이 조만간—
탐욕스런 손길이나 욕망에 찬 눈빛이나 입술로
잠시라도 자신이 가장 좋아하는 것을 만지거나,
눈가의 근육이 풀려서 수면에 빠지는 경우에는—
제 먹이가 되는 것이었다. 그래서 그는 언제나
기사 위에 제 끔찍한 발톱을 높이 치켜세우고,
기사를 탐욕스럽게 낚아채어 죽여서 제 굶주린
앞발로 조각조각 찢어버리려고 벼르고 있었다,
잠시라도 기사가 저 숙명적 스티지언의 법을 어긴다면.

9 스티지언의 법(Stygian laws): 지옥의 법을 가리키며 죽은 사람의 영혼이 지옥에 들어가기 위하여 건너야 하는 스틱스 강(the river Styx)에서 따온 이름이다.

28

그 집 내부의 생김새는 거칠었지만 튼튼했다,
마치 바위 절벽을 뚫어서 만든 거대한 동굴처럼,
거친 천장에는 울퉁불퉁한 종유석이 걸려 있는데,
진귀한 품질의 엄청난 황금으로 조각되어 있고,
모든 틈새마다 값비싼 금속으로 가득 차 있어서,

무겁게 주저앉아 버리겠다고 위협하는 것 같았다.
그것들 위로 아라크네가 제 교활한 거미줄을
높이 치고 자신의 교묘한 그물을 펼쳐 놓았는데,
칠흑보다 더 검은 더러운 연기와 구름으로 가려져 있었다.

7 아라크네(Arachne): 그리스신화에 등장하는 여인으로서 미네르바(Minerva) 여신과 직물짜기 시합을 벌였다가 여신의 미움을 받아 거미가 되었는데, 여기서 스펜서는 그녀가 시기심 때문에 불행을 자초한 것으로 묘사하고 있다. 아라크네의 거미줄은 함정을 상징한다.

29

천장과 바닥과 벽은 모두 금으로 되어 있었지만,
먼지가 많이 끼고, 오래 되었으며, 어둠 속에
감추어져 있었기 때문에, 그 누구도 그 빛깔을
볼 수 없었다. 즐거운 낮의 햇빛은 자신의 모습을
그 집안에서 결코 드러낸 적이 없었으며, 오히려
생명이 사그라져 가는 등불처럼, 아니면 구름이
가득한 밤으로 옷을 차려입은 달빛처럼, 무엇인지
모를 빛의 희끄무레한 그림자만이 두려움과 슬픈
공포에 질려 그곳을 걸어가고 있는 자에게 비추고 있었다.

30

그 방안에는 온통 엄청나게 커다란 철 상자들과
튼튼한 궤짝들 말고는 아무것도 보이지 않았는데,
모두 이중의 굴레로 묶여 있어서 아무도 힘으로나
계교로 그것들을 억지로 열 생각을 할 수 없었다.

그러한 굴레가 사방 어느 쪽이나 채워져 있었다.
그러나 바닥에는 온통 해골들이 흩어져 있었고,
그 주변에 죽은 자들의 뼈가 널브러져 있었는데,
그들은 그곳에서 목숨을 잃은 것처럼 보였으며,
비참한 시체들은 이제 묻히지도 못하고 버려진 것이었다.

31
그들은 앞으로 나아갔고, 가이언은 아무 말도
없었는데, 마침내 그들이 한 철문 앞에 도달하자,
그 문은 제 스스로 열려서 그들을 맞이하였으며,
인간의 눈이 이제까지 결코 보지 못했던 보물이
엄청나게 쌓여 있는 것을 그들에게 드러내 보였다.
온 세상을 다 뒤져서 현재 있거나, 옛날에 있었던
재물까지, 모든 재산을 다 합쳐도, 심지어 거기다
또한 땅 속에 묻혀 있는 재물까지 더한다 하더라도
어느 한 장소에서 그처럼 많이 발견할 수는 없을 것이었다.

32
그곳을 관리하는 책임은 탐욕스러운 한 귀신에게
맡겨졌는데, 그는 그 때문에 그곳에 상주하며,
그 보물들을 강탈하고 빼앗아 가려고 획책하는
다른 탐욕스런 악마들로부터 그것을 지키려고,
밤낮으로 주의를 게을리 하지 않고 경계했다.
그러자 맘몬은 저 용사를 돌아보며 말했다,
"보게, 여기가 세상의 축복이야, 보게, 여기가

모두가 바라는 목적지일세 — 부자가 되는 거지.
그러한 은총이 행복하게도 그대 앞에 놓여 있는 것이라네."

33
기사가 말했다, "나는 그대가 주는 은총을 결코
원치도 않고, 그렇게 행복해지고 싶지도 않소.
나는 눈앞에 또 다른 축복을 세워두고 있으며,
또 다른 행복과 또 다른 목적을 가지고 있다오.
이런 천박한 관심은 원하는 자들에게 양보하오.
차라리 나는 무력과 용맹스런 업적을 쌓는 것에
살같이 지나가는 나의 시간을 쓰기로 작정하여,
재물을 소유하고 있는 자들의 주인이 될지언정,
스스로 재물을 소유하여 재물의 비굴한 노예가 되지 않겠소."

34
그 말을 듣고 그 추악한 악마는 이를 갈았으며,
탐욕스런 먹이를 놓쳐서 오랫동안 슬퍼하였다.
그처럼 황홀한 미끼라면 방문객이 그것을 갖도록
유혹할 수 있을 것으로 그는 생각했기 때문이다.
만일 기사가 그랬다면, 그는 매의 발톱에 있는
비둘기보다도 더 가볍게 그를 낚아챘을 것이다.
무궁한 신께서 그런 파멸에서 그대를 구원하시길.
그러나 맘몬은 제 목표가 빗나간 것을 알고,
제가 아는 다른 방법으로 기사를 남몰래 사로잡으려 했다.

1 추악한 악마는 맘몬일 수도 있겠지만, 26~27연에서 등장하여 지금까지 가이언의 뒤를 바짝 따라오고 있는 악마를 가리키는 것이라고 보는 것이 타당하다.

35

그는 기사를 거기서 더 앞으로 인도하여 곧바로
다른 방으로 데려갔는데, 그 방문은 지체 없이
그를 향해 열렸다, 마치 그렇게 지시 받은 듯이.
그곳에는 백 개의 화로가 설치되어 있었고, 또한
백 개의 용광로가 모두 빛을 내며 불타고 있었다.
모든 용광로 곁에는 그 모습이 흉측하게 변하고,
보기만 해도 끔찍한 수많은 악마들이 지켜 서서,
각자 바쁘게 움직이며, 황금빛의 쇠붙이를 녹여
순금으로 정제하기 위한 작업에 온통 매달리고 있었다.

36

하나는 엄청난 굉음을 내며 공기를 가득 채우고,
강제로 내는 바람과 함께 연료에 불을 붙였으며;
또 하나는 달구어진 쇠막대기를 철 집게로 집어,
맹렬한 벌칸의 분노를 식히기 위해, 그 위에
액체의 물결을 자주 뿌렸으며, 그런 과정을 거쳐
벌칸은 다시 자신의 종전의 열기를 되찾았다.
어떤 자는 금속에서 배출되는 불순물을 걷어냈고,
어떤 자는 거대한 국자로 녹은 금을 젓고 있었다.
그렇게 모두들 힘들게 일하고, 모두가 땀을 흘리고 있었다.

4 벌칸(Vulcan) : 그리스신화에서 대장장이의 신인데, 여기서는 용광로를 가리킨다. 5연의 멀시버를 참조할 것. 화산을 뜻하는 'Volcano'의 어원이기도 하다.

37
하지만 번쩍거리는 무장에 전투복 차림을 한
이 세상 사람을 보자마자, 그들 모두는 즉시,
그 기이한 광경에 놀라워하며 뜨거움을 참으며
하던 일에서 물러났다. 왜냐하면 그날 이전에는
그쪽으로 왔던 인간을 결코 본적이 없었기에.
맹렬한 불길로 번쩍이는 그들의 쳐다보는 눈과
흉측한 모습에 기사는 거의 경악할 지경이어서,
부끄럽지 않았다면 아마 뒤로 물러났을 터인데,
그때 그들의 주인이며 우두머리가 기사에게 이렇게 말했다.

38
"인간의 눈으로 보라, 그대 요정의 아들이여,
이제껏 산 자는 아무도 본 적이 없는 이것을.
보라, 최근에 내가 보여주었던 그 모든 재물이
어디서부터 나오는지 그대가 그토록 열렬히
알고자 했던 것을 이제 그대에게 펼쳐 보이니.
여기가 바로 이 세상 모든 재물의 근원지이네.
그러니 이제 만일 그대가 부자가 되고 싶다면,
심사숙고하여 스스로 자신의 태도를 바꾸시게,
나중에는 혹시 그대가 원하더라도 마음대로 안 될 테니까."

39
기사가 말했다, "그렇다면 내가 그대의 쓸데없는
제안을 모두 거절하면 충분하겠구려, 돈의 신이여.
내게 필요한 것은 다 내게 있소. 내가 무엇 때문에
내가 사용할 필요가 있는 이상의 것을 탐내겠소?
그런 허망한 과시로는 악한 속물들이나 속이시오,
나는 내 모험을 쫓아가도록 그냥 내버려두시구려."
맘몬은 매우 불쾌했지만, 기사의 대담한 모욕의
혹독함을 그냥 견디는 수밖에 다른 방도가 없었다.
그리고 그를 더욱 유혹하려고 그곳에서 더 앞으로 데려갔다.

40
그는 기사를 데리고 한 어둡고 좁은 협곡을 지나,
온통 금으로 세공하여 지은 드넓은 문으로 갔다.
문은 열려 있었지만, 거기에는 건장한 악당 하나가
마치 가장 높이 있는 하나님께 도전이라도 하듯,
뻣뻣하고 대담하게 걸어다니며 기다리고 있었다.
그 자는 오른손에 쇠 철퇴 하나를 쥐고 있었으며,
그 자신의 몸도 또한 모두 철로 조형되어 있었다.
그런데도 생명과 감각을 가지고 있었고, 무자비한
적을 진압할 때는 그 저주스런 무기를 잘 다룰 수 있었다.

41
그는 디스데인이라 불렸는데, 제 이름과 더불어
누구든지 자신을 그렇게 부르는 자를 경멸하였다.

그 모습은 혹독했고, 헛된 오만함으로 가득했는데,
그 자의 거동은 끔찍했으며, 서 있는 모습은 커서,
지상에 있는 사람들의 신장을 훨씬 더 초과하였다.
마치 타이탄 종족의 거대한 거인과도 같았는데,
그 때문에 크거나 작거나 모든 존재를 경멸했으며
그 거만함으로 다른 이들의 힘을 다 우습게 보았다.
그 자는 사람들보다는 검은 악마들과 있는 게 더 어울렸다.

1 디스데인(Disdain): 경멸, 또는 오만함(*arrogance*)을 가리키며, 49연에 그 이름이 소개되는 필로티메(Philotime)의 궁정을 지키는 문지기이다. 그는 부유하고 권세가 있으나, 덕이 부족한 자의 오만함을 나타낸다.

42
그 자는 번쩍이는 빛으로 그 어두운 곳을 밝히는,
기사의 저 빛나는 무장들이 눈에 띄자, 지체 없이
자신의 끔찍한 철퇴를 높이 휘두르기 시작하면서
전투를 하겠노라고 선녀의 기사를 위협하였다.
기사도 역시 전투할 태세를 갖추기 시작했는데,
맘몬이 나서서 기사의 성급한 손을 붙잡고서,
위험스런 싸움을 하지 않도록 그에게 충고하였다.
아무것도 그 대담한 악당을 당황케 할 수 없고,
인간의 칼로는 잘못 창조된 그 자의 몸을 뚫을 수 없었기에.

43
그렇게 합리적 설득으로 기사를 진정시키고,
또한 그 난폭한 악당에게 그만두라고 명령한 후,

그는 기사를 안으로 데려갔다. 방은 크고 넓어,
마치 어떤 회의장이나 장중한 성전같이 보였다.
수많은 거대한 황금의 기둥이 육중한 지붕과
엄청난 재물의 무게를 버티며 떠받치고 있었고,
각 기둥은 모두 왕관과 왕권과 헛된 직책으로
매우 호화롭게 장식되어 있었는데, 그것들은 모두
세상의 왕들이 이 땅에서 다스릴 때 지니던 것들이었다.

44

그곳에는 하늘 아래 온갖 인종과 나라에서 온
한 무리의 사람들이 집합해 있었는데, 그들은
모두 큰 소동을 벌이며 그곳에 군림하는 제왕의
위풍당당한 옥좌가 드높이 놓여 있는 위쪽으로
좀더 가까이 다가가려고 서로 밀치고 있었다.
그리고 거기에는 왕가의 겉옷으로 호화스럽게
차려입은 현란하고 화사한 여인이 앉아 있는데,
세상의 왕들은 아무도 그런 차림으로 영광을
높이거나, 그처럼 거창한 자만심을 과시한 적이 없었다.

45

그녀의 얼굴은 과연 놀랍게 아름다워 보였는데,
그녀의 폭넓은 미의 광채가 그 어두운 그늘을
커다랗게 비추어, 모두가 그것을 볼 수 있었다.
하나 그것은 그녀 자신이 타고난 모습이 아니고,
좀더 많은 연인들이 그녀를 찾게 하기 위하여,

화장술과 거짓 위장으로 그렇게 만든 것이었다.
하지만 그녀는 타락하기 전에는 행동과 모습이
지고한 천상의 아름다움을 가지도록 창조되었다.
타락한 이후로 자신의 죄악을 감출 도구를 찾게 된 것이다.

46
거기 번쩍이는 영광처럼 그녀가 앉아 있었는데,
잘 엮어진 거대한 황금의 사슬을 잡고 있었고,
그 사슬의 위쪽 끝은 드높은 하늘에 닿아 있고
아래쪽 부분은 가장 낮은 지옥에 이어져 있었다.
또한 그 군중들은 모두들 그녀 주변에 운집하여
그 기다란 사슬을 붙잡으려 했고, 그렇게 하여
좀더 높이 올라가, 다른 이들을 앞지르려 했다.
그 사슬은 높아지려는 무모한 욕망인 야망이며
거기에 있는 각각의 고리는 권위에 이르는 계단이었다.

8 야망(*Ambition*) : 야망이라고 부르는 거대한 황금의 사슬(*the great golden chain of Ambition*)은 호머의 《일리아드》(*Iliad*)에 등장하는 것으로 신 중의 신인 제우스가 그것을 가지고 모든 창조물을 다스린다.

47
어떤 사람들은 재산과 부당한 보상을 이용해서
자기 스스로를 높은 지위에 올리려고 하였으며,
어떤 자들은 비밀스런 모략으로, 또는 아첨으로,
다른 이들은 친구를 통해서, 또는 더러운 뇌물로.
모두 잘못된 방법을 동원할 준비가 되어 있었다.

높이 있는 자는 다른 이들을 못 올라오게 하였고,
아래에 있는 자는 다른 이들을 굳게 붙잡고 있어,
그들이 더 높아지거나 훌륭해지는 것을 방해했고,
모두들 자신의 동료를 아래로 떨어뜨리려고 애를 쓰고 있었다.

48
그 광경을 보자, 가이언은 여인의 옥좌 주변에
몰려드는 군중들은 왜 그런 것이며, 그처럼 높이
올라가 있는 그 여인은 누구인지 묻기 시작했다.
기사에게 맘몬이 대답했다, "저 모든 자들이
저토록 서로 악을 쓰면서 그 주변으로 모여드는
저 잘 생긴 여인은 바로 내 딸이라네, 이 사람아.
명예와 권위, 또한 그대 인간들이 추구하는 세상의
온갖 축복들도 오직 그녀에게서부터 나오는 것이야.
그것을 얻는 자는 거의 없는데도, 많은 자가 그것을 갈망하지.

49
그녀는 마땅히 예쁜 필로티메라고 불리는데,
하늘 아래 거주하는 모든 이들 중 가장 예쁘지만,
이 어두컴컴한 지하 세상이 공포와 기괴함으로
그녀의 광채를 흐리게 하고 있다네, 그녀야말로
하늘에 살면서 높은 축복을 받을 만한 인물인데,
신들이 질투 때문에 그녀를 거기서 쫓아냈거든.
하지만 그대가 내 눈에 아주 흡족하게 보이니까,
내 그녀를 그대의 아내로 주지 — 만일 원한다면 —

그러면 그녀가 그대에게 정당한 업적과 보상을 받게 해줄 거야."

1 필로티메(Philotime) : 그리스어 'philotimia'에서 온 이름으로 "명예욕"(*love of honor*)을 가리키며, 명예에 대한 무절제한 몰입을 나타낸다.

50

점잖은 기사가 말했다, "정말 고맙구려, 맘몬,
그처럼 큰 은총과 드높은 지위를 내게 제공하다니.
그러나 나는 연약한 육신을 가진 세상 사람이니,
그처럼 불멸의 배우자와는 걸맞지 않는다는 것과
내 운명이 그녀와 다르다는 것을 잘 알고 있다오.
또한 그렇지 않다 해도, 최근에 다른 여인에게
나의 진심을 바치기로 사랑을 서약했기 때문에,
그 서약을 파기할 그 어떤 힘도 내게는 없다오.
전투적 기사가 이유 없이 사랑을 바꾸는 것은 치욕스런 일."

51

맘몬은 속에서 분노가 치밀어 올라오는 것을
억지로 숨기면서, 기사를 데리고 앞으로 나아가
소름끼치는 어둠을 지나, 발자국이 난 길을 통해
어떤 종류인지 말할 수도 없는 목초와 과일나무로
훌륭하게 꾸며진 어떤 정원 안으로 들어갔는데,
그 식물들은 대지가 자신의 풍성한 자궁에서부터
인간에게 제공하는 달콤하고 맛있는 것이 아니라,
잎과 꽃이 모두 무섭도록 검은 죽음의 빛깔이어서,
죽은 자를 꾸미고 비참한 무덤을 장식하기에 알맞은 것이었다.

52

거기엔 구슬픈 사이프러스가 무성하게 자랐고,
음울하게 씁쓸한 갈과 애처로운 에벤이 있으며,
죽음과 수면의 양귀비와 검은 헬레보어가 있고,
차가운 콜로퀸티다와 미치게 하는 테트라와
치명적인 샘니티스와 사악한 시쿠타가 있어,
그것을 가지고 저 부당한 아테네인들이 현명한
소크라테스를 죽였는데, 그는 그것을 기쁘게
들이키며, 자신의 생명과 마지막 철학을 자신의
가장 친한 친구인 아름다운 크리티아스에게 쏟아 부었다.

9 크리티아스(Critias) : 여기서는 그가 소크라테스의 절친한 친구였던 것으로 등장하지만, 사실상 그는 철학자의 원수가 된 사람이다. 소크라테스가 죽을 때 그와 함께 있었던 친구는 크리토(Crito)였다. 스펜서가 여기서 아이러니를 의도한 것이 아니라면, 크리토를 크리티아스로 착각한 것이거나, 아니면 친구인 크리티아스의 건강을 기원하며 시쿠타 독배를 마신 테라메네스(Theramenes)의 이야기와 소크라테스의 이야기를 혼동하고 있는 것으로 보인다.

사이프러스(Cypress)는 전통적으로 장례식과 연관이 있고, 갈(Gall)은 참나무 또는 오배자 나무를, 에벤(Heben)은 흑단이거나 잎도 열매도 맺지 않는 속이 검은 나무로 알려진 에베논(Hebenon)을 가리킨다. 헬레보어(Hellebore)는 지옥에서 나온(*hell-born*) 나무이기에 검으며, 콜로퀸티다(Coloquintida)는 독이 있는 야생 수세미과에 속하는 식물이며, 테트라(Tetra)는 사람을 미치게 하는 것으로 알려진 가지과의 식물이다. 샘니티스(Samnitis)는 아직 무엇인지 확인되지 않았으며, 시쿠타(cicuta)는 솔송나무과에 속하는 식물로서 맹독이 추출되는데, 소크라테스가 마신 독배의 원료라고 알려져 있다.

53

그곳은 프로설피나의 정원이라고 불렸으며,
그 정원의 한가운데에는 무성한 나무그늘이
멋지게 드리워진 은 걸상 하나가 놓여져 있어서,

프로설피나가 그곳에서 시시때때로 노천의
열기를 피하고, 스스로 여흥을 즐기곤 했었다.
가지가 드넓게 퍼지고 등치가 커다란 한 훌륭한
나무 하나가 그 바로 곁에서 자라고 있었는데,
잎이 너무 무성하여, 아무도 나무를 볼 수 없었고,
그 이상 채울 수 없을 정도로 많은 과일이 매달려 있었다.

1 프로설피나(Proserpina) : 지옥을 다스리는 플루토(Pluto)에게 납치되어 1년의 반을 지옥에서 보내게 운명지워진 지옥의 여왕으로서, 독을 다스리는 여신이기도 하다. 따라서 프로설피나의 정원에 있는 모든 식물들은 독이 있거나, 죽음과 관련 있는 나무들이다.

54

그 과일은 번쩍이며 빛나는 황금사과였는데,
그 찬란한 광경을 보는 것만으로도 놀라웠다.
그와 같은 것은 땅에서는 결코 자라지 않았고,
세상을 떠난 자 말고는, 아무도 본 적이 없었다,
그 나무는 허큘리스가 대담한 정복을 이루고
위대한 아틀라스의 딸들에게서 얻어, 그곳에
심은 이래로 황금의 열매를 맺어 온 것이었다.
또한 에우보의 젊은이가 책략을 써서 재빠른
아탈란타를 경주에서 이겼을 때도 그것으로 한 것이었다.

7 허큘리스(Hercules) : 허큘리스는 그에게 주어진 열한 번째 과업으로 황금사과를 따오게 되는데, 이 과일을 얻기 위해서는 먼저 용과 싸워 이겨야 했고, 그런 후에야 황금 사과나무를 돌보고 있었던 아틀라스의 딸들(*daughters of Atlas*)인 헤스페리데스(Hesperides)에게서 황금사과를 얻었다.

9 에우보의 젊은이(Euboan *young man*) : 히포메네스(Hippomenes)를 가리키는데, 그는 아탈란타(Atalanta)와의 경주에서 가는 길목에 황금사과를 던져두어

그녀가 그 사과를 줍는 사이에 승리하게 되는데, 다음 연에 등장하는 아콘티우스(Acontius)가 황금사과를 가지고 사이디페(Cydippe)의 사랑을 얻은 이야기와 더불어 남성이 사과를 이용한 계략으로 여성을 정복하는—따라서 사탄이 부추긴 이브의 타락과도 일맥상통하는—줄거리를 가지고 있다.

55

이곳은 또한 아콘티우스가 오랫동안 아무런
결실 없이 추구해왔던 자신의 진정한 사랑을
얻게 해준 훌륭한 황금의 과일이 나온 곳이다.
또한 이곳은 사악한 아테가 신들 한가운데
던져둔 저 유명한 황금사과가 자란 곳인데,
그로 인해 저 아이다의 여신들이 충돌하고,
편협한 패리스가 그것을 비너스에게 주어,
그에 대한 보상으로 아리따운 헬렌을 얻어서,
수많은 그리스와 트로이의 귀족들이 피를 흘리게 되었다.

4 아테(Ate): 불화의 여신으로서 그리스신화에 의하면 그녀가 초대받지 못한 올림포스(Olympus) 신들의 파티에 황금사과를 갖다두면서, "가장 아름다운 여신께"라는 표시를 달아두었다. 아이다의 여신들(*Idaean ladies*), 즉 헤라(Hera)와 비너스(Venus), 그리고 아테나(Athena)는 각기 자신이 가장 아름답다고 주장하여 미모의 경쟁을 하였고, 결국은 트로이의 왕자 패리스(Paris)에게 심판을 요청하였는데, 그는 비너스의 뇌물, 즉 세상에서 가장 아름다운 여성을 아내로 준다는 말에 넘어가 그 사과를 비너스에게 줌으로써, 그리스의 헬렌(Helen)을 얻었고, 그 때문에 트로이 전쟁이 시작되었다.

56

전투적인 선녀의 기사는 땅을 온통 그늘로 덮은
이 아름답고 큰 나무를 보고 대단히 놀랐는데,
값비싼 결실이 가득 매달린 그 널따란 가지들은

둔덕 하나를 중심으로 빙 둘러서 있는 훌륭한
정원의 경계를 넘어서까지 넓게 뻗어 있었으며,
둔덕 위로 걸쳐져, 그 주변을 둘러 흐르고 있는
검은 강물에 나뭇가지 끝을 함빡 담그고 있었다.
그 강물은 바로 깊은 코키터스의 강이었으며,
그 속에서 수많은 영혼들이 영원히 통곡하며 울고 있었다.

8 코키터스(Cocytus) : 지옥인 하데스(Hades)에 있는 강 이름.

57
그것을 보기 위하여 기사는 강둑으로 올라가서
내려다보니, 저주받은 수많은 사람들이 무섭게
죽음의 악취를 풍기는 그 처참한 물결 속에서,
잔혹한 귀신들에 의해서 계속해서 물에 빠지며,
불쌍한 울음과 날카로운 비명을 지르고 있어서,
그 소리가 건너편 강변까지 넓게 울려 퍼졌다.
바로 그 처참한 광경에 빠진 많은 사람들 중에,
기사는 우연히 한 저주받은 자를 보게 되었는데,
그는 정원이 있는 쪽 아래에 온몸이 깊이 빠져 누워 있었다.

58
그는 턱 위 부분까지 물에 깊이 잠겨 있었는데,
마치 자신이 빠져서 허우적거리는 차가운 물을
마시고 싶어 안달하면서 계속 입을 크게 벌리고,
손을 앞으로 뻗으면서, 계속해서 그 둔덕 위에

자라는 과일에 손이 닿을 줄로 생각하고 있었다.
그러나 과일도 물도 그 자의 손과 입에서부터
뒤로 물러 달아나서 그는 헛수고만 할뿐이었고,
그러면서 그는 배고픔과 갈증에 굶주려 하였다.
그는 매일 죽었다, 그러나 결코 완전히 죽을 수는 없었다.

59

기사는 그가 그처럼 헛되게 수고하는 것을 보고,
그가 누구이며, 무엇을 하려는 것인지 물어보았다.
그는 깊이 신음하며, 기사에게 이렇게 대답했다.
"하늘 아래 모든 피조물 중 가장 크게 저주받은
탄탈루스를 보시오, 내 여기 고통 속에 있으니.
드높은 조브에게 연회를 차려주곤 했던 내가
여기 이렇게 음식이 없어서 죽어 가는 것을 보시오.
하지만 그대가 내가 보는 것과 같은 사람이라면,
자비를 부탁하오니, 내게 먹을 것과 마실 것을 좀 주시오."

6 탄탈루스(Tantalus) : 그의 형벌에 대한 이야기는 《오디세이》(*Odyssey*)에 등장하는데, 그는 신들의 지혜를 시험하기 위하여 자신의 아들인 펠롭스(Pelops)를 죽여 신들의 연회에 제공하였다. 중세문학에서 탄탈루스는 흔히 탐욕의 상징으로 등장한다.

60

기사가 말했다, "아니, 아니야, 그대 탐욕스러운
탄탈루스여, 작금의 처지에 숙명처럼 거하여,
높은 지위를 누리며 살고 있는 모든 사람들에게

무절제한 마음이 어떻게 되는지 표본이 되어서
그들에게 현재의 지위를 어찌 쓸지 가르쳐주오."
그러자 그 저주받은 자는 크게 울부짖으면서,
드높은 조브와 신들을 배은망덕 하다고 욕하며,
또한 하늘의 신성함에 대해 심하게 모독했다,
자신을 그곳에서 죽도록 내버려두는 불공평한 존재들이라고.

61
기사가 좀더 멀리 바라보자, 또 다른 작자를
발견했는데, 그는 육신을 그 강물 속에 깊숙이
담그고 있어서, 강물이 몸을 가리고 있었으나,
가장 지저분하게 오염된 자신의 두 손이 모두
물 밖으로 길게 뻗어 나와 있었으며, 끊임없이
손을 씻고 있는 것 같은 모습을 취하고 있었다.
그러나 손은 그의 의도와 달리 전혀 깨끗해지지
않았을 뿐만 아니라, 오히려 더 더러워졌기에,
그의 허망한 수고와 소득 없는 노력은 아무 소용이 없었다.

62
기사는 그를 불러, 그가 누구인지 물어보았고,
그는 자기 머리를 들어올리며, 이렇게 대답했다.
"나는 빌라도요, 아, 가장 악하고 불공평한
재판관이라오, 부정하고 사악한 판결을 내려서,
생명의 구주를 잔혹한 유대인들에게 넘겨주어
죽도록 내버려두고, 그 대신에 한 잔인무도한

살인자를 사면해 준 바로 그 재판관이 나라오.
내가 내 두 손을 깨끗하게 씻고 있는 동안에,
내 영혼은 추잡한 부정으로 인해 더럽혀지고 말았다오."

3 빌라도(Pontius Pilate) : 성서에서 예수를 죽이도록 유대인들에게 내어준 로마의 총독.

63

여기서 말하기에는 너무 긴, 한없이 많은 자들이
그러한 고통 속에 빠져 있는 것을 기사는 보았다.
그 기사가 이미 저주받은 영혼들이 당하고 있는
가지각색의 고통이 주는 두려움을 보았기 때문에,
맘몬도 기사를 거기 오래 머물게 하지 않고서,
기사에게 무뚝뚝하게 말했다, "그대 지독한 바보여,
그대는 왜 저기 저 황금의 과실을 먹지도 않으며,
왜 저기 저 은빛의 걸상 위에 편안하게 앉아서,
피곤한 몸을 시원한 그늘 속에서 쉬도록 하지 않는 것인가?"

64

이 모든 것은 그가 죄악의 미끼를 가지고 기사를
허약한 무절제에 빠뜨려 죽게 하려는 것이었다.
만일 기사가 그 제안에 조금이라도 솔깃해하면,
기사의 뒤에서 대기하고 있는 저 끔찍한 악마가
즉시 그를 수천의 조각으로 찢어 놓았을 것이다.
그러나 기사는 시종일관 신중하고 현명했으며,
그 자의 기만적 흉계를 잘 간파하고 있었기에,

육욕이 자신의 안전을 해치도록 허용치 않았다.
그만큼 훌륭하게 사기꾼은 자신의 사냥감을 현혹시켰던 것이다.

9 여기서 사기꾼(Guyler)은 맘몬일 수도 있지만, 문맥으로 보아 가이언일 수도 있다. 맘몬이 주어라면 그가 그토록 교묘하게 기사를 유혹했는데도 기사가 거기에 넘어가지 않았다는 것을 강조하는 것이고, 만일 가이언이 주어라면 오히려 기사가 맘몬을 속였다는 뜻이 된다. 이 문장은 스펜서가 의도적으로 애매하게 꾸민 것으로 보인다.

65

이제 기사는 그곳에 오랫동안 머물러 있었기에
음식과 수면의 부족으로 필수 불가결한 체력이
약해지고 지치기 시작했다. 이 두 가지는 인간의
약한 생명을 지탱하는 거대한 기둥 같은 것인데,
그것이 없이는 아무도 버틸 수가 없는 것이다.
이제 기사가 이 쉽지 않은 과업을 시작한 지가
벌써 인간의 시간으로 사흘이 다 채워진 것이다.
그러므로 기사는 거대한 맘몬에게 정중하게
자신이 들어온 대로 다시 세상으로 나가게 해달라고 부탁했다.

66

신은 싫어했지만 그 말에 따르는 수밖에 없었다.
왜냐하면 살아 있는 사람이 땅 밑에서 그보다 더
오랜 시간을 버티며 머물 수 없었기 때문이었다.
그래서 기사를 빛의 세상으로 다시 데리고 갔다.
그러나 기사의 연약한 영혼이 자신의 가슴 안에
생명을 주는 이 세상의 공기를 들이마시자마자,

마치 너무나도 과도한 위력에 압도당한 것처럼,
생명이 그 둥지로부터 사뿐히 빠져나가 버렸고,
기사의 모든 감각은 죽음과도 같은 혼절에 빠져 들어갔다.

1 맘몬의 한계를 보여주는 대목으로서, 그는 비록 신(God)이기는 하지만 인간이 하지 않으려는 것을 강요할 수는 없다. 18연의 8행과 39연의 7~8행을 참조할 것.

제 8 칸토

혼절해서 누워 있는 가이언 경은
아크라테스의 아들들에게 약탈당하나,
아서가 그를 지체 없이 구해주고
이방인 형제들을 멸망시킨다.

1
그렇다면 과연 하늘의 보살핌은 있는가? 천상의
영령들이 과연 이런 천한 피조물들을 사랑하여,
그들의 불행에 대해 연민을 품을 수 있겠는가?
그렇다. 그렇지 않다면 인간의 경우는 짐승보다
훨씬 더 참혹했을 것이다. 하지만, 오, 지고하신
하나님의 넘치는 은총은, 인간을 그토록 사랑하고,
당신의 모든 피조물들을 자비로 품어 안으시며,
당신의 축복받은 천사들을 시시때때로 보내시어
사악한 인간을 돌보게 하시고, 사악한 원수를 돌보게 하신다.

2
얼마나 자주 천사들은 자신의 은빛 침실을 떠나
구조가 필요한 우리들을 구원하러 오는 것인지!
얼마나 자주 천사들은 마치 날아오는 전령사처럼,
황금의 날개로 저 공허한 하늘을 가르며 날아와,
사악한 악마들과 맞서도록 우리에게 힘을 주는지!

그들은 우리를 위해서 싸우고, 경계하고, 적절히
감시하고, 빛나는 군대를 우리들 주위에 배치한다.
이 모든 것을 사랑으로, 아무 대가도 없이 하나니.
오, 어찌하여 천상의 하나님은 인간을 그토록 잘 보셨는가?

3
가이언이 맘몬의 집에 머물고 있는 동안,
전에 저 방종한 처녀로부터 승선을 거절당했던
팔머는 좀더 탐색하여 딴 길을 찾게 되었다.
자신의 길을 가다가, 그는 가이언이 혼절하여
누워 있는 곳에 가까이 다가오게 되었는데, 갑자기
크고 낭랑하게 부르는 한 목소리를 듣게 되었다.
"이리 오시오, 이리 오시오, 오 빨리 오십시오."
그 구슬프게 외치는 소리는 온 들판에 울려 퍼졌다.

4
팔머는 누가 그토록 끈질기게 부르는 것인지
알아보려고 소리나는 쪽을 향해 귀를 기울였다.
또다시 그는 자신을 빨리 오라고 청하는, 좀더
강한 목소리를 듣게 되었다. 그는 점차로 자신의
약한 발걸음을 외침소리가 나는 쪽으로 옮겼다.
그 소리는 마침내 맘몬이 처음에 자기 보물을
말리고 있던 그림자 진 골짜기로 그를 데려갔다.
거기서 그는 선한 가이언이 무감각한 꿈속에
깊이 잠들어 있는 것을 보고, 처음엔 그 광경에 기겁했다.

5

그의 머리맡에는 놀랍도록 아름다우며 대단히
청초한 나이의 미모의 젊은이가 앉아 있었는데,
그의 부드러운 젊음은 이제 막 꽃피기 시작하여
또래의 다른 이들보다 아름답게 자라고 있었다.
눈처럼 흰 그의 이마에는 금발이 너울져 흘러,
마치 햇살을 가득 받은 피버스의 얼굴처럼,
성스럽게 빛났다. 또한 알록달록한 물고기처럼
여러 가지 깃털로 장식된 두 뾰족한 날개 깃이
하늘을 가르고 날 수 있도록 그의 등에 고정되어 있었다.

6 피버스(Phoebus): "The Bright One"이라는 뜻으로, 태양신 아폴로(Apollo)의 그리스식 이름인데, 종종 태양 그 자체를 가리킨다.

6

마치 아이다 언덕 위에 있는 큐피드가
그것을 가지고 온 세상을 살인적 혼란과
피비린내 나는 싸움으로 가득 채우곤 하던,
잔혹한 활과 치명적인 화살을 곁에 던져두고,
아름다운 자기 어머니와 세 훌륭한 누이들인
세 명의 은총과 놀기 위해 단장하고 있으면,
여신은 그의 자유분방한 놀이에 즐거워하며,
짐짓 잠이 든 것처럼 가장하고 있는 사이에
세 누이들은 저희들의 흥겨운 놀이에 젖어드는 것처럼.

1 아이다 언덕(Idean hill): 그리스신화에서 패리스(Paris)가 세 여신의 미모에 대한 판결을 내린 아이다 산(Mount Ida)을 가리킨다.

6 세 명의 은총(*Graces three*) : 채리스(Charis), 애글레아(Aglaea), 그리고 파스티테아(Pastithea)로 알려져 있지만, 정확히 누구를 지칭하는 것인지에 대해서는 여러 가지 주장들이 있다. 보통 그리스신화에서 그레이스, 즉 은총은 세 명으로 지칭되며, 큐피드의 어머니인 미의 여신 비너스를 보좌하는 존재로 등장한다.

7

팔머는 그를 보자마자 두려움과 놀라움에
혼비백산하였기에 아무런 말도 할 수 없었다.
마침내 소년이 그에게 말했다, "아, 오랫동안
힘든 역경에서 그대의 신실한 도움이 없어서,
그대의 제자는 죽음 같은 기절에 빠졌습니다.
이 애달픈 광경을 보세요, 존경스런 분이시여,
그러나 죽음에 대한 두려움과 탄식은 버리세요.
머지않아 생명은 다시 집으로 돌아올 것이며,
숨이 멈춘 듯 보이는 자가 용맹스레 힘찬 숨을 쉴 겁니다.

8

하나님께서 내게 맡겨주신 이 친애하는 이의
안전에 대한 책임을 이제 그대에게 양도합니다.
하지만 나는 떠나는 것도 아니고, 또한 끝까지
기사를 돌봐줄 내 책임을 잊지도 않고 있으니,
영원히 이 기사를 도울 것이며, 그와 나 자신의
원수로부터 그를 지켜줄 것입니다. 부디 주의하세요,
죄악이 그를 공격하기 위하여 가까이 왔습니다."
그렇게 말을 마치고, 그는 곧바로 자신의 채색된
날렵한 날개를 펼치고는 시야에서 완전히 사라져 버렸다.

9

팔머는 그가 남겨놓은 빈 공간을 보고 자신의
느린 두 눈이 보여주는 광경에 현혹당하면서,
몹시 두려워하기 시작했고, 새가 날아가 버린 듯,
그 뒷자리를 바라보며 한동안 멍청히 서 있었다.
마침내 자신에게 맡겨진 책임에 생각이 돌아가,
떨리는 손으로 기사의 약한 맥을 짚기 시작했다.
아직은 생명이 아주 떠나버린 것이 아님을 알고,
그는 매우 기뻐하며, 마치 갓 부화한 병아리처럼,
기사를 끔찍한 운명으로부터 구하려고 정성껏 보살폈다,

10

그러던 중 그는 전신을 하늘처럼 빛나게 무장한
두 이방의 기사가 자기 쪽으로 오는 것을 보았다.
그들 곁에는 나이 많은 노인이 걸어오고 있었고,
그들보다 훨씬 앞에 가벼운 발걸음을 가진 종자가
분쟁과 거친 적대감을 부추기며 달려오고 있었다.
그들은 늙은 아크라테스의 두 아들이었는데,
저 묵직한 물가에서 간교한 아키마고와 처음
만나서, 그로부터 그들과 처음 싸웠던 자가 바로
용감무쌍한 가이언이었다는 사실을 들었던 것이었다.

2 두 이방의 기사(*Two Paynim knights*) : 파이로클레스(Pyrochles)와 카이머클레스(Cymochles)를 가리키며, 절제의 기사인 가이언과 반대되는 의미에서 이들은 그리스어로 "통제가 불가능하다"는 뜻인 아크라테스의 아들로 묘사되고 있다(칸토 4의 41연을 참조할 것). 이들이 작품에서 진정한 기독교와 하나님의 적인 이교도(*paynim*)의 기사로 묘사된 것은 이번이 처음이다. 이제까지 두 사람은 불합리함과 인간의 본성을 대변하는 기사로 등장했었다.

11
그래서 이 땅의 어디서든지 그를 만나기만 하면,
그에게 복수하겠다고 그들은 진심으로 맹세했다.
악한 아키마고가 그들의 부푼 용기를 자극했고,
분쟁을 일삼는 아틴이 그들의 완강한 마음에
경쟁심에 불타는 석탄과 뜨거운 복수심을 지폈다.
이제 그들은 팔머가 자신에게 맡겨진 무기력한
육신을 보살피며 앉아 있는 곳에 당도하게 되었다.
두 사람은 기사를 잘 알아봤다, 왜냐하면 최근에
피나는 무기로 그 기사와 격한 투쟁을 벌였기 때문이었다.

12
파이로클레스는 기사를 보자, 분노로 타오르며,
그 노인에게 험악하게 말했다. "너, 멍청함 때문에
점잖은 나이를 부끄럽게 만드는 미친한 늙은이여,
내 충고하건대, 얼마 전까지만 해도 사악한 음모로
저 자신을 유명하게 만들고, 제 비겁한 투구 머리에
기사도의 왕관을 쓰고 있었던, 바로 저 버림받은
시체가 남긴 몰락한 잔해로부터 즉시 떠날지어다.
그가 지금 불명예스럽게 누워 있는 것을 볼지어다.
이처럼 형편없이 죽은 것이 그가 악하게 살았다는 증거니라."

13
팔머는 두려워하지 않고 그 자에게 대답하였다.
"기사님, 이처럼 죽은 자의 명예를 더럽히려 하고,

살았을 때 두 손으로 자신의 이름을 영원하게 한
이 기사의 육신을 몹쓸 비겁함으로 모욕하려 하니,
그대는 분명코 아주 크게 비난을 받을 만합니다.
차가운 잿더미에 원수를 갚으려는 것은 창피하고,
잠자는 명예를 향해 짖어대는 것은 천한 질투라오.
그 누구도 이 기사가 모반했다고 말한 적이 없소.
그대도 그의 무력을 겪었고, 그의 용기와 대담성을 보았잖소."

14
그러자 카이머클레스가 말했다, "팔머, 너는
망령이 들어서, 직접 보고 들은 것 말고는 어떤
무력이나 기사도도 판단할 수 없지. 그러나 난
그의 힘에 대한 평가가 대단했다는 것을 잘 알아.
하지만 황금처럼 보이는 것이 다 황금은 아니며,
창과 방패를 잘 다룬다고 다 좋은 기사는 아냐.
모든 사람의 가치는 죽을 때에 평가되는 것이고,
그때서야 마땅한 칭송이나 비난이 주어지는 법.
하여 나는 이렇게 들판에 죽어 있는 그를 악하다고 여긴다네."

15
그의 형제가 격렬하게 대답했다, "선하든 악하든,
저렇게 완전히 죽어 버렸는데 내가 무슨 상관인가?
또한 저자의 사악한 죽음이 이제 어떻게 복수의
분노에 대한 탐욕스런 굶주림을 채워줄 것인가,
격분하는 손이 제가 바라는 것을 못하게 되었으니?

그러나 내 분노를 터뜨릴 방도가 없어져 버렸으니,
나는 승리자의 보상으로 저자의 갑옷을 벗기고,
훌륭한 기사에게 더 어울리는 저 방패를 갖겠다.
대체 왜 죽은 개를 빛나는 무장으로 치장해 주느냐 말이야?"

16
그러자 팔머가 탄원하며 말했다, "제발 기사님,
기사도를 사랑한다면, 그렇게 악한 짓은 하지 마오,
비열한 복수에 대한 그처럼 수치스런 자랑거리로
자신의 명예를 더럽히지도 마오 — 죽은 자의 옷을
더럽히면 신성모독이며 모든 죄를 능가하는 거요 —
그의 삶의 위력을 증명하는 이 유물들을 놔두어
그의 관과 무덤처럼 검은 말을 장식하도록 해주오."
그 자가 말했다, "아니 갈까마귀나 솔개의 뱃속에
묻히는 것 말고, 그가 무슨 관과 말을 준비해야 한단 말이야?"

17
그러면서 그는 천한 손을 기사의 방패에 얹었고,
다른 형제는 기사의 투구를 끄르기 시작하면서,
둘 다 난폭하게 기사를 벗겨놓으려고 노력했다.
그러다가 그들은 대담하고 풍성한 고상함을 갖춘,
한 무장한 기사가 그들 쪽으로 오는 것을 보았는데,
그의 종자는 흑단의 창과 겉을 씌운 방패를 들고
뒤따르고 있었다. 그의 무기와 차림새로 인하여
마법사는 그처럼 멀리서도 그를 잘 알아보았는데,

그가 리비아산 말을 타고 달리는 것을 보았기 때문이었다.

6 "겉을 씌운 방패"(*covered shield*) : 제1권에 등장했던 아서의 방패로서 1권의 칸토 7에서 우연히 벗겨진 이 방패에서 나오는 광채가 거인 오르고글리오(Orgoglio)를 마비시키는 힘을 가진 것으로 묘사되었다.
9 리비아산 말(*Lybian steed*) : 당대에 가장 훌륭한 종자로 알려졌던 아라비아산 말을 가리키며, 아서의 탁월함을 나타내는 묘사이다.

18

그리고 그 형제들에게 말했다, "일어나게나, 즉시
일어나서, 전투에 임할 태세를 갖추도록 하시게.
저기 살아 있는 사람 중에서 가장 용맹스런 기사,
고상함과 존귀함의 꽃, 아서 왕자가 오고 있어,
그는 이방의 가사들에게 엄청난 고난을 주었고,
수천의 사라센들에게 치욕스런 죽음을 주었다네."
그 말은 그들의 가슴속에 너무도 깊이 새겨져서
두 사람은 즉시 미칠 듯 분노하여 떨쳐 일어났고,
탐욕스럽게 전투를 하기 위한 준비를 갖추기 시작하였다.

19

하지만 제 칼이 없는 흉포한 파이로클레스는
칼이 없는 것에 대해서 새삼 심하게 불평하면서,
아키마고가 헛된 브라가도키오에게 주려고
가져온 것을 자신에게 제공해달라고 간청하였다.
마법사가 말했다, "나도 이 칼을 그대에게 주어,
그대 자신을 방어하고, 그게 아니라 해도 최소한
그대의 명예를 유지하게 하면 좋겠고 그러고 싶네.

그러나 이 무기의 위력은 그대가 의도하는 바와는
정반대로 작용할 것이라는 것을 내가 이미 잘 알고 있다네.

20
이것은 옛날부터 바로 저 기사 자신의 칼인데,
멀린이 자기가 맡아 기르던 아이가 기사도를
서약하게 되면, 이걸로 자신의 적들에게 영원한
고통을 주도록 만능의 기술을 써서 만들었다네.
어떤 마법으로도 그 타격에서 안전할 수 없도록
그는 처음에 쇠붙이를 초원의 나무와 혼합했지,
그리고는 에트나 화산의 불로 모양을 만들고,
지옥의 스타익스 강의 쓰린 물결에 일곱 번
담금질하여, 그 칼에 숨겨진 위력을 불어넣게 된 것일세.

7~8 에트나(Aetna) 화산과 스타익스(Styx) 강: 에트나 화산은 이탈리아 남부에 있는 화산인데, 흔히 대장장이 신 벌칸의 용광로에 비유되며, 그리스신화에서 벌칸이 자신의 아버지인 조브를 위해 칼을 만들었을 때 스타익스 강물에 담금질한 것으로 알려져 있다.

21
그 위력이란 아무런 쇠붙이나 바위를 가지고도
그 타격이 들어오는 것을 방어하지 못하는 걸세.
또한 그의 적들은 결코 그것을 사용할 수 없으며,
그 정당한 주인을 억지로 공격하게 할 수도 없고,
결코 부러지지 않고, 결코 굽혀지지도 않는다네.
그래서 그 칼을 말 그대로 몰듀어라고 부르지.

파이로클레스, 따라서 이 칼을 그대에게 주어
그 주인과 싸우게 하는 것은 부질없는 일이라네,
분명히 이 칼이 그대의 노력과 힘을 기만할 것이기 때문이지."

6 몰듀어(Morddure) : 이탈리아어로 "물다"(*bite*)의 뜻을 가진 'mordere'와 "강함"(*hard*)의 뜻을 가진 'duro'의 합성어로서 칼이 가진 날카로움과 위력을 표시하는 이름이다.

22
그러자 분노한 이방인이 말했다, "멍청한 늙은이,
언어와 주술이 힘을 이길 수 있다고 믿고 있다니.
그대가 곧 보게 될 테고, 정말로 믿게 되겠지만,
나는 이 마법에 걸린 칼로 그 주인 자신의 살을
베어버릴 수 있단 말이야." 그러면서 그의 손에서
저 신비한 효력이 있는 칼을 우악스레 잡아챈 후,
가이언의 방패를 자신의 손목에 고정시켰다—
그는 그렇게 격렬한 전투에 임할 태세를 갖추고,
오만한 자기 형제와 짝을 이루며 전투의 대형을 갖추었다.

23
이즈음에 그 새로 온 기사는 바로 앞에 다가와,
그들에게 정중히 인사하였다. 그런데도 그들은
예법대로 그에게 같은 인사로 응대하지 않은 채,
험상궂은 표정과 오만방자한 경멸감을 가지고
노골적으로 원한과 헛된 불만의 표시를 보였다.
그러자 그 기사는 팔머를 돌아보고, 그 발치에

애처로운 몸가짐과 죽은 듯한 모습을 하고 있는,
무장한 육신이 누워 있는 것을 보기 시작했는데,
기사는 그의 죽은 듯한 얼굴에서 숭고한 관대함을 읽었다.

24
그리고 그는 팔머에게 말했다, "선생님이여,
어떤 엄청난 불행이 이 기사님께 닥쳤습니까?
아니면 이분이 명을 다하여 숨이 멈추었거나,
배신을 당했거나 또는 싸워서 넘어진 것입니까?
하여간 이분의 가엾은 참상이 정말 슬프군요."
침통한 팔머가 말했다, "둘 중에 어느 것도
그에게 닥치지 않았고, 죽음 같은 밤의 구름이
잠시 그의 육중한 눈까풀을 덮고 있는 것이며,
그의 모든 감각을 깊은 무감각의 물결 속에 빠뜨린 것이라오.

25
그런데 여기 곁에 서 있는 그의 잔혹한 적들이,
그 틈을 이용하여, 자신들의 원한을 갚으려고
그의 무장을 빼앗고 치욕스럽게 위협하려 하오,
그것은 당당한 기사에게는 부당한 처우입니다.
그러나 그대 기사님, 명예로운 모습을 뵈오니
도움과 시의 적절한 은혜를 받을 소망이 있기에,
간청하오니 그를 지극한 곤경에서 구해주시고,
그대의 힘으로 그의 연약한 처지를 지켜주소서.
사악한 폭행을 타도하는 것은 기사에게 가장 큰 영광입니다."

26
기사가 말했다, "팔머여, 내가 알기로 그 어떤
기사도 잠든 영혼을 폭행할 만큼 야비하지 않고,
또한 저는 유리하다고 해서 제 위세를 자랑하는
숭고한 용기를 이제까지 본 적이 없었습니다.
자신에게 가장 유리할 때 명예는 가장 적은 법.
어쩌면 이런 타당한 이유로 성급한 복수자들의
열기를 가라앉힐 수 있겠지요. 조리 있는 언어는
타오르는 분노를 잠재울 비밀스런 힘을 가집니다.
그게 아니면, 제가 그 기사에 대한 최후의 보호를 맡겠습니다."

27
그리고는 그 형제들을 돌아보며 이렇게 말했다:
"전투적인 두 분이여, 복수심을 일으키는 것은—
분노를 이 죽은 듯한 기사에게 터뜨리는 것은—
용감하고 막강한 무력에 대한 모독처럼 보이오.
그대들이 가진 원한의 폭풍을 진정시키고 그처럼
맹렬한 열기를 인내로 가라앉힐 방도는 없겠소?
그대들이 도전할 권리에 대해 논하는 게 아니라,
이 육신에게 용서를 부여하도록 청하는 것이라오,
운명이 이미 이 육체를 가장 낮은 자리에 눕혀 놓았으니까."

28
그에게 카이머클레스가 말했다, "목전에 닥친
복수를 지연하려고 자신을 그의 변호사로 삼은

그대는 대체 누구인가? 또 이 더러운 육신에게
내가 그동안 당한 분풀이를 하고, 그 시체를
똥처럼 내던지는 것을 이제 누가 막을 것인가?
만일 이 자가 이렇게 오래 살아 있었다면, 자기
목숨으로 갚았어야 할 합당한 복수의 죗값을
저 죽은 시체로 치르면 왜 안 된다는 말인가?
비록 사람은 죽어도 죄과는 계속해서 살아 있는 법이야."

29
그러자 왕자가 말했다, "그렇소, 저지른 죄악은
처음 호흡이 육신에서 떠날 때에도 죽지 않고,
할아버지에게서 그 손자의 아들에 이르기까지,
그리고 그의 모든 자손에까지 저주가 달라붙어,
복수로 그 죄과가 온전히 소멸할 때까지 간다오.
하나님은 그토록 엄하게 판단하시오. 그렇지만
죽은 사람을 상대로 손을 쳐드는 고상한 기사는
원한과 악의 때문에 자신의 명예에 먹칠을 하고,
자신이 이룬 기왕의 위업에 커다란 비난을 남기게 된다오."

30
파이로클레스는 두 번째로 대답하기 시작하며,
그에게 말했다, "자, 악당아, 네가 얼마나 저자의
죄업에 동반자가 되려고 하는지 내가 잘 알겠다.
그러니 터마간트 신에 맹세코 널 죽일 것이다."
그러면서 그는 납덩이보다도 더 묵직한 자신의

손을 높이 치켜들고서, 몰듀어를 휘둘러대며—
그의 멋진 칼 몰듀어로—그의 목을 치려 했다.
그 충직한 칼은 그러한 배반을 참아내지 못하고,
표적에서부터 비껴나가, 자기 주인의 생명을 지켜주었다.

4 터마간트(Termagant): 중세의 종교극에 자주 등장하는 사나운 이슬람교 신으로서, 그 의미는 "세배나 막강함"(*trice-great*)이다. 아래 33연에 등장하는 마훈(Mahoune)과 함께 중세 로망스에서 이방의 기사가 맹세할 때 흔히 사용하는 표현이다.

31
그러나 그 힘이 너무 맹렬하고 너무 사나워서
말과 사람을 둘 다 함께 비틀거리게 만들었다.
그런데도 그 왕자는 안장에서 떨어지지 않았다,
왜냐하면 아주 옛날부터 말 타는 법을 배웠기에,
그리고 노기가 충천하여 그에게 무섭게 외쳤다,
"사악한 이방의 반역자여, 싸움을 걸어오지 않는
상대를 공격하다니, 그대는 전투의 법을 어겼다.
이제 네 비겁함이 낳은 결실의 쓰라린 맛을 보고,
바라건대, 그대가 모독한 그 법을 직접 느끼게 될지어다."

32
그러면서 그는 그 이방인의 가슴을 향해 자신의
무서운 창을 맹렬히 내지르며, 그 자의 저주스런
목숨을 그 육신에서부터 갈라놓으려고 생각했다.
그러나 그 창끝이 의도한 지점에 도착하기 전에,

그는 가이언에게서 가져온 일곱 겹의 방패로
그 사이를 막아서 쓰라린 타격을 물리치려 했다.
창의 강철 머리는 그 일곱 겹 모두를 뚫고 지나가
그 자의 어깨를 관통해 버렸다. 그로 인해 그 자는
상처에서 분출하는 피로 흥건하여, 땅으로 거꾸러져 넘어졌다.

33
그의 형제는 그것을 보자, 엄청난 슬픔과 분노로
가득 차서, 맹렬한 기세로 왕자에게 달려들면서,
악독하게 말했다, "저주스런 도적아, 마훈님께
맹세코, 그 끔찍한 타격의 값을 비싸게 치르리라."
그리고는 자신의 무서운 칼을 높이 쳐들어 올려,
왕자의 높다란 투구장식을 엄청나게 내리쳐서
왕자가 말안장에서부터 뛰쳐나가게 만들었다.
그렇지 않았다면 타격은 그 머리를 둘로 쪼개고
사내다운 가슴에까지 내려가, 그의 생명을 빼앗았을 것이다.

3 마훈(Mahoun): 이슬람교의 창시자인 모하메드(Mohammed)를 의미하는 것으로도 알려진 이방의 신.

34
이제 그 왕자는 위험한 역경에 처하게 되었다,
자신의 칼도 없는데 땅에 서서 싸워야 했기에.
둘 중에 약한 자도 어떤 기사와도 맞설 만한데,
그토록 엄청난 위력을 가진 적을 두 명씩이나
상대하기에는 창 하나로는 거의 역부족이었다.

이제는 또한 그가 처음에 쓰러뜨린 또 하나도,
세 배나 더 격분하고 세 배나 더 힘을 발하며,
자신의 상처도 개의치 않고, 자신의 운명에도
무심한 채, 다시 일어나서 잔혹한 싸움에 달려들었다.

35
그렇게 둘은 즉시 양쪽에서 그에게 달려들면서
끔찍한 타격과 견딜 수 없는 위력을 가했기에,
왕자는 어쩔 수 없이 넓게 이리저리 움직이며,
죽음의 위험으로부터 방어하며 현명히 살폈다.
그의 방패에는 마치 폭풍의 소나기처럼 수없이
그들의 타격이 쏟아졌으나, 결코 겁내지도 않고
뒤로 물러서지도 않았다. 오히려 굳건한 탑처럼,
적들이 두 배의 타격을 가하며 공격해 오더라도,
자신의 성채를 사수하며, 그들에게 소용없다는 것을 과시하듯.

36
그렇게 굳건히 그는 그들의 강한 공격을 견뎠다.
그러다가 그는 마침내 유리한 기회를 포착하고,
오만한 카이머클레스의 방패가 열려 있는 찰나,
막강한 힘으로 날카로운 자신의 창을 내질러서,
치명적 금속은 그 자의 넓적다리로 파고들었다.
왕자가 힘을 가하며 창을 비틀자, 창은 그 자의
살 속에서 부러졌고, 창끝을 그 속에 남겨두었다.
상처에서는 붉은 피가 용솟음쳐 나왔기 때문에,

그 자의 발 아래에는 순식간에 자줏빛 웅덩이가 만들어졌다.

37
그러자 그는 무섭게 분노하며 욕하기 시작했고,
자기 신들을 저주하며, 자신을 심하게 비난했다.
또한 붉은 피가 그토록 빠르게 흘러내려 그의
갑옷을 깊이 적시는 것을 보고, 그 자의 형제는
그 심한 잔혹함 때문에 크게 울기 시작하면서
말했다, "악당아, 네 잔인한 손에 저주 있으라,
두 번이나 성공을 하다니. 하지만 그것으로도 넌
내 치명적 칼의 세 번째 공격을 막지 못하리.
볼지어다, 무시무시한 죽음이 네 등 뒤에 서 있는 것을."

38
그러면서 그가 공격했고, 또 하나도 함께 공격해,
아무도 그 기괴한 힘을 견디지 못할 것 같았다.
한 타격은 왕자의 곁을 감싼 방패 위에 떨어져,
아래로 비껴가 자기 주인을 해치지 않으려 했다.
그러나 다른 하나는 왕자의 창대 위를 가격하여,
그것을 두 동강으로 잘라버리고는, 더 나아가서
왕자가 안에 입은 그물 갑옷에까지 도착하였다.
그리고는 끈질긴 위력으로 그것을 찢어놓으면서
왕자의 오른쪽 옆구리를 덮쳤으며, 거기서 타격이 멈추었다.

39
상처는 컸으며, 장미처럼 붉은, 미지근한 거대한
홍수가 가혹하게 그곳에서 펑펑 쏟아져 나왔다.
이방인이 그것을 보았을 때, 흘러내리는 선혈은
그에게 큰 흡족함과 승리에 대한 희망을 주었다.
다른 쪽에서는, 이제 자신의 무기가 부러졌기에
왕자가 엄청나게 곤혹스러워하면서 서 있었다.
그는 아무도 해칠 수 없었으나, 계속 방어자세를
취했다. 하지만 그는 카이머클레스를 그 창대로
두 번이나 강타하여 두 번이나 뒷걸음질치게 만들었다.

40
팔머는 그가 그처럼 곤경에 처한 것을 보고,
가이언 경의 칼을 잽싸게 그에게 건네주며
말했다, "선한 젊은이, 위대한 신께서 오른 손에
축복하시어 이 칼을 그 주인만큼 잘 쓰기 바라오."
그 기사는 기뻐했고, 새로운 용기로 충만해졌다,
다시 무기를 손에 쥘 수 있게 되었기 때문이었다.
그리고는 마치 강탈당한 자신의 새끼들을 오랫동안
찾아 헤매던 한 마리 사자가 마침내 젊은 목동들
사이에서 제 새끼들을 발견하고는 무섭게 화를 내는 것처럼.

41
그처럼 그는 격렬하게 사방팔방을 휘둘러 쳤으며,
양쪽에 공격을 가하였기에, 그물 갑옷도 방패로도

도저히 그가 가하는 타격을 방어할 수가 없었다.
언뜻 파이로클레스를 수없이 내리치는가 하면,
곧이어 두 배의 타격을 카이머클레스에게 가했다.
그리고는 즉시 자신의 바쁜 손길을, 그의 대담한
용기에 질려 있는, 두 사람에게 한꺼번에 돌려서
간담을 서늘하게 하는 그 칼로 넓게 길을 열었다.
두 사람은 모두 꿋꿋이 서 있었지만, 둘 다 버틸 수 없었다.

42

마치 두 맹렬한 사냥개가 야생황소에게 덤벼서,
일단 악이 받치는 증오심이 황소를 휘감게 되면,
신중히 경계하면서 기회를 기다리는 것을 잊고서,
자신의 끔찍한 뿔로 그들을 앞으로 밀어내거나,
공중에 던져버리거나, 또는 땅바닥에 짓밟으면서,
격분에 찬 숨을 내쉬고, 경멸에 차 으르렁거릴 때,
온 숲이 그가 지르는 소리를 듣고 떠는 것처럼.
그렇게 아서 왕자는 한 쌍의 적에게 격분하여
둘 중에 어느 누구도 그의 엄청난 위력을 견딜 수가 없었다.

43

그러나 왕자가 파이로클레스를 공격할 때마다,
그 자는 항상 가이언의 방패를 앞으로 내밀어,
방패 위에 새겨진 선녀여왕의 초상화 때문에,
그의 손길이 부드러워져 공격을 주저하게 했고,
사랑하는 그의 마음이 그 그림을 흠모하게 되면서,

종종 그 이방인을 죽음의 타격에서 구원해 주었다.
그러나 이제 그것은 더 이상 그를 구할 수 없다.
왜냐하면 이제 세속적 기교나 힘으로는 결코
피해갈 수 없는 운명의 시간이 그에게 다가왔기 때문이다.

44
카이머클레스가 자신들에게 닥쳐오는 끔찍한
비난을 알아차리자, 수치스런 가책과 마음속의
비탄에 자극되어, 그 자는 그런 불쾌한 오점을
씻어버리든지, 또는 명예롭게 죽어서 그 결과로
명성을 얻겠다며 맹렬하게 달려들기 시작했다.
그리고 왕자의 쇠사슬 갑옷을 심하게 내리쳐
거기에 연결된 모든 틀을 아주 부숴 버렸으며
피부에까지 뚫고 들어왔으나, 거기서 멈추었다,
그래도 왕자를 전에 없이 두 번이나 물러서게 하였다.

45
그러자 분노와 날카로운 아픔으로 힘을 북돋아,
왕자는 빌려온 칼로 너무도 엄청나게 가격하여
그 칼이 이방인의 투구를 꿰뚫고 들어갔으며,
단단한 쇠를 갈라놓으면서, 그 자의 머리 속에
깊이 박혀, 그 자의 골을 파고 들어갈 정도로
잔혹한 길을 열어버렸다. 그는 땅에 꼬꾸라지며
제 영혼을 내쉬었고, 영혼은 지옥의 어두움으로
잽싸게 날아가서, 거기서 그 자의 음탕한 인생이

쌓아 놓은 모든 죄악에 때문에 영원한 고통을 받게 되었다.

46
그 자의 형제는 그것을 보자, 섬뜩한 두려움이
가슴속으로 밀려왔고, 모든 감각이 얼얼해졌다.
그리하여 아무런 활기도 용기도 보이지 않고,
마치 지옥의 악마들에게 기겁을 한 사람처럼,
오랫동안 떨며 그냥 서 있다가, 마침내 말했다:
"악당아, 무슨 짓을 하였느냐? 어떻게 네 놈의
저주받은 손길을 그토록 잔인하게 저 기사에게
가할 수가 있더란 말이냐? 어이구 이걸 어쩌나,
그렇게 사악한 짓을 하고서 네가 어찌 더 이상 살 것인가?"

47
그러면서 절망에 가득 차, 목숨을 혐오하듯이,
그리고 복수를 하고 곧 죽기를 바라는 듯이,
자신의 모든 힘과 있는 위력을 한껏 모아서,
그는 왕자의 칼을 가지고 왕자에게 달려들어,
아무런 생각이나 고려도 없이, 포악하게 치고,
찌르며, 마구 휘둘러대었다. 인내심과 현명한
자제심을 가진 왕자는 그러한 성급한 열기가 곧
약해지고 식어서 진압될 것을 잘 알고 있었다.
이 자가 숨이 가빠지면, 그는 다시 전투를 시작할 것이다.

48
강풍을 동반한 태풍이 높고 거세게 몰아칠 땐,
아무것도 그 폭풍의 소동을 막아설 수 없으며,
구름은 마치 두려워하듯 그 앞에서 도망친다.
그러나 얼마 되지 않아 태풍의 난폭한 위력이
가라앉으면, 구름은 맹렬하게 비를 퍼부으면서,
소진되어버린 그 폭풍의 심술을 비웃는 듯이,
이제는 자신의 원한을 한꺼번에 쏟아 붓는 법.
바로 그렇게 아서 왕자는 스스로 싸움에 임하며,
다급한 파이로클레스가 헛된 힘을 소진하기를 기다렸다.

49
마침내 그 사라센인은 그 신비한 칼이 얼마나
자신의 요구에 따라주지 않으며, 자신이 아무리
강하게 쳐도 타격을 주지 않는다는 것을 알고,
그것을 내던져버리고는, 아무런 두려움도 없이,
왕자를 향하여 막무가내로 잽싸게 달려들었다,
자신의 강력한 두 팔로 왕자를 굳건히 붙잡아,
그를 넘어뜨리고 땅에 짓밟으려고 생각하면서.
그러나 왕자는 힘으로나 기술로나 그를 앞섰고,
날렵한 유연함을 가지고 그 자의 밑으로 몸을 숙였다.

50
그러자 그 이방인의 노력은 아무 소용없었다.
마치 독수리의 발에 잡힌 해오라기가 날아서

살아 도망갈 희망을 가질 수 없기에, 공포와
떨리는 두려움 속에서 죽기만을 기다리듯이,
그렇게 그는 이제 승리자의 법에 종속되어서,
움직이지도 못하고 지독한 모욕감과 증오로
가득한 눈을 위로 뜨지도 못하며, 그 때문에
극심한 우울함에 제 심장을 씹어 갈라놓았다,
마치 삶을 증오하지만, 그렇다고 죽는 것도 경멸하는 자처럼.

51
그러나 왕자다운 넉넉함과 위대한 마음씀으로,
정복자는 그를 전혀 죽이려고 하지 않았으며
그의 잘못들과 모든 복수를 뒤로 던져버리면서,
생명을 빼앗기보다는 주는 것이 더 영예롭다고
생각하며 말했다, "이방인이여, 오늘은 그대에게
불길한 날이오. 하지만 만일 그대가 불신앙을
포기하고, 영원히 나의 진정한 신하가 된다면,
나는 그 용기 때문에 그대에게 삶을 허락하고,
내 기억에서 그대의 모든 잘못들을 말끔히 지워버리리다."

52
이방인이 말했다, "바보야, 네 제안을 경멸한다.
네 운세가 그리 정해진 대로 사용하도록 하고,
내가 정복당하여 죽은 것이 아니라, 삶에 대한
경멸감으로 죽음을 불러서 죽었다고 말해다오."
왕자는 분노했지만, 그와 동시에 그가 그렇게도

고집스럽게 은혜를 거절하는 것을 아쉬워했다.
하지만 그의 운명이 그처럼 잔혹하게 정한 대로,
그는 곧 그의 빛나는 투구를 끄르기 시작했으며,
머리가 없는 그 자의 몸이 온 사방에 피를 뿌리도록 했다.

53
이 무렵에야 그의 생명이 무감각함이라는 적을
정복한 후, 가이언 경은 기절에서 깨어났고,
두리번거리다가, 자신의 방패가 없어지고 칼이
보이지 않자, 그는 엄청나게 상심하기 시작했다.
그러나 그가 오래 전에 잃었던 팔머가 자기
곁에 있는 것을 보자, 몹시 기뻐하기 시작하며,
말했다, "선생님, 이곳저곳을 방황하면서 제가
오래 못 뵈었는데, 다시 얼굴을 뵈오니 기쁩니다.
선생의 믿음이 든든하여, 위험이 결코 내게로 오지 못합니다.

54
"그런데 어떤 사악한 손이 내게서 훌륭한 칼과
방패를 강탈해갔는지 알려주시겠습니까?" 그가
그처럼 활기찬 안색으로 일어나는 것을 보고,
팔머는 기뻐서 대답했다, "젊은이여, 무기가
없다고 전혀 슬퍼할 것 없소. 곧 되찾을 것이오."
그리하여 그는 저 낯선 기사가 그를 지켜주고,
최근에 패망하여 그 시체가 끔찍하게 땅 위에
널브러져 있는, 저 두 사라센인과 치른 전투에

대한 이야기의 자초지종을 기사에게 풀어놓기 시작했다.

55

기사가 그 말을 듣고, 이를 입증하는 표시를 보자,
커다란 친밀감이 그의 가슴을 가득 메우게 되어,
마땅한 경애심을 가지고 자기 생명의 수호자인
그 왕자에게 몸을 굽히며, 다음과 같이 말했다:
"내 주인, 내 군주시여, 가장 자비로운 도움으로
지금까지 살아서 내 원수가 쓰러진 것을 보오니,
님께서 제게 베푸신 그처럼 크나큰 은총에 대해
그 어떤 보답으로 갚아드려야 충분하겠습니까,
단지 영원토록 마음에 빚을 지고….'

9 이 행이 알렉산드린(*Alexandrine*)의 형태인 6보가 아닌, 3보로 끝나는 이유는 아마도 다음 연에 등장하는 아서의 대답이 가이언의 말을 끊었기 때문인 것으로 추정된다.

56

그에게 왕자가 이렇게 말했다, "기사님, 행운을
당사자들이 보답을 받아야만 하도록 묶여 있는,
종속적 관계로 계산하실 필요가 무엇입니까?
기사는 모두 서원을 통해 무기와 굳건한 손으로
압제자들의 힘에 맞서도록 되어 있지 않습니까?
저는 이곳에서 책무를 다한 것으로 충분합니다."
그처럼 훌륭한 목표 안에서 그들은 서로에게서
친절함과 예의를 다하는 선한 의지를 발견했다.
그 사이에 사악한 아키마고와 아틴은 잽싸게 도망쳤다.

제 9 칸토

절제의 집, 그곳에는
근실한 알마가 살고 있고,
수많은 적들에게 공격당하나, 그들을
낯선 기사들이 싸워 물리친다.

1
이 세상을 꾸미고 있는 신의 모든 피조물 중,
그 위력이나 형상에 있어서 인간의 육체보다
더욱 아름답고 탁월한 것은 아무것도 없다,
그 육체를 정숙하게 다스리고 있는 동안에는.
그러나 무질서와 천박한 열정으로 탈이 나면,
그보다 더 더럽고 추악한 것이 없을 것이다.
육체는 괴물로 변하고, 인간은 무절제로 인해
자신의 위엄과 타고난 우아함을 잃어버린다.
듣는 자여, 여기서 이런 자와 저런 자를 둘 다 볼지어다.

2
저 이방인 형제들을 싸워 무찌르고 난 다음에
영국의 왕자는 도둑맞은 자신의 칼을 찾았고,
가이언은 잃었던 방패를 찾아, 둘이서 함께
절친한 동반자가 되어 갈 길을 가고 있었는데,
마침내 왕자가 정중하게 예의를 갖추며 말했다:

"기사님, 제가 물어봐도 결례가 되지 않는다면,
왜 기사님은 그토록 멋지게 그려진 저 여인의
얼굴그림을 방패에 지니고 계신지 알려 주시오.
그림은 살아 있는 것이 아닌데, 꼭 살아 있는 것 같습니다."

3
기사가 말했다, "네, 만일에 그 죽은 그림에서
그처럼 생명을 보시고, 허공의 힘을 보셨다면,
왕자님께서 보셨던 저 가장 영예로운 용모가
정말 살아 있는 모습을 보신다면 어떠실까요?
그렇지만 그 분의 마음속 아름다움을 아신다면,
그것이야말로 그 분의 훌륭함과 장엄한 힘이며,
육체적 미모보다 천 배나 더욱 아름다운데,
오 얼마나 막대한 놀라움이 왕자님의 생각을
사로잡고, 얼마나 끝없는 욕망이 그 영혼을 채울는지요!

4
그 분께서는 선녀나라의 위대하신 여왕이신데,
아름다운 초상을 제가 방패에 지니고 있지요.
그 분은 우아함과 순결함을 대표하는 꽃이시며,
멀리나 가까이나 온 세상에 두루 알려지셨고,
제 생명, 제 군주, 제 통치자, 제 연인이시며,
그 분의 영광은 마치 아침의 별처럼 빛나고,
자신의 빛으로 온 땅을 깨끗하게 비추십니다.
그 분의 자비와 그 분에 대한 칭송은 평화로울 때나

전쟁의 세력 속에 있을 때나 널리 퍼져 있습니다."

5
그러자 영국의 기사가 말했다, "자비로운 운과
훌륭하신 용맹함으로 인해, 풍성함과 아름다운
모습으로 자신의 부하들을 축복하시고 그들이
높이 나아가게 하시는, 그처럼 찬란한 여왕님의
기사가 되셨다니 세 배나 행복하신 분이시구려.
어떻게 하면 타지의 기사가 그러한 축복을 받아
충직한 봉사와 적절한 행실을 하기를 한 번이라도
바랄 수 있을까요? 그럴 기회가 있기만 하다면,
그 분의 말씀에 수천의 목숨을 버려도 아깝지 않을 것이오."

6
가이언이 말했다, "존귀하신 분이여, 그토록
탁월하신 세상의 왕자께서 그 놀라우신 가치와
무훈을 통해 바랄 수 있고, 쉽게 얻을 수 있는,
그처럼 귀하고 은혜로운 보상이 어디 있겠습니까?
왕자님께서 그 분께 받아주십사는 청을 드려서,
처녀의 기사 중 한 분으로 인정되신다면,
왕자님께서는 훌륭한 보답을 그 분께 해드리고,
지금 알테갈과 소피가 그런 영예를 얻고
있듯이, 그 분의 총애를 드높이 받으실 것을 제가 잘 압니다."

6 처녀의 기사(*knights of Maidenhead*): 처녀인 선녀여왕을 모시는 기사들의 집

단을 가리킨다. 전설 속의 아서 왕의 원탁의 기사(*knights of the round table*)에 비유된 표현으로 보인다.

8 알테갈(Arthegall)과 소피(Sophy) : 알테갈은 정의(*justice*)를 대변하는 기사이며 《선녀여왕》 제5권에 등장하는 주인공이다. 소피는 그리스어 "sophia", 즉 지혜를 대변하는데, 아마도 스펜서가 《선녀여왕》의 이야기 중 주인공으로 생각하고 있었을지 모를 기사 이름으로 추측된다. 하지만 실제로 출판된 6권까지는 등장하지 않는 인물이다.

7

그러자 왕자가 말했다, "그렇다오, 내가 처음
무장을 갖추고 기사도를 서약했을 때 하나님께
서원했소, 내 힘과 능력을 다해서 여왕폐하를
섬기는 것이 예나 지금이나 내 모든 소망이오.
벌써 태양이 자신의 불타오르는 등불을 가지고
세상을 한바퀴나 돌았고, 나도 그만큼 돌았다오,
그 여신과 같은 분을 직접 뵐 방도를 찾으면서.
하나 어디서도 그 분을 보지 못했소. 그런 축복을
하늘이 시샘하여 거절하고, 운명도 호의를 베풀지 않는구려."

8

가이언이 말했다, "운명은 유명한 업적에게는
적이기에, 덕을 도와주는 법이 좀처럼 없습니다.
오히려 자기가 가는 길에 해악과 재난을 던져서
운명의 행로가 멈추고 가는 길이 막히도록 하지요.
그러나 왕자님께서는 그렇다고 좌절하지 마시고,
지금 가시는 그 길을 계속해서 가시기 바랍니다.
만일에 제가 지금 당면하고 있는 어려운 과업만

없었다고 한다면, 제가 직접 왕자님을 안내하여
요정의 나라를 두루 다니기를 마다하지 않았을 것입니다."

9
왕자가 말했다, "고맙구려, 하지만 지금 기사님이
어떤 기이한 모험을 추구하시는지 알려주시겠소?
어쩌면 기사님의 목표를 이루시는 데 제 협력과
충고가 기사님께 많은 도움이 될지도 모르니까요."
그러자 가이언 경은 사악한 아크레시아와
그녀의 간교한 술책에 복수하기 위해, 팔머가
자신을 선녀의 궁정에서 데리고 나온 이야기를
모두 하기 시작했다. 그렇게 그들은 이야기하며
많은 시간을 함께 여행했으며 아주 먼 거리를 걸었다.

10
하여 이제는 어여쁜 피버스가 자신의 마차를
서쪽의 골짜기로 황급히 몰아가기 시작할 즈음,
그들은 어느 강가에 있는 어떤 상쾌한 골짜기에
한 훌륭한 성채가 자리 잡고 있는 것을 보았는데,
그곳에서 그날 저녁에 머물기를 청하기로 하고,
그쪽으로 나아갔다. 그러나 그들이 가까이 가서,
땀에 젖은 자신들의 말에서부터 내려섰을 때,
그 성문이 밤도 되기 훨씬 전에 굳게 잠겨졌고,
적의 공격을 두려워하듯, 모든 창이 굳게 닫힌 것을 발견했다.

11

그들은 그것을 보고, 자신들이 들어오는 것을
막기 위하여 지독한 모욕을 가했다고 생각했고,
마침내 그 시종이 가까이 다가가서 그 성벽의
바로 아래에서 자신의 나팔을 불기 시작했는데,
그 소리로 인하여 성벽이 무너질 듯 흔들렸다.
곧이어 가장 높은 첨탑에서부터 어떤 파수꾼이
내다보며, 그토록 거칠게 요구하는 게 무엇인지
말해보라고 커다란 소리로 기사들에게 물었다.
기사들은 성안으로 들어가게 해달라고 부드럽게 대답했다.

12

그가 말했다, "가세요, 가, 기사님들. 만일 목숨을
아끼신다면, 당연히 그렇겠지만, 빨리 도망가세요.
어서 도망쳐서 가까이 다가온 파멸을 면하십시오.
우리가 원한다 해도, 이곳에 들어오실 수는 없어요.
할 수만 있다면 얼마든지 기사님들을 맞겠지만,
수천의 적들이 우리 주변에서 날뛰며, 포위하여
오랫동안 우리를 이 성안에 가두어 놓았습니다.
그들이 우리를 포위한지가 칠 년이나 되었는데,
수많은 훌륭한 기사들이 우리를 구하려다가 죽임을 당했지요."

8 7년이라는 기한은 로망스에 흔히 등장하는 전형적 기한이거나 또는 플라톤(Plato)이 《공화국》(*Republic*)에서 음악의 일곱 음계와 비교하며 설명하고 있는 일곱 단계의 인생을 나타내는 것일 수도 있다.

13
그가 이렇게 말하는데, 보라 거친 함성을 지르며
주변에 있는 바위와 동굴에서 수천의 악당들이
나와서 그들을 에워싸며 달려드는 것이 아닌가.
천하고 험하고, 거칠고, 기괴한, 비열한 악당들은
모두 죽일 듯 위협하며, 기괴한 형태로 무장하고,
어떤 자는 거대한 뭉치를, 어떤 자는 기다란 창을,
또는 녹슨 칼을, 또는 불에 달군 몽둥이를 들었다.
그들의 눈빛은 놀란 야생의 황소처럼 험상궂었고,
퀭한 눈과 빳빳이 선 머리카락을 한 채 노려보고 있었다.

14
처음에는 그들이 기사들을 맹렬하게 공격하여,
뒤로 물러가게 만들었다. 그러나 그들이 또다시
새롭게 쳐들어 왔을 때, 그들은 위력이 시들기,
시작하면서 교전을 유지할 수가 없게 되었다,
왜냐하면 투사들이 막강한 위세와 격렬한 힘으로
그들을 몰아붙였기 때문에, 마치 양치기 소년이
사자나 호랑이가 가까운 숲에서부터 탐욕스런
발걸음으로 튀어나오는 것을 언뜻 보았을 때,
양떼들이 흩어지는 것처럼, 그들은 도망칠 수밖에 없었다.

15
그들은 잠시 도망쳤다가, 곧이어 전보다 더 크게
격분을 발하며 또다시 싸우러 돌아오곤 하였다.

그리고 또한 그들의 잔혹한 우두머리는 제 천박한
무리들로 하여금 기사들을 둘러싸고 달려들어서
땅바닥에 짓밟도록 할 방도를 끊임없이 강구했다.
그러나 기사들은 즉시 찬란히 불타는 칼을 가지고,
그들의 조잡한 군대를 쳐부수고 질서를 교란했다,
그들의 형체가 없는 망령들을 쪼개고, 가르면서,
그 자들은 육신처럼 보였지만, 그 본질은 이미 없어졌기에.

16

흡사 저녁 무렵에 알란의 늪에서 한 무리의
각다귀 떼가 솟아 나오면, 그들은 윙윙거리는
저희들의 작은 나팔을 넓게 울리면서, 빽빽이
밀집한 군대를 이루면서 공중을 날아다니며,
구름처럼 하늘을 어둡게 만드는 것처럼 보인다.
그들의 날카로운 침과 귀찮은 성가심 때문에,
아무 사람이나 짐승도 쉬거나 식사할 수 없다,
끝내 맹렬한 북풍이 세차게 몰아치는 광풍으로
그들을 모두 날려버려서 바다 속으로 던져버릴 때까지는.

1 알란의 늪(*the fennes of Allan*) : 아일랜드 중앙에 있으며, 스펜서가 아일랜드에 살면서 겪은 경험에서 나온 비유로 추정된다.

17

그렇게 기사들은 그 성가신 무리들을 흩어버리고
또다시 그 성문 앞으로 가서, 자신들을 들어가게
해달라고 간청하였다, 처음에는 거절당했던 것을.

결국 기사들의 위험을 무릅쓴 괴로움과 그들이
견디고 버텨낸 성가신 싸움에 대한 보고가 그곳에
거주하고 있었던 숙녀의 귀에 이르게 되었을 때,
그녀는 의상을 잘 차려입은 시종들과 여인들의
멋진 행렬을 이끌고 지체 없이 앞으로 나아와서,
시의 적절하고 대단히 융숭하게 환대하며 기사들을 맞았다.

18
그녀는 알마라고 불렸으며, 아리따운 처녀로서,
큐피드의 헛된 열정을 아직 느낀 적이 없었다.
하지만 그녀는 많은 점잖은 기사들과 고귀한 혈통을
가진 많은 영주들로부터 구애를 받았으며, 그들은
결혼을 통해서 그녀와 결합하고자 노력했었다.
왜냐하면 그녀는 더할 수 없을 만큼 아름다웠고,
지금 가장 청초한 나이의 절정에 이르렀는데도,
자비로움과 훌륭한 겸손함으로 가득 차 있었으며,
하늘조차도 그녀의 온화한 얼굴을 보고 즐거워했기 때문이다.

1 알마(Alma) : 이성적 영혼을 상징하는데, 그녀의 머리에 있는 장미는 비너스의 꽃이다. 따라서 처녀인 그녀는 천상의 비너스, 즉 정신적 사랑 또는 하나님의 사랑을 상징한다고 볼 수 있겠다.

19
그녀는 백합만큼이나 하얀 겉옷을 입고 있었는데,
옷은 그녀의 어깨에서부터 발꿈치까지 내려왔고,
가장 고귀하게 만들어진 황금과 진주로 수놓인

옷자락이 거기서부터 훨씬 뒤에까지 흘러 늘어져,
그 일을 위해 잘 훈련된 두 명의 어여쁜 처녀가
그것을 떠받치고 있었다. 그녀의 노란 금발머리는
깔끔하게 땋여져 머리 타래를 이루고 있었으며,
그녀는 자신의 머리에 아무 장식도 하지 않았다,
다만 부드러운 들장미로 만들어진 화환만을 쓰고 있었을 뿐.

20

그녀는 저 고귀한 기사들을 훌륭하게 접대했고,
그들을 자신의 성에 있는 넓은 방으로 안내했다.
거기서 그녀는 우아한 연회와 정중한 기쁨으로
그들을 대접했으며, 처녀다운 부드러움을 가지고,
현명하고 자유분방한 자신의 모습을 보여주었다.
거기서 충분히 필요한 만큼 휴식을 취한 다음,
기사들은 특별한 호의로서 그 아름다운 성채를
자신들에게 구경시켜달라고 그녀에게 부탁했다.
그녀는 허락했고, 그들을 앞으로 데려가서 성을 보여주었다.

9 알마의 성은 육체를 포함한 인간의 유한한 부분에 대한 알레고리적 해부라고 볼 수 있는데, 인간의 육신에 대한 이러한 알레고리는 중세문학에 흔히 등장한다.

21

처음에 그녀는 그들을 성벽 쪽으로 데려갔는데,
그곳은 적이 기어오를 수 없을 정도로 높았고,
온통 너무도 아름다웠으며 빠짐없이 군건했다.

벽돌도 아니고, 돌과 석회로 지어지지도 않았고,
나인 황제가 그것을 가지고 바벨탑을 쌓았던
바로 그 이집트의 진흙과 같은 것으로 지어졌다.
하지만 오, 참으로 슬픈 일이다, 이제 세상에서
그와 같은 훌륭한 솜씨를 더 이상 볼 수 없으니.
곧 그 성벽은 흙으로 돌아가리니, 세상에는 확실한 것이 없다.

1~6 이집트의 진흙으로 만들어진 성벽은 신이 흙으로 빚은 인간의 육체를 나타낸다.

5 나인 황제(King Nine): 구약성서에 등장하는 니느웨(Nineveh) 성의 건립자인 나이너스(Ninus) 왕을 가리키며, 그는 또한 바빌론(Babylon)을 건립하고 바벨탑을 세운 전설적인 왕 님로드(Nimrod)와 동일인으로 여겨지기도 한다.

22

그 구조물은 일부분은 원형이고, 다른 일부분은
삼각형처럼 보였는데 — 오 신성한 작업이로다.
그 두 가지 형체, 즉 처음과 마지막의 형상은 —
하나가 불완전하고, 유한하고, 여성적이었다면,
다른 것은 무한하고, 완벽하며, 남성적이었는데,
그 둘 사이에 있는 바닥은 직사각형으로 되어,
모두 균등하게 일곱과 아홉으로 나뉘어 있었다.
하늘 쪽으로는 아홉 개의 원이 자리 잡고 있어,
그 모든 것이 합하여 하나의 훌륭한 조화를 이루고 있었다.

이 연에 대한 명쾌한 알레고리적 의미는 단정하기 어렵다. 단순한 기하학적 형상으로 보면 원은 인간의 머리를, 사각형은 몸통을, 그리고 삼각형은 인간의 다리를 나타낸다고 볼 수 있다. 또는 세 형상이 각각 세 단계의 인간 영혼을 상징한다고 볼 수도 있다. 즉, 삼각형은 성장과 재생산을 담당하는 식물적 영혼(*vegetable soul*) 을, 사각형은 인간의 네 가지 성정(*humor*)과 감정적 삶을 담당하는 감각적 영혼(*sensible soul*)을, 그리고 원형은 인간의 가장 완전한 영혼인 이성적 영혼(*rational soul*)을 나타낸다고 볼 수 있겠다.

23
거기엔 두 개의 문이 멋지게 설치되어 있었다.
앞에 있는 문은, 모두 그곳을 통해 들어갔는데,
또 다른 문에 비해서 꾸밈새가 훨씬 탁월했다.
왜냐하면 나무도 아니고, 영구적 청동도 아닌,
더욱 값진 재료로 그것이 만들어졌기 때문이다.
그것은 이중으로 분리되어 닫히고 잠겨졌기에,
일단 잠기면, 아무도 그리로 지나갈 수 없었다.
또한 문이 열리면, 그 누구도 닫을 수 없었다,
하지만 언제나 친구들에게는 열렸고, 적에게는 닫혔다.

1 두 개의 문(*two gates*) : 하나는 입이고, 또 하나는 항문을 나타낸다.

24
그 현관은 다듬어진 바위로 멋지게 꾸며졌는데
흑옥이나 대리석보다 더욱 부드럽고 정교하며,
값비싼, 멀리 아일랜드에서 가져온 돌이었다.
그 위로는 자유분방한 담쟁이덩굴로 장식된
꾸불꾸불한 포도나무 하나가 드리워져 있었다.
그 너머에는 문을 향해 똑바로 기울어져 있는,
훌륭한 내리닫이 격자문이 하나 걸려 있었는데,
어울리는 조화를 이루며 튼튼한 구조를 가져서,

엉뚱하게 짧지도 않고, 그렇다고 지나치게 길지도 않았다.

현관(*porch*)은 턱으로 추정되며, 그 다음에 등장하는 꾸불꾸불한 포도나무(*wandering vine*)는 수염을, 그리고 자유분방한 담쟁이(*ivy twine*)는 콧수염을, 그리고 내리닫이 격자문(*portcullis*)은 코를 나타낸다.

25

망루 안에는 문지기 한 사람이 앉아 있었는데,
낮이고 밤이고 어김없이 경계를 서며 지켰고,
훌륭한 상태와 온당한 존경심이 있지 않는 한,
어떤 사람이나 말도 그 문을 통과할 수 없었다.
비밀을 발설하는 자, 어리석음을 지껄이거나,
범죄를 선동하는 자들을 그가 거기서 막았다.
그의 경보의 종소리는 그럴 이유가 있을 때는,
크고 멀리 울렸지만, 아닐 때는 항상 잠잠했다.
일찍이, 그리고 느지막하게, 새벽과 저녁에, 종은 울렸다.

1 문지기(*porter*)는 혀를 나타내며, 구강을 상징하는 망루(*barbican*) 안에 있다.

26

그리고 그 현관 주변을 사방으로 빙 둘러서서
열여섯씩 두 줄로 선 파수꾼이 번쩍이는 강철로
온통 무장을 하고 강하게 버티고 앉아 있었다.
그들은 큰 기마병 같았고, 막대한 힘을 지녀,
언제나 싸울 태세를 갖추고서 줄지어 있었다.
알마가 자신의 손님들과 그 곁을 지나가자,

그들은 경우에 합당하다는 듯 경례를 했으며,
그리고는 또다시 자신들의 자리로 돌아갔다.
문지기도 또한 겸손한 몸짓으로 그녀에게 경례를 하였다.

1~3 열여섯씩 두 줄로 선 파수꾼: 치아를 나타낸다.

27
거기서 그녀는 그들을 장중한 방으로 데려갔는데,
그곳에는 많은 테이블이 멋지게 펼쳐져 있었고,
진수성찬이 차려질 경우를 대비하여 언제든지
잔치를 할 수 있도록 천으로 치장되어 있었다.
그 위쪽 끝에는 땅에까지 끌리는 붉은 의상을
입고 있는 점잖은 사람이 앉아 있었는데, 그는
손에 하얀 막대기를 들고서 휘두르고 있었다.
그는 집사로서 다이어트라고 했는데, 원숙한
나이에, 품행이 방정했을 뿐 아니라, 현명하고 사려가 깊었다.

8 다이어트(Diet): 섭생, 혹은 섭취의 의인화인 이 인물은 다음 연에 등장하는 애피타이트(Appetite)와 함께 인간의 육체에 대한 알레고리가 아닌, 음식의 종류와 분량에 대한 절제를 강조하는 알레고리이다. 다이어트는 식욕에 대한 합리적 충족을 대변하며, 음식에 대한 욕구를 대변하는 애피타이트를 다스린다.

28
또한 그 방 여기저기를 왔다갔다 걸어다니는
쾌활한 시종이 있었는데, 그 집의 의전관으로서,
이름은 애피타이트였다. 그는 손님들과 음식이
들어올 때마다 자리를 배치해주고 있었으며,

집사가 시키는 대로, 어떻게 아무런 무리 없이
그들을 정돈하는지 알고 있었다. 이 두 사람은
하나같이 결국 그 숙녀에 대해 의무를 다했다.
그곳을 지나면서, 그녀는 자기 손님들을 곧바로
부엌으로 안내했다, 시시콜콜한 언급을 일체 하지 않은 채.

29
부엌은 대단히 널찍하게 지어진 둥근 방으로,
벽을 따라 많은 구불구불한 줄이 처져 있었고,
한 거대한 굴뚝이 있어, 그 긴 연통으로부터
연기가 뿜어져 나왔다. 이 모든 한가운데에는,
뜨겁게 타오르고 있는—불타는 에트나나
몽기발보다 더 뜨거운—무척 큰 화로 위에,
둘레가 넓고 높은 가마솥 하나가 걸려 있었다.
밤이고 낮이고 그 화로는 불탔으며, 가마솥에
무엇인가가 들어가 있는 한 결코 멈추는 법이 없었다.

29와 30연에 그려진 부엌은 소화를 담당하는 위에 대한 알레고리로서, 상세한 묘사는 기원후 129년에 태어난 그리스의 의학자 갈렌(*Galen of Pergamum*)의 기록에 의존하고 있다. 에트나(Aetna)는 유럽 남부에 있는 화산의 이름이고 몽기발(Mongiball)은 에트나의 다른 이름이다.

30
그러나 열기를 완화시키기 위하여, 혹시 실수로
불이 터져 나와 집 전체에 불을 지르지 않도록,
훌륭한 칙령에 의하여 엄청나게 거대한 풀무

한 쌍이 그곳에 추가로 배치되어, 지속적으로
움직이며, 차가운 바람을 집어 넣어주고 있었다.
그 가마솥 주변에는 언제나 필요가 있을 때마다,
수많은 요리사가 갈고리와 주걱을 들고 모였다.
진수성찬이 그 용기 속에서 끓고 있는 동안에
그들은 땀 흘리고 수고하며 오직 업무에 열중하고 있었다.

3~5 거대한 풀무 한 쌍(*An huge great pair of bellowes*): 폐(*lungs*)를 가리키는데, 당대에는 폐가 위에서 발산하는 열기를 식혀주는 역할을 하는 것으로 알려져 있었다.

31

주방장은 콘콕션이라고 했는데, 조심스럽고,
모든 행동거지가 신중하고 적절한 사람이었다.
부엌의 서기는 다이제스천라고 하는 사람으로,
적절한 지혜로움으로 모든 준비물을 주문하고,
그것들을 가능한 최대한으로 잘 정리해 놓았다.
나머지에게는 여러 가지 업무가 배당되었는데,
어떤 이는 쓰레기가 생기는 대로 거두는 일을,
다른 이들은 그것들을 가져다가 버리는 임무를,
또 다른 이들은 그것들을 종류대로 사용하는 일을 하였다.

1~3 콘콕션(Concoction)과 다이제스천(Digestion): 스펜서는 여기서 음식이 소화되는 과정이 세 가지로 나뉜다는 전통적 생리학(*physiology*)을 따르고 있다. 콘콕션, 즉 배합은 음식물을 섞고 녹여서 소화될 수 있도록 준비하는 작업을 가리키며, 다음에 등장하는 다이제스천(Digestion)은 소화된 음식물의 영양분을 신체의 각 부분에 전달하는 작업을 상징하고 있다. 마지막 단계인 배설과정은 다음 연에 묘사되어 있다.

32

그렇지만 지저분하고 쓸모 없는 모든 액체들은,
소용도 없고 다른 곳에 적당히 쓸 수도 없기에,
거기에 연결되어 있는 관을 통해서 그곳에 있는
또 다른 커다란 둥근 용기 속으로 운반되었다.
그리고 또한 그 나머지 모든 해로운 찌꺼기들은
은밀한 방법으로, 아무도 그것을 볼 수 없도록,
비밀스럽게 운반되어 뒷문으로 가져다 놓았으며,
그곳은 에스퀼린 문이라고 불렀는데, 그리로
그것들이 모두 버려져 남모르게 밖으로 내보내지고 있었다.

3~4 커다란 둥근 용기(*great round vessel*)와 연결된 관(*conduit pipe*) : 각각 오줌보와 오줌관을 나타내며, 다음 행에 등장하는 에스퀼린 문(*Port Esquiline*)은 로마제국에서 쓰레기와 오물을 버리는 하치장의 이름으로서 항문을 가리킨다.

33

기사들은 그처럼 훌륭한 질서와 대단한 숙련공의
기술을 보고서는, 보기 드문 즐거움과 눈을 뗄 수
없는 놀라움으로 자신들의 마음을 가득 채웠다,
그처럼 놀라운 광경은 결코 보지 못했기 때문에.
어여쁜 알마는 곧 그들을 거기서 데리고 나와,
곧바로 어떤 훌륭한 응접실 안으로 데려갔는데,
진홍빛 벽걸이 융단으로 귀하게 꾸며져 있었고,
거기에는 아무 그림도 자수도 새겨지지 않았으며,
아무런 그림도, 자수도 없이, 단지 쉽게 상상하도록 되어 있었다.

6 훌륭한 응접실(*goodly Parlour*) : 감성의 산실인 심장을 가리킨다. 알마의 응접실은 절제적 인간 안에서 애정적 힘과 화내는 힘이 조화를 이루는 곳이다. 다음 두 연에 등장하는, 노래하고, 웃고, 놀며, 희롱하고 있는 젊은 남녀들은 여러 가지 애정적 성향을 나타내며, 찌푸리며, 얼굴을 붉히고, 샘내거나 수줍어하는 자들은 화를 내는 성향을 나타낸다. 그러나 이 모든 감정적 움직임들은 절제되고 있다.

8~9 중세 궁정식 연애시에서 보통 응접실의 벽은 신화적 소재가 정교하게 자수로 새겨져 있는 것이 보통인데, 이곳에 아무런 장식이 없다는 것은 아마도 스펜서가 인간의 감성이 감각적 영혼에서 오는 것이 아니고 상상력에서 오는 것이라는 점을 드러내는 것이 아닐까 싶다.

34

그리고 또한 그 방의 한가운데 바닥에, 아름다운
여인들이 어여쁘게 무리를 이루며 앉아 있었는데,
많은 발랄한 연인들로부터 구애를 받고 있었고,
그들은 연인들에게 겸손한 현명함으로 대했으며,
연인들은 각각 자기 여인을 기쁘게 하려 애썼다.
그리고 또한 그들 가운데에는 작은 큐피드가,
끔찍한 전투에서 이제 막 돌아와, 그것을 가지고
수천 명을 당황케 했던 자신의 잔인한 활을 벗어
곁에 놓아둔 채, 제멋대로 자유분방한 놀이를 즐기고 있었다.

35

그들은 여러 가지 즐거움을 찾아서 놀고 있었다.
달콤한 화음으로 노래하거나, 기뻐서 깔깔대거나,
짚 인형하고 놀거나, 그냥 편안하게 앉아 있었다.
하지만 다른 몇몇은 놀이에 참가하지 않았는데,
모든 즐거움이 그들에게는 슬픔과 불쾌함이었다.

찌푸리거나 싫증내고, 또 창피함에 얼굴을 붉히고,
또 다른 이는 질투를 하거나 경멸감에 차 있었고,
또 다른 여성은 제 이빨을 마구 갈아대고 있었다.
그러나 생소한 기사들이 출현하자 모두들 갑자기 침묵했다.

36
곧이어 자애로운 알마가 그 장소에 나타나자,
그들은 모두 그 즉시 자기들의 자리에서 일어나,
겸손한 우아함을 가지고 그녀에게 경의를 표했다.
기사들은 그들을 보자, 자신들도 무리에 섞여서
구애하기 시작했고, 각각 여성을 하나씩 선택했다.
왕자는 우연히도 대단히 아름답고 아침 장미처럼
청초한 한 우아한 여성을 선택했는데, 그렇지만
그녀는 어쩐지 슬프고 심각하게 보이기도 했으며,
어떤 슬픈 생각이 그녀의 고귀한 영혼을 억누르고 있는 듯했다.

37
그녀는 긴 자줏빛 겉옷에, 전체적으로 황금으로
격자무늬 세공이 되어 있는 치마를 입고 있었고,
그녀의 손에는 백양나무 가지 하나가 들려 있었다.
그녀에게 왕자는 예의바른 태도로 말을 건넸다.
"귀하신 부인, 어찌하여 이토록 기운이 없으시고,
부인의 아름다운 얼굴을 수심으로 망치십니까?
부인을 이토록 우울하게 한 사람들이 있습니까?
또는 부인을 사랑했던가, 부인의 뜻을 거슬렀나요?

그 이유가 무엇이든지 간에, 부인께는 정말 어울리지 않는군요."

38
그녀는 반쯤 경멸에 찬 태도로 말했다, "기사님,
어찌하여 제가 슬픔에 차 있다고 비난하시면서,
기사님 스스로 그러한 것은 보지 못하십니까?
타인에게 나쁘게 보이는 결점을 지적하는 사람은
자기도 모르게 똑같은 결점에 오염될 수 있지요.
제가 우수에 젖고, 슬퍼한다는 것을 인정합니다만,
그건 영광과 명성에 대한 크나큰 욕망 때문입니다.
그 점에 있어서는 기사님도 크게 뒤지지 않지요,
열두 달 동안 한 사람을 찾았는데, 아직 그녀를 못 보셨으니."

39
왕자는 그녀의 말에 남몰래 마음이 선뜩하였다,
그녀가 마구 하는 말이 사실임을 잘 알았기에,
그러나 뜨겁게 불타는 듯 보이다가, 또 돌처럼
차가워지면서, 필연적으로 노출되는 얼굴색의
변화가 드러내는 약점을 그럴듯하게 잘 감추었다.
다시 부드러운 태도로, 왕자는 백양나무 가지를
들고 있는, 그녀의 이름이 무엇이냐고 물었다.
그녀는 자신이 프레이즈-디자이어라고 대답하며
훌륭한 처신으로 명성에 대한 열망을 추구하는 것이라고 했다.

8 프레이즈-디자이어(Paise-desire) : 칭송과 욕망은 명예에 대한 욕구를 가리키

며, 아서의 인생에 핵심적 동기가 되는 힘이다. 그녀의 자줏빛 금박 옷은 가장 높은 영광의 상징이며, 백양나무는 허큘리스(Hercules)의 상징으로서 초인적 도덕을 나타낸다.

40

한편, 선녀의 기사는 그 고귀한 무리들 가운데
또 다른 한 처녀를 즐겁게 응대하고 있었는데,
그녀는 대단히 아름답고 행동거지가 겸손했으나,
역시 자신의 타고난 얼굴빛을 너무 자주 바꿨다.
머리장식은 기묘했으며, 의복은 온통 파란색인데,
수많은 주름으로 그녀를 꼭 맞게 감싸고 있었다.
그녀의 손위에는 새가 앉아 있었는데, 산 사람의
눈에 띄지 않으려고, 은밀하게 꼭꼭 숨어 있었다,
팬이 얼마나 치욕스런 옷을 입혔는지 부끄러워하면서.

9 팬(Pan): 반인반수의 목동의 신으로서, 해밀턴은 팬이 여기 등장하는 새(부엉이, 빼꾸기, 딱따구리, 또는 호도애 등 여러 가지 추측이 있음)를 겁탈한 것으로 해석하고 있는 반면, 켈로그(Kellogg)와 스틸(Steele)은 팬이 새에게 볼품없는 빛깔의 옷(깃털)을 제공한 것으로 설명하고 있다. 이 새와 팬의 일화는 알려져 있지 않다.

41

가이언이 그녀와 함께 있는 동안 내내, 그녀는
자신의 겸손한 눈을 땅 위로 내리깔고 있었는데,
때때로 장밋빛처럼 붉은, 부끄러워하는 혈색이
그녀의 눈처럼 새하얀 두 뺨을 물들이곤 했다.
마치 그녀가 노련한 숙련공의 손으로 아름다운
주홍색이나 순수한 붉은 색 물감으로 덧칠을 한,

매끄럽게 윤이 나는 상아이기라도 한 것처럼.
기사는 그처럼 기이하게 열정을 보이는 처녀를
보고는, 무척이나 의아해하며, 그녀에게 부드럽게 말했다.

42
"아리따운 아가씨, 그대의 불안한 안색으로 보아
이렇게 아가씨를 못살게 굴고 있는 내가 너무도
무례하다고 생각하고 있거나, 아니면 마음속에
은밀히 감추어진, 또 다른 불행에 대한 두려움이,
마치 구름이 바다에서 일어나듯 나타나고 있군요.
만일 저 때문이라면, 용서해 주시기를 간청합니다.
그러나 제가 추측할 수 없는 어떤 다른 이유라면,
그게 무엇인지 말해주십시오, 제가 할 수 있는 한
가장 현명하게 그 불행으로부터 그대를 구해 드리고 싶습니다."

43
그녀는 아무런 대답도 하지 않고, 더욱 부끄러워
무안해하면서 고개를 숙이고 있었는데, 아름다운
얼굴을 불타오르는 혈기가 빨갛게 물들이면서,
강력한 열정이 그녀의 겸손한 우아함을 망쳤기에,
가이언은 그녀의 특이한 상태를 놀라워했다.
마침내 알마가 그에게 말했다, "왜 기사님께서
지니고 계신 것에 대해 그리도 놀라워하십니까?
그녀는 기사님이 가지고 있는 겸손의 근원입니다.
기사님은 부끄러워하지만, 그녀는 쉐임패스트니스 그 자체랍니다."

9 쉐임패스트니스(*Shamefastness*) : 아리스토텔레스가 말하는 "불명예스러운 행위를 하는 것에 대한 두려움"을 가리키며, 가이언의 행동동기라고 할 수 있다. 39연에 나타난 아서의 행동동기, 즉 프레이즈-디자이어과 같지만, 동전의 양면처럼 부정적 면이 부각된 형태라고 하겠다.

44

그 말에 선녀의 기사는 남몰래 얼굴을 붉히며,
얼굴을 옆으로 돌렸다. 그렇지만 그녀도 역시
짐짓 못 본척하며 아무런 내색을 하지 않았다.
그렇게 그들은 한동안 각기 자기 여인과 함께
구애하면서 재미있게 장난치며 쉬고 있었는데
마침내 저 위대한 여인이 그들에게 자기 성의
다른 놀라운 곳을 보여주겠다면서 데리고 갔다.
그녀는 기사들을 데리고 설화석고로 만들어진
열 개의 계단을 올라가서, 어떤 웅장한 탑으로 올라갔다.

9 "웅장한 탑"(*stately turret*) : 인간의 머리를 가리킨다.

45

그 탑의 구조는 대단히 감탄할 만한 것이었는데,
마치 이 세상의 모든 만물 위에 높이 올려져서
흡사 언덕 위에서 낮은 땅을 모두 내려다보듯이
주변을 두루 둘러볼 수 있는 드높은 하늘같았다.
하나 그런 탑을 땅 위에서 찾아볼 수는 없었다.
그 옛날에 캐드머스가 테베에 건립하였으며,
알렉산더가 무너뜨린 탑도 이와 같지 않았다.
잔인한 그리스인들이 젊은 헥터의 피를 뿌렸던

트로이의 교만한 탑도, 값진 치장은 했지만, 그와 같진 않았다.

6 캐드머스(Cadmus): 그리스 도시국가인 테베(Thebes)의 설립자로 알려져 있으며, 테베의 성은 후에 알렉산더(Alexander)에 의해 붕괴되었다.

46

그곳의 지붕은 머리 위로 곡선을 이루고 있었고,
여러 꽃들과 나무들로 깔끔하게 장식되어 있었다.
두 훌륭한 봉화가 경계병을 대신하여 배치되어,
지속적으로 불타오르며 그곳에 빛을 공급하였다.
봉화는 살아 있는 불꽃을 사용해서 가장 정교하게
만들어져서, 빛나는 은빛 구멍에 설치되어 있으며,
비밀스런 재료로 만들어진 뚜껑이 덮여 있었기에,
손쉽게 닫혔다 열렸다 할 수 있게 되어 있었다.
오 그 누가 창조자의 능력을 모두 다 칭송할 수가 있으랴!

3 두 훌륭한 봉화(*Two goodly Beacons*): 인간의 두 눈을 가리킨다.

47

나는 이곳의 위대한 솜씨와 놀라운 위력에 대해
말할 수도 없고, 말하기 위하여 머물 수도 없다,
이곳은 이 세상 모든 다른 창조물보다 탁월하며,
하나님이 자기 자신의 복된 침소에 지어 놓으신
저 하늘나라의 탑과 가장 흡사한 모습을 가졌다.
그 안에는 다양한 방들과 다양한 단계가 있었다.
그 중 세 개가 으뜸이며, 가장 큰 힘을 가졌는데,

그 세 방안에는 세 명의 고귀한 현자가 살고 있고,
내가 알기로 그들은 당대에 살았던 가장 현명한 사람들이었다.

8 세 사람의 현자(*three honorable sages*) : 인간 마음의 세 가지 내부적 감각, 즉 상상력(*imagination*), 판단력(*judgment*), 그리고 기억력(*memory*)을 가리킨다.

48

모든 훌륭한 예술의 산실인, 그리스가 피버스의
판단에 의해 세상에서 가장 현명한 자라고 여겼던
그도 여러 가지 관점에서 이들과 비교될 수 없었다.
보통 사람들이 살 수 있는 인생의 세 배나 살았고,
그의 충고에 의해서 프라이암의 오래된 도시가
무너졌던, 저 현자 파일리언 선생도 그 술책에
대한 칭송을 가지고 이들과 경쟁을 할 수는 없었다.
이 세 사람은 그 세 방에서 각각 따로 거주했으며,
아름다운 알마에게 잘 통치할 수 있도록 조언해 주었다.

3 여기서 말하는 "그"란 소크라테스를 가리킨다. 그의 《변명》(*Apology*)에 의하면 델피(Delphi) 신전의 피버스, 즉 아폴로는 세상에서 가장 현명한 자가 바로 소크라테스라고 말했다.
6 파일리언(Pylian) : 호머의 《일리어드》(*Iliad*)에 등장하는 그리스군의 지휘자 아가멤논(Aganmemnon)의 책사였던 파일러스(Pylos) 출신의 웅변가 네스터(Nestor)를 가리킨다. 그는 3대에 걸쳐 약 300년을 살았다고 알려져 있으며, 프라이암(Priam)이 통치했던 트로이(Troy)를 함락하는 데 큰 기여를 했다.

49

그 첫 번째 사람은 다가올 일을 미리 볼 수 있고,
두 번째 사람은 현재의 일을 가장 잘 알았으며,

세 번째 사람은 과거의 일을 모두 기억하였기에,
그 어떤 시대나 지식도 이 세 사람 중의 하나가
이해할 수 있는 범위를 넘어서 존재하지 못했다.
그렇기에 첫 번째 사람은 아무것도 그의 잽싼
예단을 방해할 수 없도록 맨 앞쪽에 앉아 있었다.
그는 예리한 예지를 지녔고, 결코 무뎌지지 않고
잠시의 휴식도 필요치 않은 원기 왕성한 지혜를 가지고 있었다.

50

그의 방 안쪽은 온통 여러 가지 색깔로 칠해져
있었는데, 거기에는 여러 가지 물체의 끝도 없는
모형들이 온통 새까맣게 그려져 흩어져 있었다—
그중에 어떤 것들은 아직 세상에 있지도 않고,
사람의 지혜로는 생각해낼 수도 없는 것들이며,
어떤 것들은 매일 보아서 이름이 알려진 것으로,
한가로운 상상 속에서 스쳐 가는 것들이었다:
지옥의 마녀나 켄타우루스, 악마, 히포데임스,
유인원, 사자, 독수리, 부엉이, 광대, 연인, 아이, 여인 같은 것들.

8~9 여기에 나열된 존재들은 일단 네 종류의 상상적 동물들과 네 종류의 동물들, 그리고 네 부류의 열등한 인간들로 분류될 수 있다. 그러나 또한 앞에 열거된 8종류의 존재들은 뒤에 등장하는 네 부류의 인간들의 한가로운 상상 속에 등장하는 것들이라는 설명도 가능하다. 켄타우루스(Centaurs)는 상반신은 인간이고 하반신은 말의 형체를 가진 존재이며, 히포데임스(Hippodames)는 하마(*hipopotamus*)의 16세기 철자인 hippotame에 대한 희화적 변형으로 추측되고, 사자와 독수리는 둘이 합쳐져서 전설 속의 동물인 그리폰(gryphon)을 이룬다. 이러한 상상 속의 존재들은 모두 알마의 성을 공격하는 실체 없는 환각들이기도 하다.

51
그리고 그 방안은 온통 파리들로 가득 찼는데,
주변을 윙윙거리고 돌아다니며 시끄럽게 굴어
모든 사람들의 눈과 귀를 거슬리게 하고 있었다,
마치 수많은 벌들의 무리가 저희들의 벌집을
꿀로 가득 채우고 나서 주변에 몰려드는 것처럼.
이 모든 파리들은 나태한 생각과 환상들이었는데,
그것들은 모두 형상과 꿈과 불합리한 의견들과
전시와 선견지명과 점술과 그리고 예언들이었다.
그리고 위조된 모든 것들, 즉 사기, 이야기, 거짓말이었다.

52
거기 사는 사람은 이들 한가운데 앉아 있었는데,
자기 진정한 본성대로 판타스테스라고 했으며,
나이가 아주 많았는데도, 겉모습은 젊게 보였으며
거무스레한 얼굴빛과 침울한 안색을 하고 있어서,
우수가 가득히 깃든 사람의 모습을 보이고 있었다—
야위고 휘어진 찌푸린 눈썹과 날카롭게 노려보는
눈빛은 미쳤거나 바보처럼 보였다. 그의 모습으로
미루어 그가 나쁜 운을 타고났다고 여길 만했다,
비스듬한 새턴이 고통의 집에 머물고 있을 때 태어났다고.

2 판타스테스(Phantastes): Fantasy, 즉 상상을 가리킨다.

9 새턴(Saturn), 즉 토성은 인간을 우울하게 만드는 별로 알려져 있으며, 그가 열두 궁도 중 특정한 곳에 머물 때 인간에게 불길한 것으로 여겼다. 하지만 "고통의 집"(*house of agony*)으로 명명된 이곳이 어디인지는 확실치 않다.

53

알마는 자신의 손님들에게 그를 보여준 후,
거기서 기사들을 두 번째 방으로 데리고 갔는데,
그 벽에는 유명한 마법사들의 기억에 남을 만한
모습들과 함께 치안판사들, 궁정들, 법정들,
그리고 연방국가들, 국가들, 정책들을 비롯하여,
법령들과 판결문들, 그리고 포고령들을 나타내는
그림들이 하나 가득 훌륭하게 그려져 있었으며
모든 예술과, 모든 과학과, 모든 철학과 함께
이 세상에서 한 번이라도 지혜롭게 생각된 것은 모두 있었다.

54

그 방은 그런 것들로 가득 찼고, 그 한가운데
지긋하고 완숙한 나이의 사람이 앉아 있었는데,
그는 평생을 통해 그것들에 대해서 명상하였고,
그러한 것들을 지속적으로 연습하고 활용했기에,
이제는 대단히 현명하고 기이한 현자가 되었다.
새로 온 두 기사는 그의 훌륭한 이성과 엄숙한
성품을 보고는 대단히 큰 기쁨을 가졌기 때문에
두 기사가 모두 그의 제자가 되기를 소망했다.
그러나 알마는 그들을 셋 중 가장 뒷방으로 데리고 갔다.

55

그 방은 오래되어 폐허가 된 것처럼 보였으며,
그렇기 때문에 멀리 뒤쪽으로 옮겨져 있었다.

그러나 그 벽들은 약간 비스듬하기는 했어도
그 방을 아주 굳건하고 강하게 지탱하고 있었다.
또한 거기에는 아주 늙은 사람이 앉아 있었는데,
반쯤 장님이었고 허약한 육신은 모두 노쇠했다.
하지만 그의 마음에는 활달한 열정이 머물렀고,
더 나은 재원으로 그의 육신을 보상하고 있었다.
허약한 육신은 두 배나 되는 마음의 힘으로 바뀔 수 있는 법.

56

이 사람은 끝이 없는 기억력을 가진 사람이었고,
지나간 것들을 수많은 세월 동안 지니고 있었다,
그는 그것들이 지나갈 때 항상 기록해 둠으로써,
오랜 세월이 지나면서 사그라지는 것을 방지했고—
이 세상이 다스리는 다른 모든 것들은 없어지지만—
그것들을 자신의 영원불멸의 두루마리에 적어두어,
그것들이 거기서 영원히 손상되지 않고 살게 했다.
나인 왕의 전쟁이나, 옛 앗사라쿠스의 전쟁,
또한 성스러운 이나커스의 전쟁을 그는 잘 기억하고 있었다.

8~9 나인(Nine) 왕은 바빌론 제국의 설립자로 알려진 나이누스(Ninus)이며, 앗사라쿠스(Assaracus)는 트로이의 설립자 트로스(Tros)의 아들로서 아버지의 뒤를 이어 트로이의 왕이 되었다. 이나커스(Inachus)는 강의 신으로서 그리스신화에 의하면 그의 딸인 이오(Io)가 제우스에게 겁탈당하고 소로 변했다. 스펜서가 선택한 이들은 모두 트로이 전쟁보다 선대의 인물들이라는 것을 강조하기 위함이다.

57

네스터의 일생도 그와는 비교할 수 없었으며,
메투살렘도 가장 오래 살았지만 그만 못했다.
그는 그들이 모두 어렸을 때를 기억하고 있었다.
그러므로 이제 그들보다도 오래 살고 있는 그가
타고난 기력을 상실했다는 것이 놀라운 건 아니다.
그의 방에는 주위에 온통 두루마리와 태곳적부터
전해 내려오는 옛 기록들이 가득 걸려 있었다.
일부는 책으로, 일부는 기다란 양피지 두루마리로
꾸며져 있어서 온통 벌레가 먹고, 부식된 구멍이 나 있었다.

1~2 네스터(Nestor)와 메투살렘(Mathusalem) : 네스터에 대해서는 48연의 6행을 참조할 것. 구약성서 《창세기》 5장 27절에 의하면 메투살렘은 969년을 살았다.

58

그는 이 모든 것 한가운데에 걸상을 놓고 앉아서,
그것들을 끝없이 뒤적이며 갈피를 넘기고 있었다.
그러나 그가 그것들을 집어올 수가 없었기 때문에,
어떤 작은 소년이 항상 그 곁에 대기하고 있다가
그가 어떤 것을 원할 때마다 그것을 가져다주었다.
또한 때때로 무엇이 없어지거나 찾을 수 없을 때,
그 소년은 그것들을 찾아서 그에게 가져다주었다.
그렇기에 그 특성에 따라서 아남네스테스라고
그 소년을 불렀고, 그 노인은 이움네스테스라고 불렀다.

8~9 아남네스테스(Anamnestes)와 이움네스테스(Eumnestes) : 아남네스테스는

그리스어로 "다시"(*again*)를 의미하는 ana와 "기억"(*memory*)을 의미하는 mnestes의 합성어이며, 이움네스테스는 역시 그리스어로 "훌륭함"(*good*)을 의미하는 eu와 기억의 합성어이다.

59
기사들은 그곳에 들어가서 그에게 적절한 경의를
표했으며, 그의 끝없는 작업에 대해서 놀라워했다.
그리고 나서 그들이 그의 서가들을 둘러보면서
그 오래된 기록들을 자세히 살펴보기 시작하다가,
거기서 영국의 연대기라고 불리는 오래된
책하나가 우연히 왕자의 손에 잡혀 올라왔는데,
그 책에는 영국 땅을 최초로 정복했던 이야기와,
그 옛날 왕국으로 나누어진 이야기, 그리고 결국
한 사람의 통치 아래 놓이기까지의 이야기가 적혀져 있었다.

60
또한 가이언 경도 우연히 다른 책을 접했는데
그 책은 선녀나라의 태고시절이라고 불렸다.
기사가 그 책을 게걸스럽게 들여다보았을 때, 그는
손에서 손으로 전해 내려왔던 요정들과 선녀들의
족보가 그 책 안에 있는 것을 발견하게 되었다.
책들을 보고 두 기사는 열렬한 불길에 타오르며
자신의 나라를 이루는 계보를 이해하기 위하여,
알마와 나이 많은 현자와 헤어져 그 책들을
읽을 수 있게 해달라고 간청했고, 그들은 기꺼이 허락했다.

제 10 칸토

영국 왕들의 연대기,
부르트에서 우서의 통치까지,
그리고 요정 황제들의 기록들,
글로리아나 시기에 이르기까지.

1
이제 그 어느 누가 나에게 이 드높은 과업에
필적할 만한 언어와 소리를 제공해 줄 것인가?
또는 누가 내게 날개를 빌려주어, 그것을 타고
내 천한 시구가 땅에서부터 드높이 솟아올라,
저 가장 높은 하늘에 올라갈 수 있을 것인가?
이제까지 필요했던 것보다 더 풍요로운 정신이
이제 내게 필요하다, 이 세상 모든 왕들보다
훨씬 더 드높으신, 내 가장 두려우신 주권자의
유명하신 선조들에 대해서 내가 이야기해야 하기 때문에.

2
이 땅에 살아 있는 모든 생물이 삶과 빛을 얻는,
드넓고 밝게 빛나는 태양 아래에서는 그 누구도
여왕 폐하의 가문에 비교될 만한 존재가 없도다.
그 가문은 분명히 이 땅에서 나왔음에도 불구하고
하늘의 높이에 이를 정도로 드높이 뻗어 올라가,

경이로움으로 이 모든 세상을 가득 뒤덮었기에
내 능력을 훨씬 넘어서는, 엄청난 과업이로다.
내가 어찌 두려움에 짓눌려 있는 연약한 펜으로
그러한 군주의 영광과 위대한 덕을 담을 수 있단 말인가?

3

메오니아의 깃털로나 할 수 있는 이야기이며,
오히려 위대한 오사 산의 멸망과 함께 조브가
플레그라에서 이룬 승리를 노래함으로써, 모든
신들이 그의 드높은 음조를 찬양했던, 저 위대한
피버스의 하프로나 할 수 있는 이야기일진대.
하지만 피버스의 학식 높은 딸들이 내 노래를
저 천상의 빛에 있는 향기의 일부로 장식하기를
허락해준다면, 나는, 오 주권자이신 여왕이시여,
폐하의 이름을 멀리까지 빛낼 수 있도록 시도해보겠나이다.

1 메오니아의 깃털(*Maeonian quill*): 호머(Homer)가 자신의 현금을 연주할 때 사용하던 채(*plectrum*)이거나 그가 연주하던 파이프 또는 그의 펜을 지칭하며, 포괄적으로 호머의 시적 능력을 의미한다. 호머는 고대 아시아국가인 메오니아(Maeonia) 출신으로 알려져 있으며 그의 성 또한 메오니데스(Maeonides)였다.

2~3 오사 산(Ossa hill): 테살리(Thessaly)에 있는 산으로서 제우스와 대적했던 거인들이 그곳에서부터 올림퍼스 산으로 올라가려 했으나, 멸망했다. 플레그라의 조브(Phlegraean Jove)는 조브, 즉 제우스가 플레그라(Phlegra)에서 거인들을 격퇴시켰기 때문에 그렇게 붙여진 이름이다.

6 피버스(Phobus)의 "학식 높은 딸들"(*His learned daughters*): 피버스, 즉 아폴로(Apollo)의 딸로 알려진 아홉 명의 뮤즈(*Muses*)를 가리킨다.

4
오 주권자이신 여왕 폐하, 폐하의 이름과 영토와
혈통은 이 유명한 왕자로부터 나온 것이옵니다.
그 분은 폐하께서 지니고 계시는 왕 홀을 힘차게
지탱하셨으며, 막강한 왕들과 전쟁의 정복자들을
통해서 멀리 폐하께 이르기까지 전승하셨습니다.
위대하신 업적으로 인하여 영구불멸의 명성을,
북극성보다 더 높이 영원한 기록으로 남기셨던,
폐하의 부친과 폐하의 그 옛날 조상님들이지요.
그 노인의 책에 있듯이, 그 분들을 대해 순서대로 말씀드립니다.

2 이 유명한 왕자(*this renowmed prince*) : 전설적인 영국의 왕 아서를 가리킨다. 물론 지금 이 책을 읽고 있는 아서는 아직 왕이 되지 않았으며, 결국 자신의 조상에 대한 이야기를 읽고 있는 셈이 된다.

5
지금은 전투적인 브리튼족이 점유하고 있고,
자신들의 막강한 왕국을 그곳에 건립한 지역은,
옛적에는 숭배되거나, 알려지거나, 경작되지도
않은, 아무도 살지 않는 야만적 미개척지였다,
그때는 섬도 아니었고, 대양의 파도들 사이에
안주하고 있지도 않았고, 지금 칭송 받는 것처럼
이익을 위해 멀리서 상인들이 찾아오지도 않았고,
온통 황량했으며, 어떤 사람들은 바다에 의해서
켈틱 땅에서부터 떨어져 나온 땅이라고 생각하기도 했다.

6

그때는 어떤 이름을 가질 만한 값어치도 없었다,
그 모험심 강한 선원이 그쪽으로 오기 전까지는—
갑작스러운 파선과 성급한 침몰로 위협하면서,
남쪽 바닷가에 줄지어 있는, 하얀 바위들로부터
자신의 배를 안전하게 지키는 방법을 배우면서—
그는 안전을 위해 그곳을 항로표지로 만들고,
알비온이라고 명명했다. 그렇지만 훗날에는
그곳이 어부들의 장사에 알맞은 포구임을 알고,
그곳을 빈번히 출입하기 시작하면서, 내륙으로 더 들어갔다.

2 "모험심 강한 선원"(*the venturous Mariner*): 다음 9연에 등장하는 부르터스(Brutus)를 가리킨다.
7 알비온(Albion): 전설적 거인의 이름인데, 라틴어로 'albus', 즉 "희다"(*white*)는 뜻이며 영국 남동쪽 템스 강 하류의 해안가에 있는 하얀 바위들을 가리킨다.

7

그러나 내륙 깊숙이 야만적 나라가 있었는데,
끔찍스런 거인에 반쯤은 짐승 같은 사람들로서,
은총을 맛보거나, 선함을 느껴본 적이 없었고,
마치 야생 짐승처럼 지저분한 동굴에 숨어 살며,
늪 사이를 마치 노루처럼 잽싸게 날아다녔는데,
부끄러움이나 추위도 아랑곳없이 온통 발가벗고,
사냥을 하거나 도둑질로 연명하며 살고 있었다.
그들의 거대한 몸집과, 당돌한 용맹함 때문에
그들의 냉혹함을 보고 사람의 아들들은 경악해 마지않았다.

8

하나 그들이 어디서 왔는지, 어떻게 태어났는지
단언하기는 불가능하다 — 사람을 바보로 만드는,
저 괴상망측한 실수 때문이라고 믿기도 어렵다.
즉 디오클레시안의 어여쁜 오십 명의 딸들이
우연히 조난을 당해 이 땅으로 끌려 들어와서는,
악마들과 더러운 악령들의 난잡한 욕정에 대한
헛된 환상에 사로잡혀 그들과 동침을 한 결과로,
그 무한한 힘이 인간의 한계를 훨씬 넘어서는
그러한 거인들과 무시무시한 인간들을 출산했다는 것이다.

4 디오클레시안(Dioclesian) : 시리아의 왕으로, 영국의 전설에 의하면 그의 서른 명, 혹은 서른세 명의 딸이 처음 영국에 거주한 것으로 알려진 거인들을 낳았다고 한다. 스펜서는 이를 그리스신화에 등장하는 다네이데스(Danaides)의 오십 명의 딸과 혼동하고 있다.

9

그들은 이 땅을 점령하고 자신들의 더러움으로
이 대지의 부드러운 흙을 오랫동안 오염시켰다 —
그들 자신의 어머니도 그들의 야만성을 혐오했고,
자기 자식들의 부자연스런 죄악을 끔찍이 여겼다,
그들 모두가 원래 자신의 진흙에서 출생했는데도 —
마침내 그 옛날의 아사락의 혈통을 이어받은
왕족의 가문에서 오래 전에 출생한 부르터스가
운명적 실수로 인해 밀려와 이곳에 도착하여,
그들을 저희들의 부당한 소유지에서부터 쫓아내 버렸다.

3 그들 자신의 어머니(*their own mother*) : 알비온(Albion)의 흙을 가리키는데, 홀린셰드(Holinshed)의 《연대기》(*Chronicles*)에 의하면 이 거인들은 자신들이 태어난 땅을 이름으로 삼았다. 즉, 이 거인들은 대지의 흙을 상징하고 있다는 것이다.

6~7 아사락(Assarac) : 아이네아스(Aeneas)의 선조이며 트로이 왕조의 설립자로 알려진 아사라쿠스(Assaracus)를 가리킨다. 부르터스(Brutus)는 전설적인 영국의 시조로서 아이네아스의 후손으로 알려져 있다.

10

그렇지만 그가 자신의 왕권을 확립하고 자신의
왕국을 멀리 해변이 이르는 끝까지 펼치기 전에,
그는 야만적인 적들을 상대로 큰 전투를 벌여,
싸울 때마다 언제나 적을 무찔렀고 수없이 많은
거인들을 땅 위에서 신음하도록 그냥 남겨두었다.
코리네우스가 단호한 결투를 통해 격퇴시키고,
잔인무도하게 살해했던, 저 막강한 고에못의
선혈이 흩뿌려진, 서부 호우에서, 그 증거가
오늘날까지도 여전히 남아 있는 것을 볼 수 있을 것이다.

6~9 서부 호우(Hoe)는 영국 남부의 플리머스(Plymouth) 항이 내려다보이는 언덕으로서, 영국 전설에 의하면 코리네우스(Corineus)가 거인 고그마곡(Gogmagog) — 여기서는 고에못(Goemot) — 을 죽인 곳으로 알려져 있다.

11

데본이 콜린에게 억지로 뛰어넘게 했으나,
되돌아오는 길에 콜린이 그리로 빠져버렸던
아직도 널리 유명한 저 거대한 구덩이도 또한 —
너비가 여덟 로드나 되었는데 — 증거로 남았다.
그러나 세 개의 흉측한 바위들이 가장 빼어난데,

허큘리스가 프랑스에서 죽였던 무시무시한
알비온의 아들로서 몸짓이 거대하고 막강한
고드메가 맹렬한 싸움 도중에 그 바위들을
대담한 카누터스에게 던졌지만, 그에게 곧 죽음을 당했다.

데본(Debon)이 콜린(Coulin)에게 승리한 이야기와 카누터스(Canutus)가 고드메(Godmer)를 무찌른 이야기의 출전은 모호하며, 스펜서 자신의 창작이 아닌가 싶다. 고드메의 아버지로 알려진 전설적 거인 알비온(Albion)은 프랑스에서 허큘리스(Hercules)에게 죽임을 당했다.

12

이처럼 그들에 대한 위대한 정복의 보상으로,
코리네우스는 그 서쪽 끝에 있는 지역을
자신의 값진 몫으로 배정받아 넘겨받았으며,
그곳을 자기 이름과 기억할 만한 업적에 따라
콘월이라 했고, 응당 아직도 그렇게 부른다.
또 데본의 몫은 데본샤이어 지역이었다.
그러나 카누트는 자기 몫을 먼 곳에서 받아,
자신의 보상, 즉 카누티움이라고 불렀는데,
현재의 칸티움으로서 이곳을 우리는 보통 켄트라고 부른다.

몬모스의 제프리(Geoffrey of Monmouth)가 쓴《영국 왕들의 연대기》(*History of the Kings of Britain*)에 의하면 코리네누스(Corineus)는 콘월(Cornwall) 지방의 첫 통치자이다. 이 칸토에 나오는 영국 왕들의 계보는 대부분 제프리의《연대기》를 따르고 있다. 그러나 데본과 카누트에 얽힌 이야기는 스펜서의 창작으로 추정된다.

13

그렇게 부루터스는 이곳을 자기 통치하에
두었고, 오랫동안 매우 행복하게 다스렸는데,
친구들은 그를 사랑했고, 적들은 그를 피했다.
그는 세 아들을 두었는데, 유명한 자손들이며,
이태리의 어여쁜 아이노진에게서 태어났는데,
그는 그들에게 자신의 제국을 나눠주었으며,
로크린을 브리튼의 최고 군주로 삼았다.
마침내 성숙한 나이가 그에게 자신의 생명과
오랫동안의 행운을 최후의 운명에게 양도하라고 시켰다.

5~7 제프리의 《연대기》에 따르면 아이노진(Inogene)은 부르터스의 아내이며 로크린(Locrine)은 부르터스의 장남이다.

14

로크린은 모든 통치권을 가진 영주가 되었다.
그러나 알바낙은 북쪽 영역 전체를 소유하여,
그곳을 자신의 이름대로 알바니아라고 불렀다.
또한 캠버는 서부의 사분의 일을 소유했는데,
로그리스와 멀리 떨어진 지금의 세번 지방이다.
이들 각자는 자신의 영지를 평화롭게 다스렸으며,
그들의 조용한 통치를 조금이라도 어지럽히는
외부적 분열이나 마음속의 앙심도 전혀 없이,
각자 다른 형제들의 이익을 위한 수고를 아끼지 않았다.

3 알바니아(Albania): 부르터스의 둘째 아들 알바낙(Albanact)이 자신의 이름을 따서 명명한 북쪽지역은 오늘날의 스코틀랜드(Scotland)이다.

4~5 셋째 아들 캠버(Camber)가 소유한 "서부의 사분의 일" 지역은 캠브리아(Cambria), 또는 웨일즈(Wales)를 지칭하는 것으로 보인다. 로그리스(Logris)는 잉글랜드(England)를 말한다.

15
그런데 얼굴빛이 거무스레하고, 모든 사람들을
경악케 할 격렬한 용기를 가진, 이상한 나라가,
노아의 거대한 홍수처럼, 막을 수 없는 힘으로,
온 세상을 휩쓸고 온 지역으로 떼지어 다니며,
먼 곳에 있는 모든 나라들 속으로 흘러 넘치면서,
그와 같은 폭력을 가지고 이 땅을 침범해 와서,
북쪽 지역 전체에 널리 퍼져 출몰하였기 때문에,
마침내 로크린은 자신의 영지를 방어하려고,
그들을 막고 저항하였으며, 강력한 요새를 구축하였다.

2 "이상한 나라"(*a nation strange*): 훈족(Huns)을 가리킨다.

16
그는 오늘날에는 옛날 에이버스라고 부르는
강 근처에서, 갈팡질팡하는 무리들인 그들과
마주쳤고, 거기서 굳건한 용기를 가지고 그들을
물리쳐 싸움에서 대승을 거두었으며, 그들의
두목이 목숨이 잃을까 두려워하며 도망치도록
밀어붙이고, 그 뒤를 아주 맹렬하게 추격하였다—
그들의 두목은 당연히 훔버라는 이름이었다—
그 자는 막강한 강물에 이르기까지 다가가서는

전투와 더불어 자신의 생명에 종말을 고하고 말았다.

7 옛날에는 에이버스(Abus)라고 불렀던 훔버(Humber) 강은 이 자의 이름을 따서 붙인 이름이다.

17

왕은 승리를 자랑하며 의기양양하게 돌아와서,
보기 드물게 쉬운 싸움 때문에 오만해졌기에,
얼마 되지 않아서 그 지역에서 자신이 최근에
평정했던 그 위기에 대해서 모두 잊어버리고,
허망하게 욕정에 빠지는 질병에 걸리고 말았다.
그는 어여쁜 숙녀 에스트릴드를 음탕하게
사랑했는데, 그녀의 헛된 쾌락에 너무 탐닉하여,
그의 마음에서 구엔돌린을 아주 지워버렸다,
자신의 아내 구엔돌린은 언제나 정숙했는데도 불구하고.

6~8 에스트릴드(Estrild)는 로크린의 정부이며 구엔돌린(Guendolene)은 로크린의 아내이다.

18

코리네우스의 고귀한 딸은 그처럼 수치스레
모욕당하는 것을 참지 못하고 군대를 모아서
용감무쌍한 용기를 가지고 철저히 준비하여
전쟁을 벌여 로크린과 맞섰는데, 전투에서
그를 무찔러, 할 수 없이 도망치도록 만들었다.
그러나 그녀는 맹렬히 추적하여 그를 붙잡고,

그에게 굴레를 씌워 죽을 때까지 감금하였다.
시냇물을 따라 도망치던 어여쁜 그의 애인도
사로잡았다, 그녀의 가엾은 표정에도 아랑곳하지 않고.

1 "코리네우스의 고귀한 딸"(*the noble daughter of Corineus*) : 로크린의 아내 구엔돌린(Guendolene)을 가리킨다.

19

그리고 그녀와 함께 그녀의 제왕적 애인에게서
낳은 그녀의 사랑스런 딸, 공포에 질려서 거의
죽어 있었던, 아름다운 사브리나까지 한꺼번에
공격했는데, 그들은 아무 원조도 얻을 수 없었다.
그 다급한 격전에서 그녀는 그 여인을 살해했다.
그렇지만 아무런 죄도 없었던 불쌍한 그 처녀는,
굽이치는 강물에 자신의 몸을 던졌기에, 지금도
세번 사람들은 그곳을 그녀의 이름으로 부른다.
불륜에 빠져들었던 사랑은 그렇게 마지막을 장식하였다.

5 여기서 살해당한 "그 여인"은 로크린의 정부 에스트릴드(Estrild)를 가리키며 둘 사이에서 태어난 사브리나(Sabrina)는 어머니가 죽은 후에 강에 몸을 던져 자살하였다.

20

또한 로크린에게서 난 자신의 아들, 마단의
경우에는 너무 어려서 통치권을 휘두를 만하지
않았기에, 그녀는 왕권을 자신의 손에 거머쥐고,
그의 나이가 성숙하여 강해질 때까지 보관하였다.

그동안에 그녀는 자신의 위력을 이 모든 지역에
널리 퍼뜨림으로써, 여성에게 영광이 되게 하고,
처음으로 남자들이 한 여성을 섬기도록 가르쳤다.
그러나 그녀의 아들이 자라서 사내가 되었을 때,
그녀는 왕권을 내주고, 더 이상 그 일에 간여하지 않았다.

21
하여 마단이 통치했는데, 가문에 먹칠을 했다.
그는 성스런 왕권을 온갖 수치로 채웠던 것이다.
다음에는 멤프리스가, 그 자리에 대한 자격이
없어, 매닐드와 제휴하여 왕권을 차지했는데,
그는 단독 통치에 목이 말라서 그를 죽여버렸다.
그러나 그 후 에브랭크는 훌륭한 업적을 통하여
그들 두 사람의 불명예를 치유하고, 하이넛에서
브런칠드와 전쟁을 했는데, 아직도 그의 승리에
대한 멋진 기념비가 거기 남아서, 그 땅을 화나게 하고 있다.

7 하이넛(Hainaut): 벨기에(Belgium)의 지역 이름이다.

22
처음 다스리던 시절에 그는 행복한 사람이었으며,
훌륭한 자식들을 가지고 있는 행복한 아버지였다,
왜냐하면 한 해 속에 그토록 많은 주들이 있듯이,
그는 그처럼 많은 자식들을 번성시켰기 때문이다.
그 가운데에는 칭송과 기사도적 욕망에 자신들의

마음을 쏟아 부었던 스무 명의 아들이 있었는데,
이 형제들이 모든 독일 지방을 평정하였던 것이다.
그래서 그 이름이 붙여졌다. 그러나 종말에 이들의
아버지는 프랑스에게 형편없이 패하여 억지로 물러나야 했다.

7 독일, 즉 Germany라는 어휘는 그 어원이 바로 앞에 "형제들"이라고 번역한 germans에서 나온 것이다.

23

그 오점을 그의 자리를 계승한 아들이, 즉 두 번째
부루트가 — 이름이 같았던 점으로나 그의 위대한
위력이 첫 번째와 같았던 점으로나 두 번째였던 —
매우 훌륭히 회복하였으며, 영원히 지속될 명성을
복구함으로써 그 아버지의 과실을 모두 씻어버렸다.
그는 승리의 칼을 가지고 처음으로, 버림받은 숙녀,
드넓은 프랑스의 배를 갈랐으며, 처음으로 그녀에게
어떻게 정복당해야 하는지를 가르쳐 주었던 것이다.
그때부터, 그녀는 여러 가지 약탈에 의해 유린을 당해 왔다.

8~9 프랑스(France)를 겁탈당하는 여성에 비유한 것은 아마도 헨리왕조 시대에 프랑스와 싸웠던 100년 전쟁 때문일 것이다. 특히 엘리자베스 시대에 프랑스는 가톨릭을 옹호한 국가로서 엘리자베스와 그녀를 지지하는 개신교 세력에게 적대적이었다.

24

스칼디스에게, 그리고 하니아에게 말해보라 하라,
그리고 에스탐부르그의 초원에게 말해보라 하라,

그날 그곳의 강물과 더불어 엘버샴과 델 지역의
중간에 있는 모든 황야가 그 장소에서 쓰러졌던
하이넛 사람들의 피로 어떤 색깔로 물들었는지.
그날 비참한 브런칠드는 자기 녹색의 방패가
구슬픈 진홍빛으로 물들어, "녹색의 방패"처럼
보였다기보다는 오히려 지독한 잔혹함의 상징인
"적색의 방패"처럼 보인 것을 얼마나 자주 목격했던가?

1~5 스칼디스(Scaldis)와 하니아(Hania)는 하이넛(Hainaut)에 있는 강 이름이며, 에스탐부르그의 초원(the marsh of Esthambruges)도 같은 지역에 있다. 엘버샴(Elversham)과 델(Dell)의 출전은 명확치 않다.

6~9 브런칠드(Brunchild)는 하이넛(Hainaut)의 왕자로서 그의 이름이 21연에 등장한다. 또한 "녹색의 방패"(*Scuith guiridh*)는 부루터스(Brutus Greenshield)의 성(*surname*)으로서 그 방패가 오히려 "적색의 방패"(*y Scuith gogh*)로 보였다는 내용인데, 여기서 스펜서가 사용한 언어는 영어가 아니라 웨일즈어(*Walsh*)인 점이 특이하다.

25

그의 아들 레일 왕은 아버지의 오랜 수고 덕에,
오랫동안 지속되는 평화를 유산으로 받아 즐겼고,
카일레일을 만들었고, 강한 카일레온을 건립했다.
다음 후디브라스는 자신의 영토를 넓히지 않고,
그 땅에게 도발적인 전쟁을 중지하도록 가르쳤다.
그의 발자취를 따라 블라더드는, 예술에 있어서,
자신이 이 야만적 지역으로 데려왔던 학문적인
아테네 사람들 중 누구보다도 더욱 탁월했으며,
달콤한 지식을 가지고 사람들의 완고한 마음을 누그러뜨렸다.

3 "카일"(Cair)은 도시라는 뜻으로, 카일레일(Cairleill)은 오늘날의 카알라일

(Carlisle) 지역이며, 카일레온(Cairleon)은 "군대의 도시"(*City of the Legion*)라는 뜻으로 오늘날의 체스터(Chester)이다.

26

블라더드의 놀라운 능력에 대한 본보기로서는,
카일바던에 있는 끓어오르는 샘물을 볼지어다.
그것은 내부에 있는 비밀스런 불길로 끓어오르고,
그와 더불어서, 뜨거운 유황으로 가득 차 있기에,
불길을 계속 공급하여 그 물이 데워지도록 하여,
그 지역 사람들에게는 풍성한 부유함을 공급하고,
모든 외지 사람들에게는 건강을 가져다주고 있다.
하지만 결국 그는, 날아올라 인간이 닿을 수 있는
한계를 넘어서려고 시도하다가, 불행히 연못 속으로 빠졌다.

2 카일바던(Cairbadon): 오늘날까지 효험이 있는 온천으로 유명한 바스(Bath) 지역을 가리킨다.

27

그 다음에 리어왕은 행복한 평화 속에서 장기간
통치했으나, 그의 뒤를 이을 사내 후계자가 없었다.
다만 세 명의 어여쁜 딸뿐이었는데, 왕의 후예로서
알맞을 만한 모든 점에서 출중하게 교육받고 컸으며,
그는 자신의 영토를 그들 사이에 균등하게 분배하여
주겠다고 결심하였다. 그래서 자신의 노쇠한 시절이
다가와 최후의 순간이 다가오는 것을 보고서, 그는
자신의 딸들을 불러서, 현명한 말로 그들 중에서

누가 자신의 아버지를 가장 사랑하는지 말해 보라고 요구했다.

1 후에 셰익스피어의 비극으로 유명해진 리어왕(*King Lear*)의 이야기는 제프리의 《연대기》를 바탕으로 한 것으로서 32연까지 이어진다.

28
맏딸이었던 거너릴은 자기 자신의 목숨보다도
훨씬 더 아버지를 사랑한다고 단언하기 시작했다.
그리고 리건은 언제든지 증명할 수만 있다면
아버지를 온 세상보다도 더 사랑한다고 고백했다.
하나 코델리아는 아버지로서 사랑한다고 말했다.
멋지게 칠하여 내세울 아름다운 색깔이 부족했던,
그 간단한 대답은 그를 불쾌하게 만들었기 때문에,
그녀를 자신의 왕권에 대한 상속에서 제외시켰고,
다른 두 딸들에게만 자신의 왕국 전부를 나눠주었다.

29
그리하여 한 딸은 스코틀랜드의 왕 마그란과
결혼했고, 다른 하나는 캠브리아의 왕과 결혼하여,
그 둘 사이에 영토를 동등한 지역으로 나누었다.
그렇지만 지참금이 없었던 현명한 코델리아는
켈티카의 아가닙에게로 시집가게 되었다.
그 늙은 아버지는, 이렇게 자신의 왕권을 내놓고,
거너릴과 함께 알바니아에서 개인적 삶을
살았는데, 위대한 명성을 오랫동안 유지하였기에
통치에서 물러난 것에 대해 그에게는 아무런 슬픔도 없었다.

1~5 캠브리아(Cambria)는 오늘날의 웨일즈, 켈티카(Celtica)는 프랑스, 그리고 알바니아(Albania)는 스코틀랜드이다.

30

그러나 기름이 다 떨어지면 불이 꺼진다는 것은
사실이며, 그러면 등 심지는 내던져지는 법이다.
그렇기에 그가 자신의 통치에서 물러났을 때,
딸은 그의 나약해진 처지를 경멸하기 시작했고,
그가 계속해서 머무는 것에 싫증을 내게 되었다.
그래서 그의 다른 딸 리건에게로 옮겨갔는데,
처음에 그녀는 매일 매일 그에게 잘 대해주었다.
그러나 그가 도무지 떠날 기색을 보이지 않자,
그녀는 자신의 배려를 거두었고, 그의 기쁨을 손상시켰다.

31

그때서야 이 불쌍한 자는 뒤늦게 사랑이란 것이
훌륭한 고백에 있지 않다는 것을 깨닫게 되었다.
극한적 상황 안에서 적나라하게 겪은 것이다.
마침내 마지막 딸까지 똑같이 겪어보려 결심하고,
그는 자신이 스스로 코델리아에게로 갔는데,
그녀는 완벽한 애정을 가지고 그를 맞이하였다,
자신에게 최고로 보이는 아버지로서, 왕으로서.
그리고는 마침내 그녀는 강력한 군대를 일으켜
그에게서 영토를 강도질해간 언니들에게 전쟁을 선포하였다.

32
그리하여 그녀는 그의 왕권을 회복시켜 주었고,
그는 왕으로서 죽었으며, 늙어서 죽음이 임박하자,
자신의 영토를 그녀에게 남기기로 유언하였다.
그녀는 오랫동안 그 영토를 평화롭게 통치했고,
온 남성들의 가슴에 마땅한 복종을 심어주었다.
마침내 그 자매들의 자식들이, 교만한 야망으로
강력해지면서, 그녀를 상대로 반란을 일으켰으며,
그녀를 제압하고서, 오랫동안 감옥에 감금했는데,
결국 자신의 비참한 인생에 지친 그녀는 스스로 목을 맸다.

33
그러자 잔인한 형제들이 함께 통치하기 시작했다.
하지만 격렬한 쿤다는 곧이어, 동료가 통치권의
일부를 갖는 것을 혐오하는 거만함에 자극되어,
자기 자신의 형제인 몰간을 시기하기 시작했다.
그래서 잔혹한 증오심의 석탄에 불을 지펴대며,
전쟁을 일으켰고, 전투에서 그를 격퇴시켜 버렸다.
그가 숲이 진 언덕으로 달아나자—그의 이름을 따라
글라몰간이라 한다—그곳에서 그를 살해했다.
그리고 나서 그는 아무런 동반자 없이 혼자서 통치하였다.

34
그가 죽은 공백을 아들인 리발이 메웠는데,
불행했던 그 시대엔 하늘에서 피가 흘러내렸다.

다음에는 위대한 거거스터스, 그리고 어여쁜
캐실리가 왕국을 지속적 평화 속에 두었다.
그 후에는 라고와 킨마크가 나라를 다스렸고,
고보거드가 아주 늙어서까지 오래 통치했다.
그러자 그의 야심적인 아들들이 서로 공모하여
아버지에게서부터 통치권을 찬탈하여 나누었는데,
단호한 페렉스와 가혹한 포렉스는 그를 감옥에 처넣었다.

35
하지만 오, 제왕의 왕관에 대한 탐욕스런 갈증은,
가족도 몰라보고 정의에 대한 고려도 없기에,
포렉스를 부추겨 제 형제를 쓰러뜨리게 했다.
그는 외국의 무력을 모아서 제 형제를 상대로
전쟁을 일으켰으나 싸움에서 자신이 넘어졌다.
그의 죽음을 복수하기 위해 그의 잔혹한 어머니,
와이든이라는, 여성 중에서 가장 잔혹한 이가
곤히 자고 있는 자기의 다른 아들을 기습하여,
가장 잔혹한 손으로 그를 인정사정없이 살해하였다.

36
여기서 부르터스의 성스러운 후손은 끝난다,
그들은 드높은 명성과 위대한 축복을 품고 있던
이 왕 홀을 칠백 년 동안이나 유지하고 있었다.
태고 시절부터 내려온 고귀한 가문은 불화로
인해서 산산조각 났고, 황제의 권좌는 버려졌다.

그때부터 이 영토는 갈라진 내분에 휩쓸렸으며,
저마다 부르터스가 태어났노라고 장담했지만,
결국 종말에는 아무런 부르터스의 기념비도
남기지 못했으며, 브리튼의 옛 영광을 되새기지도 못했다.

2 "드높은 명성과 위대한 축복"(*high renowm and great felicity*) 은 아이러니컬한 표현이다. 간음, 역모, 그리고 살인으로 점철되어 있는 처음 7백 년간의 영국 통치의 역사는 단지 그 이전의 야만적 거주종족들의 비인간적 행태에 비교할 때만이 축복으로 간주될 수 있는 것이다. 여기서 스펜서는 도덕적 관점을 배제하고, 과거의 역사를 그 자체로 기억할 만한 가치가 있는 것으로 서술하고 있다.

37

그러자 아무도 대적할 수 없는 힘과 위대한 일을
해낼 만한 놀라운 지혜를 가진 사람이 나타났는데,
그는 — 자신들이 부르터스의 정당한 후계자라고
자칭하는 자들에 의해 수많은 지역으로 갈라진 —
이 불쌍한 지역의 억눌린 곤경에 대한 동정심으로,
분열되어 있던 백성들의 영주들을 모두 소집하여
자신들의 공통적 문제들을 논의하도록 하였다.
그들은 그의 지혜에 매료되어, 즉시 그를 자신들의
왕으로 추대하고, 승리나 패배나 간에 그에게 충성을 맹세하였다.

2 이 사람은 40연에 그 이름이 등장하는 돈왈도(Donwaldo) 왕이며 그는 영국에서 처음으로 법을 제정한 왕으로 알려져 있다.

38

그러자 그는 자신의 적들에게 공격을 감행하여,
로그리스의 불법 통치자, 임너를 살해했다.
또한 러독과 교만한 스테이터의 동맹군을—
후자는 알바니의 새로운 왕으로 명명되었으며,
전자는 최근에 캠브리의 왕으로 확정됐는데—
그가 자신의 용맹스러움으로 모두 넘어뜨렸다.
그는 그들의 나라를 조용한 지역으로 만들고,
곧이어 예의 바른 통치를 하는 나라로 바꾸어,
전에는 불화로 인해 많은 나라였던 것이 이제 하나가 되었다.

2~5 로그리스(Logris)는 잉글랜드(England), 알바니(Albany)는 스코틀랜드(Scotland), 캠브리(Cambry)는 웨일즈(Wales)를 가리킨다.

39

그리고 그는 성스러운 법률을 만들었는데, 혹자는
말하기를 그에게 환상으로 나타난 것이라고 하며,
그 법률로 여행자들의 여행을 자유롭게 하였고,
횡행했던 도둑질과 부당착취를 억제함으로써
교회의 수당과 농부들의 몫을 보존시켜 주었다.
그는 위대한 브리타니의 자비로운 누마였다.
그의 시대 이전에는 아무런 법적 권위도 없이
무력에 의해 가장 큰 지배 권력이 휘둘러졌었다.
그런데 그가 처음으로 위엄을 갖춘 황금 왕관을 썼던 것이다.

6 누마(Numa): 기원 전 7세기에 로물루스(Romulus)의 후계자였던 누마 폼필러스(Numa Pompilus)를 가리키는데, 그는 영국의 돈왈도처럼 로마의 혼란을 정비하고 법률을 제정하였다.

40

돈왈도는 죽고—그 무엇이 영원히 살 것인가?—
두 아들을 남겼는데, 둘 다 막강한 위력을 가져서,
패배한 로마는 너무도 참담한 경험을 맛보았는데—
자신들이 깨뜨린 맹세에 대한 앙갚음이었던 것—
굴복 당한 프랑스와 독일 이외에도, 침략 당한
그리스는 이들이 분노했을 때의 경험이 충분하여,
그들을 칭송하면서도, 그들은 모두 끔찍해 했고,
브리타니의 왕, 브레너스와 벨리너스에 대한
기억을 되살리면서 아직도 마음속으로 떨고 있는 것이다.

41

그들 다음에는 위대한 벨리너스의 아들이었던,
걸귄트가 통치권과 부친의 칭송을 이어받았다.
그는 이스터랜드를 정복하고, 덴마크를 얻었으며,
둘 다로부터, 죽은 자기 아버지의 시대에 그렇게
하기로 되어 있었던, 충성의 서약과 공물을 받았다.
그는 또한 스페인에서 온 도망자들이 바다 위에서
길을 잃고 방황하는 것을 보고 그들이 안전하게
머물 수 있도록, 아일랜드에 자리를 마련해주어,
그를 대신하여 브리튼의 신하로서 그곳을 다스리게 하였다.

3 이스터랜드(Easterland): 오스트리아로 추정되지만 확실치 않다.

42

그 다음에는 상속자인 귀들린이 통치하였는데,
재임시절 중 가장 정의롭고 진실한 사람이었으며,
그는 아름다운 멀티아 부인을 아내로 얻었는데,
영원무궁한 칭송을 받기에 매우 합당한 여성이었다.
그녀는 이 지역에 수많은 훌륭한 법률을 만들었고,
자신의 남편에게 완전무결한 법령을 가져다줬다.
많은 사람들이 누마를 가르친 에이제리아가
그랬던 것처럼, 그녀가 요정이었다고 생각하였다.
아직도 그 법령들은 명실상부하게 멀티아의 법으로 불린다.

43

그 다음에는 아들인 시실러스가 통치했으며,
다음에는 키마러스, 그리고 대니어스였다.
그 후에는 모린더스가 왕권을 유지하였는데,
그는 과격한 분노와 잔혹한 증오심으로 자신의
용감하고 위대한 업적을 흐리지만 않았더라면,
가장 훌륭했던 왕들과 어깨를 견주었을 것이다,
그가 저 외국의 몰랜즈를 상대하여 전투를 하여
승리를 쟁취했던 그 들판에서 그랬던 것처럼.
그러나 시체는 죽어 잠들어도, 그에 대한 기억은 살아 있다.

7 외국의 몰랜즈(*foreign Morands*) : 고울(Gaul) 족의 나라인 모리니(Morini)를 지칭한다.

44
그는 한 부인에게서 난 다섯 아들을 두었는데,
그들 모두가 차례로 돌아가면서 통치하였다.
첫 번째는 도덕적으로 살았던 골보만이며,
다음에는 알키걸드인데, 교만한 경멸심으로
폐위를 당해 통치권에서 물러났다, 그 후에는
인정 많은 엘리듀르가 그 대신 왕이 되었다.
그런데 그는 곧이어 다시 왕권을 회복하였으며,
그가 죽을 때까지 그 옥좌를 차지하고 있었다.
그러나 다시 페리듀르와 비젠트가 그를 폐위시켜 버렸다.

45
그는 비참한 감옥에 오랫동안 머물러 있었고,
두 사람은 최후의 순간까지 왕위를 유지했지만,
그들이 죽자 그가 다시 왕으로 추대되었으며,
영예로운 위엄을 가지고 오랫동안 통치했으나,
마침내 영토와 생명을 운명에게 양보하고 말았다.
그러자 다섯 형제들의 아들들 모두가 순서대로
통치하였고, 다음에는 모든 조카들이 이어받아,
심지어 열 한 세대의 세 배가 왕관을 차지했고,
결국 나이 많은 헬리가 상속을 이어받아 왕권을 가졌다.

46
그는 두 아들을 두었는데, 그 중에서 큰아들은,
러드라고 했으며, 삶을 통해 위대한 선행으로

가장 유명했던 기억과 끝없는 업적들을 남겼다.
그는 적군의 침략에 대항하기 위하여, 허물어진
트로이노반트 성벽을 새롭게 다시 건설하였으며,
현재 자신의 이름으로 불리는 성문을 세워서,
그 곁에 있는 묘지에 묻혀 장엄하게 누워 있다.
그는 제대로 통치하기에는 너무 어린 두 아들을
남겼는데, 자신의 힘을 닮은 안드로지우스와 테난티우스이다.

47
그들이 어렸을 때, 사람들은 그들을 대신하도록
그들의 숙부였던 카시발레인을 선출하였는데,
그는 자신에게 부여된 황제의 왕관을 지키면서
오랫동안 이 나라를 아주 훌륭하게 통치했으나,
결국 교만한 로마인들이 그를 불안하게 했으며,
호전적인 시저가 한번도 정복된 적이 없었던
이 매혹적인 섬의 이름을 얻겠다는 충동을 받고,
브리튼의 불타오르는 명성을 — 오, 정복에 대한
가공할만한 굶주림이여 — 시샘하여 이곳에 당도하였다.

48
그러나 그들은 두 번이나 격퇴당하여 물러났고,
두 번이나 자신들의 배로 쫓겨 도망쳐야 했는데,
그러면서 그들은 모든 해안을 피로 더럽혔으며,
잿빛의 대양을 자줏빛으로 물들였던 것이다.
사실상 그들은 끝까지 상륙하지 못했을 것이다,

자신이 태어난 땅을 부정하고 숙부의 통치권을
시샘했던 안드로지우스가 자신의 조국 땅을
외국인이 노략질하도록 배반하지만 않았더라면.
처음부터 반역 외에는 아무것도 이 땅을 뒤집을 수 없었다.

49
그래서 그의 덕분으로 시저는 승리를 얻었다,
엄청난 피를 흘리고 수없이 맹공을 퍼부은 끝에.
그 전투에서 그 자신도 군건한 네니우스에게
심한 공격을 받았는데, 결국 그를 죽이긴 했으나,
칼을 잃어버려, 오늘날까지 발견되지 않고 있다.
그때 이래로 이 나라는 야심만만한 로마의
속국이 되었고, 아서가 그 모든 속박의 빚을
갚을 때까지. 그들의 명령에 복종하게 되었다.
하지만 종종 브리튼의 왕들은 그들을 맹렬히 공격하였다.

50
다음에는 테난티우스, 그리고 킴벨린인데,
그때는 영원하신 하나님이 더러운 육신을 입고,
비참한 아담의 후손들을 그 사악한 죄악으로부터
씻어주시기 위하여, 태중에 들어가 계실 때였다.
오, 천상의 은총이 그토록 풍요롭게 베풀어졌던
행복에 겨웠던 시절에 대한 감미로운 추억이여 —
오, 내 단순한 글재주로는 너무 드높은 주제로다! —
그 후 얼마 되지 않아 로마인들은 그를 공격했다,

그가 그들에 대해 공물을 바치는 것을 거절했기 때문이었다.

51
훌륭한 클라우디어스는, 다음 황제가 되었는데,
군대를 이끌고 와서, 그를 상대로 전투를 벌였고,
그런 와중에 변장하고 있던 어떤 반역자에 의해서
전투에 대한 대비를 하기도 전에 왕이 살해되었다.
그러나 피맺힌 전쟁은 도무지 그칠 줄을 몰랐는데,
알비라지가 그 형의 무장과 왕관을 차려 입고
왕의 빈자리를 메웠으며, 그러한 계략을 통해서
로마인들을 약세로 몰아붙였기 때문이었고, 그들은
할 수 없이 평화에 동의했다. 그래서 모든 것이 잠잠해졌다.

52
그보다 더 드높이 칭송을 받은 왕은 결코 없었고,
로마인들이 알비라지만큼 두려워한 왕도 없었다,
그 때문에 황제는 그와 화친을 맺으려고 자신의
딸 제누이스를 그에게 결혼시키기까지 하였다.
그러나 얼마 안되어 그는 다시 로마의 신하임을
부정하였으며, 로마는 다급하게 베스파시안을
이곳으로 보냈는데, 그는 엄청난 약탈과 분노로
모든 것을 파괴했지만, 끝내 고귀한 제누이스가
그에게 전쟁을 중지하도록 설득하고 자기 남편을 달랬다.

53

그가 죽고, 마리우스가 그의 뒤를 계승했는데,
그는 대단히 평온하게 자신의 재임시절을 즐겼다.
다음에는 코일이, 그 후에 선한 루시어스는
그리스도의 복음에 대한 믿음의 성스러운 맹세인
기독교를 처음으로 받아들인 왕이 되었던 것이다.
그렇지만 이미 아리마대의 요셉이 그보다
훨씬 전에 이곳으로 온 것이 사실이며, 사람들은
말하기를 그가 성배를 이곳으로 가지고 왔고,
진리를 가르쳤지만, 그 이후로 많이 쇠퇴하였다고 한다.

54

이 훌륭한 왕은 얼마 안되어 자식도 없이 죽었고,
그로 인해 이 왕국에는 엄청난 재난이 생겼는데,
이 때문에 왕국은 여러 조각으로 나뉘어졌으며,
로마인들이 매일 약한 부분을 정복해 가는 동안,
자신의 힘으로 자기 자신을 넘어뜨리고 있었다.
그것을 보고, 강건한 번두카가 떨쳐 일어났고,
무기를 잡고, 브리튼인들을 휘하에 소집했다.
그들과 함께 그녀는 곧바로 적을 향해 진격하여,
그들이 미처 모르는 사이에 세번 강 주위를 포위하였다.

6 번두카(Bunduca): 타시터스의 보우디카(*Boudicca of Tacitus*)를 가리키는 이름으로서, 그녀가 기원 후 60년 경 로마인들을 상대로 싸운 이야기는 영국에서 아직도 인기 있는 설화와 전설 중 하나이다.

55
그곳에서 그녀는 그들과 치열한 전투를 치렀으나,
마땅히 받아야 할만큼 큰 성공을 거두지 못했는데,
이유인즉슨 그녀 편에 속해 있었던 대장들이 모두
폴리누스에게 매수되어 그리로 도망쳤기 때문이다.
하나 그런 상황에서도 처음 탈주자들을 보존하고,
다시 소집하여, 그녀는 또 주도권을 쟁취하였으며,
새로운 용기를 가지고 승리자를 향해 공격하였다.
그러나 몇 번을 제외하고 모두 패배했던 그녀는,
도망치거나 사로잡히는 것보다는 스스로 목숨을 끊기를 택했다.

56
오, 여성에 대해 찬양하는 저명한 기념물이여,
그녀는 과연 고대의 역사가 그토록이나 드높이
추켜올리고 있는 세미라미스나, 하입시필,
혹은 그녀를 지지한 사람들의 숫자가 이만 명이
되었던 터미리스와 가히 비교할 만하도다!
그녀는 행운이 자신의 위력에 호의를 베풀 때,
자신의 적들을 상대로 수없이 승리를 쟁취했다.
그렇지만 불운한 전투에서 패배를 당했을 때,
그녀는 죽음에 대해 승리를 거둠으로써, 적들을 모욕했다.

57
풀젠트는 그녀의 나머지 군사들을 끌어 모아,
세버러스를 상대로 싸워 그를 넘어뜨렸으나,

도망친 자들을 추적하다가 그들에게 살해당했다.
그래서 자신이 물리친 자들을 승리자로 만들었다.
그러자 카라우시어스는 다시 폭정을 시작했고,
로마인 자신들의 군대로 로마를 향해 공격하였다.
하지만 알렉투스가 모반을 품고 그를 살해하고,
스스로 황제의 겉옷을 탈취하여 걸치게 되었다.
그럼에도 불구하고 그는 잠시 행복한 시간을 즐겼을 뿐이다.

58
왜냐하면 애칠레피오데이트가 그를 무찌르고,
부끄러움을 가릴 아무런 겉옷도 누더기도 없이,
패배 당한 그 들판에 수치스럽게 그냥 두었기에.
그런 후에 그는 그 자리를 차지하고 통치했으나,
얼마 후에 전투에서 코일에게 죽음을 당했다.
코일은 오랜 논의를 거친 끝에, 루시어스 이래
처음으로 왕관을 쓴 브리튼의 통치자가 되었다.
그러자 이 땅은 옛 전성기를 다시 누리게 되었고,
그는 바위와 석회로 자신의 이름을 딴 코일체스터 성을 지었다.

59
로마인들은 그 소식을 듣고서 콘스탄티누스를
이 땅으로 보냈는데, 그는 대단한 힘의 소유자로,
코일 왕은 그와 협정을 맺었으며, 아름다운
자신의 딸, 어여쁜 헬레나, 살아있는 사람 중
가장 아름다운 여인을 그에게 부인으로 주었다.

그녀는 신이 부여한 모든 자질과 훌륭한 칭송이
지극히 탁월했지만, 그 중에서도 특히 전 생애를
통하여 절묘한 노래와 다루기 힘든 악기에 대한
솜씨와 더불어, 음악에 대한 기술로 가장 잘 알려져 있다.

60

그녀를 이용하여 코일은 후에 로마의 황제가
된 위대한 콘스탄티누스를 얻게 된 것이다.
그가 멍하니 황제의 직무에 골똘하고 있을 때,
이 땅의 옥타비우스가 그의 방으로 뛰어들어
불법적 심판을 가함으로써 왕위를 찬탈하였다.
그렇지만 트라헌을 죽이고, 끔찍한 전투에서
로마의 군대를 물리침으로써, 그는 자기 지위를
무력으로 정당화하게 되었으며, 그렇게 함으로써
그는 자신의 왕국을 안정시키고 자신의 권리를 확인했다.

61

그러나 남성 후계자가 없었기에, 그는 사랑스런
자신의 딸을 결혼을 통해 막시미언에게 주고,
그녀와 함께 그를 자기 왕국의 상속자로 삼았다.
그들은 그런 방법을 통해서 곧 왕국을 얻었지만,
그라티언의 친구들에 의해서 살해되고 말았다.
그러자 막시미언의 통치기간 동안 훈 족과
픽스 족이 이 영토를 침범해 오기 시작하였다
그는 죽으면서 그들을 막을 후계를 남기지 않아,

그들은 손쉽게 이 땅의 모든 지역을 짓밟을 수 있게 되었다.

62

비참해진 브리튼은 전투를 수행할만한 젊은이가
모두 최근에 막시미언에 의해서 끌려나가고,
가련한 곤궁과 애처로운 슬픔에 흠뻑 젖은 채,
그 이방인들에게 손쉬운 먹이 감이 되었으며,
매일 비참한 쇠퇴의 장면을 보여주고 있었다—
이제 사백 년, 그보다 더욱 오랫동안 피폐해진
그들에게 로마의 전쟁은 조금도 놀랍지 않았다—
마침내 일반 사람들과 동료들의 합의에 의하여,
기쁨의 눈물을 흘리며 두 번째 콘스탄틴을 왕으로 세웠다.

63

그는 전투에서 때때로 저 약탈자인 픽스 족과
벌떼처럼 달려드는 동방 족속들을 무찔렀으며,
자신의 영역을 오랫동안 평화 속에 정착시켰다.
그러나 때때로 이웃에 있던 스코틀랜드 인들과
그 당시 온 세상이 넘치도록 궐기했던 외국의
강도떼들의 다양한 습격으로 괴로움을 겪었다.
이를 방지하기 위하여, 그는 힘들여 땅을 파서,
바다에서 바다에 이르는 엄청난 둔덕을 쌓아서
알크루이드에서 팬웰트에 이르기까지 국경을 굳히게 되었다.

2 동방 족속들(*Easterlings*) : 아마도 바이킹의 선조였던 노르웨이와 덴마크인들을 지칭하는 것이 아닌가 싶다.

64
그는 죽으면서 세 아들을 남겼는데 — 모두 어렸다 —
그런 이유 때문에 그들의 숙부였던 볼티거가
그들의 유년기 동안 왕관을 맡아 가지게 되었고,
아이들의 선생들은 이것이 위험하다고 판단하고,
아무도 모르게 그들을 아모릭 지방에 숨겨 두었다.
이 아이들과 픽스 족의 괴롭힘을 두려워했던 그는
이방의 독일에 사람을 보내 원조를 구하려 했고,
그로부터 얼마 후, 이곳에 색슨 족의 작은 배
세 척이 도착했는데, 그가 안전을 위해 고용한 것이었다.

65
두 형제가 그들의 지휘관이었는데, 헹기스트와
홀서스라고 불렸으며, 많은 전쟁 경험이 있고,
두 사람 모두 무력으로 널리 알려진 자들이었다.
이들은 브리튼인들의 내부적 불화를 틈타고
멀리서 찾아온 이방인들을 이용하여 막강해졌으며,
이 영토의 커다란 부분을 차지하게 되었던 것이다.
오래되지 않아, 그들은 이 땅에서 처음에 그들에게
도움의 손길을 부탁했던 자들보다 더 강해졌으며,
볼티거를 핍박하여 강제로 왕국을 버리도록 만들었다.

66
그러나 그의 아들 볼티미어의 도움에 의해서,
그는 또다시 자신의 통치권을 되찾게 되었으며,

이 사건에 대해 섭섭하게 여겼던 헹기스트는
그의 아름다운 딸의 얼굴과 아첨의 말을 통해서
호의를 받아들이고 새로운 화친을 맺게 되었다.
그런 후에 곧 그는 자신의 식탁에 앉아 있었던
영국인의 피를 가진 삼백 명의 영주를 죽였다.
그들의 구슬픈 유적을 애도하고자 하는 사람은
스톤헨지에서 그 영원한 반역의 흔적들을 찾아볼 수 있다.

9 스톤헨지(Stonehenge): 영국 남서부지방의 살즈베리(Salisbury) 들판에 둥글게 놓여 있는 거대한 돌들을 가리키며, 제프리의 《연대기》에 의하면 마법사 멀린(Merlin)이 아일랜드에서 그 돌들을 가져다가 세움으로써 죽은 영국의 귀족들을 기념했다고 한다.

67

이 무렵에 도망쳤었던 콘스탄틴의 아들들인
암브로즈와 우서가 성인으로 성장하였고,
이곳에 도착하여, 볼티거가 오랫동안 붙잡고
있었던 왕권을 되찾으려고 강력하게 도전하였다.
그는 죄책감에 도망쳤으나 그들에게 살해되고,
헹기스트도 곧이어 수치스런 죽음을 맞았다.
그때부터 아우렐리우스는 평화롭게 통치했고,
끝내 독약에 의해서 숨이 멎게 되었던 것이다.
그래서 지금은 황야 가운데 있는 스톤헨지에 묻혀 누워 있다.

68

그 후에는 펜드래곤이라고 부르는 우서가

계승하여 … 여기서 이야기는 갑자기 끝났다,
마침표도 없이, 다른 적당한 정지부호도 없이,
마치 나머지를 어떤 사악한 손이 찢어 버렸거나,
아니면 작가 자신이 최소한 그 책을 끝내기까지
머물 수 없었다는 듯. 그렇게 불시에 끝나버려서
왕자 자신도 반쯤은 속이 상한 듯이 보였으나,
그래도 남모르는 즐거움이 불쾌함을 억눌렀으며,
옛 시절에 대한 경외감으로 오랫동안 말을 하지 못했다

1 우서(Uther): 그는 아서의 아버지로서, 영국의 전설에 의하면 후에 아서는 아버지의 칼을 바위에서 뽑아내고 원탁의 기사와 함께 영국을 통일한다. 아서가 읽고 있던 영국의 역사가 여기서 끝나는 것은 어찌 보면 당연하다. 그 이후는 아서의 이야기이기 때문이다.

69

마침내 자신의 조국에 속한 왕의 계보에 대하여
알게 된 기쁨에 겨워 커다란 황홀감에 휩싸이며,
외쳤다, "사랑하는 조국이여, 오, 그대의 과거는
그 얼마나 귀하디 귀하며, 또한 그대의 손안에서
매일 매일의 호흡을 얻으며 그 안에서 성장해 온
그대의 양자에게는 얼마나 영원한 인연이런가!
우리가 가진 좋은 것은 무엇이든지 모두 조국이
우리에게 준 것일진대, 조국이 우리에게 부여한
것이 얼마나 큰지 모르는 것은 얼마나 어리석은 것인가!

70

그러나 가이언은 내내 자신의 책을 읽었으며,
아직 끝내지 못하고 있었다. 그 책은 매우 크고
두꺼웠기 때문에, 그토록 긴 책장을 내가 여기서
반복하는 것은 내 능력을 훨씬 넘어서는 일이다.
그 책은 어떻게 프로메테우스가 짐승들에게서
여러 가지 부분을 취해 사람을 처음 창조했으며,
그런 후에 자신의 피조물을 살리려고 하늘에서
불을 훔쳤고, 그 때문에 조브에게 자기 목숨을
빼앗기고, 독수리에게 심장을 찢기게 되었는지 말하고 있었다.

5~9 나탈리스 콤즈(Natalis Comes)의 《신화》(*Mythologies*)에 의하면 프로메테우스(Prometheus)는 토끼, 늑대, 공작, 호랑이, 그리고 사자의 특성을 취하여 인간을 창조하였으며, 인간을 위해 불을 훔친 벌로 오랫동안 심장을 독수리에게 쪼이는 고통을 받았으나 허큘리스(Hercules)에 의하여 구원받았다.

71

그렇게 만들어진 인간을 그는 "빠르다"는 뜻으로
엘프라고 했는데, 그가 모든 요정의 조상이다.
그는 지친 발걸음으로 세상을 온통 방황하다가,
아도니스의 정원 안에서 어떤 훌륭한 존재를
발견했는데, 그는 마음속으로 그 존재가 이 세상
인간이 아니라, 오히려 정령이나 천사일 것이라고
여겼으며, 그 존재가 모든 여성들의 조상이었다.
그러므로 그는 당연히 그녀를 페이라고 불렀고,
그녀에게서 모든 요정들이 나왔으며, 직접 혈통을 이어받았다.

8 페이(Fay): 선녀(*fairy*)라는 의미.

72
곧이어 그 중에서 한 막강한 민족이 태어났고,
온 세상을 상대로 전쟁을 벌여, 모든 나라들이
그들에게 굴복했던 강인한 제왕들이 나타났다.
왕 홀을 맨 처음 휘둘렀던 가장 나이 많은 자는
엘핀이었는데, 그에게 인도 전체와 지금은
아메리카라고 부르는 곳 전체가 복종하였다.
다음에는 고귀한 엘프난으로서, 무엇보다도
그는 클레오폴리스의 설립을 처음 시작했다.
하지만 엘피린느가 황금의 벽을 쌓아 이를 완성했다.

8 클레오폴리스(Cleopolis) : 영국의 런던에 해당하는 선녀의 나라 도시이름이다.

73
그의 아들은 엘피넬인데, 그는 피비린내 나는
전장에서 저 사악한 고벨린느들을 굴복시켰다.
하지만 엘판트가 가장 크게 명성을 떨쳤는데,
온통 수정으로 판테아를 건립했기 때문이었다.
그 후에 하나는 머리가 둘이고, 또 하나는 셋인,
두 명의 거인 형제들을 죽인 엘파가 계승했다.
다음으로는 요술에 능했던 엘프노어가 있다.
그는 자신의 기술로 유리같이 매끄러운 바다 위에
청동의 다리를 지어, 그 소리가 마치 하늘의 천둥 같았다.

2 고벨린느(Gobbelines) : 요정(*elf*)에 대적하는 적을 가리킨다.
4 판테아(Panthea) : 영국의 웨스트민스터 사원(Westminster Abby), 또는 윈저성(Windson Castle)에 상응하는 선녀나라의 건축물이다. 웨스트민스터 사원

은 첫 번째 영국 왕으로 여겨지는 루시어스(Lucius)가 건립했으며(53연의 3~5행을 참조할 것), 후에 헨리 3세(Henry Ⅲ)가 재건하였다.

6 엘파(Elfar): 콘스탄틴 1세(Constantine Ⅰ)로 추정된다. 그는 로마를 정복한 왕으로 알려져 있는데, 머리가 둘인 거인은 그가 물리친 로마의 막센티우스(Maxentius)와 루시니우스(Lucinius)를 가리키며, 머리가 셋인 거인은 그가 이방종교에 대해 승리한 것을 지칭한다.

7 엘프노어(Elfnor): 콘스탄틴 2세(Constantine Ⅱ)를 가리킨다.

9 청동의 다리(*the bridge of bras*): 템즈 강을 가로지르는 런던 탑 다리(*London Tower Bridge*)를 의미하며, 이 다리는 콘스탄틴 2세가 이방종교에 대하여 런던을 수호하기 위하여 지은 것으로 알려져 있다.

74

그는 세 아들을 남겼는데, 각각 차례로 다스렸고,
그들의 후손이 모두 순서대로 왕위를 계승하여,
왕들이 칠백 명에 이르기까지 했는데, 모두들
위대한 업적을 세우며 다양한 정권을 유지했다.
그 셀 수 없는 내용들을 여기에 서술하는 것은
너무 길며, 이 글의 주제와도 잘 맞지 않는다.
그렇지만 그것들은 군사적으로나 통치로서나,
다른 왕들과 왕국들에게 위대한 모범이 되고
가장 유명한 기념비적 사건들임에 틀림이 없을 것이다

75

그런 후에는 엘피클레오스가 통치하였는데,
위대한 위엄을 갖춘 현명한 엘피클레오스로서
그는 위대한 힘으로 왕 홀을 강하게 유지하면서
풍성한 전리품을 얻고 유명한 승리를 거두면서
선녀의 나라에 속한 왕권을 드높이 진보시켰다.

그는 두 아들을 두었는데, 그 중에서 손 위였던,
훌륭한 엘페론은 때아니게 일찍 사망하였다.
그렇지만 막강한 오베론은 결혼에 있어서나
통치에서 그의 빈자리를 두 배나 되는 훌륭함으로 채웠다.

75연과 76연에 등장하는 선녀의 나라 왕들은 엘리자베스 1세의 왕가인 튜더(Tudor) 왕조의 왕들에 대한 비유로서, 엘피클로스(Elficleos)는 헨리 7세, 엘페론(Elferon)은 헨리 7세의 큰아들 아서(Arthur), 오베론(Oberon)은 둘째 아들이었던 헨리 8세〔그는 자기 형의 아내였던 캐서린(Katherine)과 결혼했다〕, 그리고 타나퀼(Tanaquill)은 엘리자베스 1세를 가리킨다.

76
그의 위력과 영광은 그에 앞서 저 신성한 자리를
차지했던 그 어떤 왕들보다도 더욱 위대했기에,
아직도 그에 대한 기념비가 광범위하게 남아 있다.
그는 죽으면서 최후의 유언으로 가장 아름다운
타나퀼이 그의 자리를 물려받도록 조치하였다.
그녀보다 더 아름답고 고귀한 자도, 우아함으로나
지식과 지혜로 비교될 만한 자도 일찍이 없었다.
하여 그 영광스런 꽃을 글로리안이라고 했다.
그대 글로리안이여 영광과 위대한 힘으로 만수무강하소서.

77
이처럼 진기한 것에 대한 기쁨과 국가의 사정을
알고 싶어하는 자연스러운 욕망에 사로잡혀서,
두 기사는 오랫동안 그 옛이야기들을 읽었으며
시간이 어떻게 흘러갔는지 모두 잊어버렸기에,

마침내 고귀한 알마는 너무 늦은 것을 알고,
억지로 그들의 공부를 중단시키며 저녁이 얼마나
오랫동안 그들을 기다리고 있는지 상기시켰다.
그래서 마지못해 하는 그들을 책에서 떼어 내어,
그녀가 고귀한 기사들에게 하듯이 성찬으로 대접하였다.

제 11 칸토

절제의 적들은 그녀가 사는 곳을
포위하며 공격한다.
아서 왕자는 그들을 물리치고,
악랄한 말레거를 파괴한다.

1
강한 애착심이 끝없이 이성의 성채를 공격하여
인간의 영혼을 억지로 감금하려고 하는 것만큼,
잔혹한 전쟁이 또 이 세상 어디에 있을 것이며,
그만큼 견디기 힘든 공격이 또 어디 있겠는가?
그런 감정의 위력은 그 공격에 무너지는 나약한
육신이 갖는 연약함 때문에 더욱 더 맹렬해지며,
일단 자신에게 포로가 되어 버린 부분에 대해서
세상의 무엇보다도 고통스러운 폭정을 행사한다.
어떤 비참함도 죄악의 노예가 되는 것과 같은 것은 없다.

2
하지만 자발적으로 자기 자신을 이성의 통제에
복종하도록 내어주고, 당연스럽게 이성의 왕권이
자기 자신을 지배하도록 허용하는 육체 안에서는,
모든 행복한 평화와 훌륭한 자기 통제가 그곳에
굳건하게 자리를 잡고 잘 정착하게 되는 것이다.

그곳에서 알마는 가장 빛나는 처녀여왕처럼
온갖 탁월한 아름다움을 가지고 활발히 지내며,
자신의 손님들을 위하여 건강과 즐거움을 주도록
대단히 훌륭하게 조리된 풍성한 성찬을 준비하게 된다.

3

아침이 진홍빛의 광선을 가지고, 그것을 통해서
온 세상이 새로운 날의 여명을 볼 수도 있으며,
그 때문에 온갖 생물들이 모두 기쁨을 맛보는,
찬란한 하늘의 창문들을 열기 훨씬 전에 일찍이,
가이언 경은 일어나서, 빛나는 갑옷을 입고,
자신이 목적하는 여행길에 오를 채비를 갖췄다.
그와 함께 팔머도 역시 스스로 근엄한 복장을
입고, 그 어려운 모험을 수행할 준비를 갖추었다.
그리하여 두 사람은 함께 그 강변을 향하여 길을 떠났다.

4

그곳에는 이미 사공이 출항 준비를 잘 갖춘 배를
가지고, 알마가 명령을 내린 대로, 여울목에서
그들을 기다리고 있었다. 그들을 배에 올랐으며,
사공은 곧 자신의 쪽배를 띄워 앞으로 나아갔다.
얼마 되지 않아 배는 보이지 않을 만큼 저어갔고,
육지는 그들 뒤쪽으로 빠르게 도망치며 멀어졌다.
그러나 바람과 날씨가 제 역할들을 다하는 동안
그들을 내버려두자. 오늘 저 왕자가 치르게 되는

잔혹한 싸움을 보기 위해서 나는 잠시 여기 머물러야 한다.

5
왜냐하면 가이언이 자신의 믿음직한 안내자와
항해를 하기 위하여 그곳을 떠나자마자 곧바로
저 사악한 악당의 무리들이 또다시 사방으로부터
그 성채에 습격을 가하기 시작하면서, 멀리서부터
광범위하게 막강한 포위 공격을 했기 때문이다.
그들의 숫자는 셀 수도 없을 정도로 엄청났기에
그들 때문에 대지가 전혀 보이지 않을 정도였고,
그들이 가까이 접근했을 때, 그들의 얼굴에 서린
넘치는 공포의 표정은 너무도 흉측하고 구역질나는 것이었다.

5 알마의 성에 대한 말레거의 공격은 죄악이 오관으로 대변되는 육체를 통해서 인간의 영혼을 공격하는 것에 대한 알레고리로서, 중세문학에 흔히 등장하는 문학적 장치이다.

6
그들의 두목은 그들을 열두 개의 부대로 나누어
주위에 빙 둘러서 가장 적당한 위치에 배치하여,
각 부대가 주어진 지역을 가장 잘 공격함으로써,
반대편에 있는 상대를 가장 크게 더럽히게 했는데,
각기 제게 주어진 역할에 가장 적합하게 보였다.
그는 그들 중 일곱 부대를 성문 앞에 아주 가까이
배치하여 강력한 침공을 할 수 있도록 하였으며,
지치지 않는 무력과 끝없는 미움의 감정을 가지고

그들은 밤낮으로 성문을 강타하며 밀고 들어갈 때를 기다렸다.

7 성을 직접 공격하는 일곱 부대는 죽음에 이르는 일곱 가지 죄악, 즉 교만(*pride*), 질투(*envy*), 분노(*anger*), 탐욕(*avarice*), 나태(*sloth*), 탐식(*gluttony*), 그리고 호색(*lechery*)이다. 여기서 성문은 인간의 마음(*heart*)을 가리킨다.

7

그는 다른 다섯 부대를 다섯 방향으로 나누어
성의 거대한 다섯 보루를 상대하도록 배치했고,
각 부대에게 보루를 하나씩 배정하여 공개적인
무력으로나 감추어진 속임수로 공격함으로써,
승리의 노획물을 얻겠다는 희망을 품고 있었다.
탐욕스러운 악의를 품고, 광란적으로 애쓰면서,
그들은 모두 열렬히 그 책무를 완수하려 했으며,
그 자리에 엄청나게 커다란 대포를 설치해 놓고
그것을 가지고 매일같이 가장 무시무시한 포격을 퍼부었다.

2 성을 지키는 다섯 보루는 인간의 오관, 즉 시각, 청각, 미각(언어의 구사를 포함), 후각, 그리고 촉각을 가리킨다.

8

첫째 부대는 흉측하게 기형적인 자들로 구성된
극악무도한 폭도들의 집단이었는데, 어떤 자들은
부리가 기괴하게 휘어진, 부엉이 같은 머리였고,
다른 자들은 개나, 끔찍한 그리폰 같았으며,
어떤 자들은 날개, 또는 찢을 발톱이 있었는데,

모두가 하나같이 스라소니의 눈매를 가졌으며,
모두가 하나같이 활과 화살을 지니고 있었다.
그들 모두는 무지막지한 색욕과, 타락한 질투심,
그리고 탐욕스러운 모습들로서 모두가 잔혹한 적들이었다.

4 여기 등장하는 동물들은 대체로 시각적 타락, 즉 색욕을 대변하고 있으며, 특히 사자와 독수리의 혼합체인 그리폰(*griffons*)은 전통적으로 날카로운 시각을 가진 존재로서 탐욕(*covetousness*)을 상징한다.

9
시각의 보루를 대적하고 있던 폭도들은 굳건히
성을 포위하고서 대대적 돌격을 감행했으며,
낮이나 밤이나 한 번도 휴식을 취하지 않았다.
하지만 타이탄이 자신의 머리를 쳐들고 나서
또다시 얼마 후에 자신의 빛을 억제하자마자,
그들은 악랄한 무기를 보루를 향해 돌려놓았다.
무기들은 각각 두 눈으로 죄를 지을 것들이었다.
그러나 그 중에 두 개가 가장 크고 흉포했는데,
미색과 돈으로서, 그것으로 그들은 보루를 심하게 파괴했다.

10
두 번째 보루는 듣는 감각이었는데, 그 보루를
상대로 공격하도록 되어 있었던 두 번째 부대는
서로 이상하게 다른 기형적 존재들이었다—
어떤 자는 사슴 같은 머리에, 어떤 자는 뱀 같고,
어떤 자는 방금 숲에서 뛰쳐나온 멧돼지 같았다—

그들은 남을 중상모략하는 비방과, 더러운 추행,
거짓말하기, 험담하기, 그리고 허망한 호언장담,
악한 충고와 칭찬, 그리고 거짓된 아첨들이었다.
이런 모든 것들이 그 요새를 향하여 공격을 가했던 것이다.

11
이와 마찬가지로, 냄새를 담당하는 셋째 요새를
세 번째 부대가 맹렬하게 공격을 하고 있었다.
그들의 끔찍한 모습은 지옥의 악마를 닮았는데—
어떤 자는 사냥개처럼, 또는 광포한 원숭이처럼,
어떤 자는 솔개처럼 온통 깃털로 장식하고 있어—
모두들 제 상태에 걸맞은 모습을 지니고 있었다.
왜냐하면 어리석은 쾌락과 달콤한 속임수가 그런
흉측한 모양으로 그려지고 있기 때문이었는데,
이들은 천박한 환상을 가지고 그 감각을 공격하는 것이다.

12
또한 입맛을 관장하는 네 번째 보루를 향해서
끔찍한 타격을 가하고 있던 네 번째 폭도들도
나머지와 마찬가지로, 징그러운 무리들이었는데,
어떤 자는 입이 탐욕스런 타조 같고, 어떤 자는
얼굴이 역한 두꺼비 같았고, 어떤 자는 허리가
돼지 같이 생겼다. 왜냐하면 사치와 폭음, 폭식,
탕진하는 낭비벽, 허망한 잔치, 그리고 쓸데없는
과분한 생활이 그러한 기형을 만드는 법이기에.

이런 모든 것들이 끊임없이 그 감각의 요새를 공격하였다.

13
그러나 다섯 번째 부대는, 가장 끔찍한 모습에
위력이 가장 맹렬했는데, 설명하기조차 두렵다.
어떤 자는 달팽이, 어떤 자는 거미같이 보였고,
어떤 자는 흉측한 고슴도치처럼 뭉툭하고 작았다.
그들은 다섯 번째 보루를 잔혹하게 공격했으며,
끝에 육감적 욕정을 일으키는 침이 달려 있고,
촉각의 즐거움을 주는 강한 효력을 가지고 있는,
감각적 쾌락의 단창으로 무장하고, 밤낮으로
그 다섯 번째 보루를 향하여 쉬지 않고 돌진해 왔다.

3~4 이들 생물들은 전통적으로 색욕과 직접적으로 연관된 존재들은 아니지만, 모두 촉각적으로 거부감을 일으킨다는 점에 공통점이 있다고 여겨진다.

14
이와 같이 열두 부대가 끔찍한 위력을 가지고
그 성채를 상대로 끊임없이 공격을 퍼부었으며,
자신들의 무시무시한 병기를 가지고 쉴 새 없이
그 보루들을 향해 잔혹하게 두들겨댔기 때문에.
이제 성채는 거의 파괴될 위험에 처하게 되었다
그리고 그들의 사악한 두목은 끊임없이 그들을
자극하여, 성벽에 갈라진 틈을 내려고 했는데,
때로는 그들을 위협하고, 때로는 성채를 약탈해서
그들이 앞으로 얻게 될 이득에 대한 희망을 부추기곤 했다.

15

다른 편에서는, 공격받고 있는 성채의 수비군이
굳건히 버티고 서서 막강하게 지탱하고 있었고,
저 훌륭한 구조물이 무너지지 않도록 하기 위해,
위험과 고난을 견디며, 수없이 과감히 물리치며,
수없이 많은 어려운 과업들을 수행하고 있었다.
또한 두 거인 형제가 자신들의 막강한 힘으로
성벽을 너무나도 굳건히 지키고 있었기 때문에,
감히 그리로 들어오려고 하는 자는 예외 없이
자신들의 신음하는 영혼을 무서운 죽음에게로 보냈다.

6 "두 거인 형제"(*two brethern giants*) : 이들을 켈로그는 두 눈이라고 하고, 해밀튼은 두 손이라고 풀이하고 있다.

16

그 성채의 주인이었던 그 고귀한 처녀는, 그처럼
악독한 상황을 겪은 적이 한번도 없었기 때문에
그 끔찍한 광경을 보고 대단히 당혹스러워 했다.
마침내 왕자는 애처로운 곤경에 처한 그녀를 보고,
그처럼 극심한 공포로부터 그녀를 구해주기 위해,
자신의 노력과 가장 소중한 목숨을 바쳐 그녀를
지키겠다면서, 그 무리들의 두목이자 그 싸움을
일으켰던 저 악당을 상대로 싸우겠다고 나섰다.
그녀는 자신의 생명에 대한 수호자가 된 그에게 감사했다.

17
그는 곧바로 빛나는 갑옷으로 무장을 차려입고,
그동안 잘 검증된 자신의 무기를 착용하였다.
그리고는 예의 바르게 작별인사를 하고, 성문을
열어 놓으라고 명령하고 나서, 앞으로 나아갔다.
그는 멋지게 전진했다, 빛나는 무기를 드높이
휘둘렀던 누구보다도 힘 있고 고귀하게 보였다.
좌충우돌하던 폭도들은 그가 화사하게 차려입은
자신의 시종과 함께 떨쳐 나오는 것을 보자마자,
가장 포악하고 무시무시한 소리를 내지르기 시작하였다.

18
그러면서 모두 한꺼번에 눈송이 조각만큼 얇은
자신들의 팔랑이는 화살을 그를 향해 날리면서,
다급하게 그를 둘러싸며 주변으로 모여들었는데,
마치 높다란 산에서부터 밀려 내려오는 거대한
홍수의 물결이 갑작스런 분노를 가지고 비옥한
들판 전체를 덮쳐 버리려고 위협하는 것 같았다.
그러면 슬픈 농부의 오랜 희망은 물결에 휩쓸려
내려가 버리고, 그의 모든 서원들은 허사가 된다.
어떤 담이나 강둑도 홍수의 파괴적 돌격을 막을 수 없다.

19
그는 그들의 쌓이는 눈발을 방패로 받아냈으며,
자신의 칼로 불량배의 무리들을 흐트러뜨렸는데,

그들은 산산이 흩어져 도망치며, 분노한 서풍이
나무의 머리타래를 찢어버릴 때, 시든 나뭇잎이
메마른 가지에서 떨어지듯 그 앞에서 넘어졌다.
그리고 그 아래쪽에서는 왕자의 용맹스런 준마,
맹렬한 스퍼마도가 그들을 잡초처럼 짓밟았다—
천상의 종자를 타고 태어난 맹렬한 스퍼마도는
피버스의 라오메돈과 같은 혈통으로 태어난 종마이다.

7 스퍼마도(Spumador) : 라틴어 spuma, 즉 "거품"에서 유래한 어휘로 "입에 거품을 무는 자"라는 의미이며, 9행의 라오메돈(Laomedon)은 아이네아스(Aeneas)의 할아버지로서, 그의 할아버지인 트로스(Tros)가 주피터(Jupiter)로부터 태양을 끄는 천상의 말을 하사받은 것으로 알려져 있다.

20

그들의 두렵고 혼란스러운, 갑작스런 부르짖음을
그들의 두목이 들었을 때, 그는 그 이유를 알고
잘못된 것을 수습하려고 서둘러 그쪽으로 왔다.
그는 흉폭하고 재빠른 호랑이를 타고 있었는데,
그를 등에 싣고서, 자신의 긴 다리가 거의 땅에
닿을 듯 말 듯 하면서, 마치 바람처럼 내달렸다.
그는 사지가 크고 넓은 어깨를 가지고 있었으나,
너무나도 미세하고 불확실한 물질로 만들어져서,
마치 꽁꽁 묶어 놓은 수의가 풀어헤쳐진 유령처럼 보였다.

21

그리고 그의 손에는 구부러진 활 하나를 지녔고,

오른쪽 옆구리 아래에 많은 화살을 차고 있는데,
끝은 부싯돌로 되어 있고, 깃털은 마치 인디언들이
깃털로 제 몸을 가리고 숨듯이, 핏빛으로 물들어
모두 지독히 위험했고, 모두 심하게 날카로웠다
그는 그 화살을 다루어 직선으로 똑바로 겨누고,
그가 보는 표적에 적중하도록 명령할 수 있었다.
그 화살들은 너무 깊이 상처를 냈기에, 그 상처를
치유할 아무런 연고도 없었고, 아무런 약도 세상에 없었다.

22
그의 모습은 마치 재처럼 창백하고 어두웠으며,
그의 육체는 마치 갈퀴처럼 야위고 메말랐는데,
피부는 온통 마른 당까마귀처럼 시들어있으며,
게다가 뱀처럼 차갑고 음울한 빛을 띠고 있어,
항상 부르르 떨며 몸서리치고 있는 듯 보였다.
그는 단지 얄따란 범포 하나를 걸치고 있었고,
비꼬인 여우꼬리로 만든 허리띠를 차고 있었다.
그는 머리에 가벼운 투구 하나를 쓰고 있었는데,
죽은 사람의 해골로 만들어져, 소름끼치는 모습이었다.

23
그의 이름은 말레거였으며, 사악한 두 노파가
그 뒤에 꼭 붙어서 잽싸게 따라오고 있었는데,
축 처진 하얀 머리타래에 음울한 표정을 하고,
발은 맨발이었으며, 누더기로 몸을 싸고 있었고,

둘 다 쫓기는 수사슴처럼 두 발로 빠르게 달렸다.
그렇지만 그 중 하나는 왼발을 절고 있었기에,
작은 가지 그루터기가 가득 달린 지팡이 하나로
지탱하고 있었고, 그녀의 이름은 임포텐스였다.
또 하나는 임페이션스로, 타오르는 불길로 무장하고 있었다.

1 말레거(Maleger): 라틴어로 "악"을 뜻하는 mal과 "병이나, 슬픔, 또는 우울함"을 의미하는 aeger의 합성어로서 "절망적으로 병든" 자를 가리킨다. 여기서 스펜서가 묘사하는 말레거의 모습은 전통적 악마의 모습으로서 죄의 근원인 사탄 혹은 죽음을 가리키고 있다. 또한 성서와 많은 중세문학 작품에서 죄와 질병을 동일시하고 있다는 사실을 고려한다면 말레거가 인간의 원죄를 상징한다고 할 수도 있다.

8~9 임포텐스(Impotence)와 임페이션스(Impatience): 임포텐스는 라틴어로 "무법" 또는 "무절제"를 뜻하는 impotentia에서 왔는데, 역시 라틴어로 "연약함"을 뜻하는 im-potens, 즉 무기력함을 가리키며, 칸토 1에 등장하는 모단트(Mordant)와 칸토 5에 등장하는 카이머클레스(Cymochles)의 전형이다. 임페이션스는 문자 그대로 "참을성 없음"을 가리키며, 칸토 1의 아마비아(Amavia)와 칸토 5의 파이로클레스(Pyrochles)의 전형이라고 할 수 있다.

24

그 불량배는 멀리서 무장과 전투적 장식들로
번쩍이는 왕자가 눈에 띄자마자 지체하지 않고,
자기 짐승의 양쪽 옆구리를 맹렬하게 박차면서,
자신의 살기등등한 활을 쏠 준비를 갖추고 나자,
그것으로 왕자를 향해서 끔찍한 화살을 쏘았다.
그러나 왕자는 경계하고 있었고, 자신의 방패로
그것을 잘 막았기에, 화살은 더 나가지 못하고,
아무런 힘도 없이 무력하게 땅에 떨어져 버렸다.
그러자 그 자는 또 하나, 또 하나를 계속해서 쏘아댔다.

25

그것을 막으려고, 왕자는 자신의 치명적인 창을
곧바로 꼬나들고서, 그 자를 향하여 맹렬하게
말을 달려, 즉시 그에게 앙갚음을 하려고 했다.
그렇지만 그는 그처럼 심한 접전을 감당할 만큼
강건하지 않았기 때문에, 발 빠른 자신의 짐승을
잽싸게 옆으로 돌이키며, 무서워서 빨리 도망쳤다.
그를 따라잡으려고, 왕자는 자신의 훌륭한 준마가
견딜 수 있을 만큼 최대한 빠르게 추격하였다.
그러나 그에게 가까이 접근하는 것조차 허사가 되고 말았다.

26

그 자의 호랑이는 마치 날개 달린 바람처럼 달려,
눈빛으로도 그를 따라잡기가 힘들 지경이었으며,
땅에 남기는 발자취조차도 보이지 않을 정도였다.
그는 언덕과 골짜기를 가로질러 빠르게 나아갔고,
울타리나 구덩이도 손쉬운 그의 길을 막지 못했다.
더구나 도망치면서도 그 악당은 고개를 돌려서—
마치 카스피 해 근처에 살고 있는 타타르 족이
전투를 하다가 러시아인에게 쫓겨갈 때처럼—
호랑이 꼬리 쪽을 향하면서, 잽싸게 그를 향해 살을 쏘았다.

27

그는 잽싸게 쏘았으며, 약이 오른 기사가 제게로
가까이 오면 올수록 더욱 빠르게 도망을 치면서,

때로 자신의 발걸음을 조금 늦춰서 자신의 적이
더욱 맹렬하게 자신을 뒤쫓아오도록 유인했다.
왕자가 그 자의 그런 기묘한 행동을 보았을 때,
그는 더 이상 그 자를 따라가지 않기로 마음먹고,
그 자리에 버티고 서 있으면서, 그 화살을 피해
그 자가 자신의 위험스러운 화살을 다 소진하면,
화살을 구하러 이동하기 전에 그를 다시 공격하려고 했다.

28

그러나 그 절름발이 노파는 그가 사악한 화살을
쏠 때까지 떨어져 있다가, 화살을 다시 주워서는
그에게 가져다주어, 또다시 전투를 하도록 했다.
왕자는 그것을 보고, 어떻게 그 노파를 억제하여
그 저주스런 작자를 돕지 못하게 할까 생각하다가,
그녀를 공격하여 두 손을 묶어두려고 시도하였다.
그러나 그가 들판으로 말에서 내려서자 곧이어,
또 다른 노파가 멀리서 자기 누이를 결박하려는
것을 보고는 왕자를 향하여 성급하게 달려오는 것이었다.

29

그리고 그가 내려서는 찰나에 그를 붙잡아 쥐고,
뒤로 넘어뜨리고 나서, 거친 두 손으로 끔찍하게
드잡이질 하면서 그를 내리누르고 있었는데,
마침내 그 악당이 그들을 돕기 위하여 다가와서,
왕자 위로 달려들어, 한층 무겁게 그를 짓눌렀다.

그 자가 왕자를 죽이는 것은 거의 시간문제였고,
그것으로 그 싸움의 구슬픈 결말이 날 뻔하였다,
만일 왕자의 훌륭한 시종이 그의 어려움을 보고
쓰라린 죽음을 맞기 전에 그를 구하기 위해 오지 않았다면.

30
그처럼 이 땅에서 가장 위대하고 영광스런 자도
때때로 그보다 약한 사람의 도움이 필요한 법.
그처럼 인간의 처지는 약하고 목숨은 위태로워,
이 땅의 속박에서 벗어나서 해체되기 전까지는,
결코 확신을 가지고 살아갈 수가 없는 것이다.
왕자여, 사람 중에 가장 강하고 브리튼에서
태어난 자 중에서 가장 고귀한 그대가 증거라오.
은총의 축복이 없었다고 한다면, 무서운 운명이
그대를 가혹하게 밀어붙여, 그대는 살아남기 어려웠을 것이오.

31
시종은 당도하자마자, 자신의 두 팔로 처음에는
한 노파를, 다음엔 다른 노파를 맹렬히 낚아챘다,
왕자를 괴롭히고 해치려 하는 장본인인 그들을,
그리고 칼로 위협하여 억지로 그들을 억류했다,
그들이 자기 주인을 뒤에서 공격하지 못하도록.
그동안에 왕자는 수치스러운 치욕에 자극되어,
마치 오랜 졸음의 그늘에서 막 깨어난 사람처럼,
영광과 명성에 대한 생각을 다시 상기시키고는,

자신에 대한 비난을 일소하기 위해, 온 힘을 결집시켰다.

32
마치 공허한 동굴 속에 오랫동안 갇혀 눌려 있던
불길이, 계속 억눌림을 당하면서, 그처럼 비좁은
감옥에 갇혀 있다는 사실에 대하여, 투덜거리는
모멸감에, 속으로만 격분과 원한을 품고 있다가,
드디어 무시무시한 적개심을 가지고 터져 나오며,
자신의 본래 자리에 올라가려고 애쓰기 시작하면,
처음에 그를 방해하고 귀찮게 하던 모든 것들을
이제는 불길과 검게 태우는 열기로 집어삼키고,
분노와 엄청난 공포를 가지고 잿더미를 만들어 버리는 것처럼.

33
그렇게 힘차게 브리튼의 왕자는 억눌려 있었던
상태에서 떨쳐 일어나, 자신을 묶은 끈을 부쉈다,
마치 성난 똥개들에게 괴롭힘을 당하던 곰이,
그 개들을 떨쳐 버리고 그들에게서 벗어난 다음에,
더욱 흉포해져서, 자신을 막아서는 모든 것들을
짓밟고 넘어뜨리는 것처럼. 그 즈음에 그 폭도는
땅바닥에 벌렁 넘어져 있는 자신의 적을 사로잡기
위해서 이미 타고 있던 호랑이에게서 내렸으며,
자신의 활과 치명적인 화살을 두 손에 들고 있지도 않았다.

3 "곰싸움"(*bearbaiting*)은 엘리자베스 시대에 극장과 경쟁할 만큼 유행했던 여흥

으로서 사슬에 묶인 곰을 상대로 여러 마리의 개를 풀어놓아 죽을 때까지 싸움을 시켰던 일종의 격투기였다.

34

그런 것이 이제 그에게 매우 불리하게 돌변했다,
왜냐하면 그는 도망칠 수도 없고, 해칠 수도 없이,
단지 자신의 힘과 완력에 의지할 수밖에 없었고,
이제 그는 괴물 같은 무리로부터 멀리 있었으며,
제 스스로 자신의 무기를 두고 왔기 때문이었다.
아직 최근의 굴욕에 대해 분노하고 있던 기사는,
자신의 씩씩한 오른팔을 맹렬하게 앞으로 뻗어,
자신의 철퇴로 그를 엄청나게 내리쳤기 때문에
그 자는 넘어져 땅바닥에 엎어지며, 그의 자리를 채웠다.

9 그의 자리를 채웠다(*fild his place*)는 말은 원래 아서가 넘어졌던 자리에 이제는 그가 넘어졌다는 의미로 해석할 수도 있고, 아니면 모든 자는 땅에 자신이 누울 자리, 즉 죽어 묻힐 자리를 가지고 있다는 의미로 해석할 수도 있다.

35

그러자 왕자는 그 싸움터가 자기 것이 되었으며,
온갖 고생 끝에 행복한 결말이 왔다고 여겼는데,
갑자기 넘어졌던 그 악당이 기절에서 깨어나서,
또다시 싸움을 하기 위해서, 벌떡 일어나서는,
마치 아무런 상처도 입지 않았다는 듯, 두 번째
전투를 준비하기 시작했다. 그 곁에는 엄청나게
커다란 바위 하나가 놓여 있는데, 한쪽 모서리로
서 있었으며, 움직이지 않고 오랜 세월이 흘러서

어떤 이정표이거나, 또는 여러 갈래 길의 표지판처럼 보였다.

36

그는 그 바위를 집어들고, 뒤로 힘껏 젖히더니,
자기 적을 향해 던졌으나, 왕자는 이미 잘 알고
자신을 파괴하려는 그 도구로부터 몸을 피했다.
날아오는 바위를 막아선다는 것은 소용없었기에
그는 땅을 내어주며 날렵하게 옆으로 비켜섰다.
그리고는 맹렬하게 반격했다—마치 일단 자신의
먹이를 거의 움켜쥐었다가 놓쳐버린 멋진 매가
또다시 드넓은 창공으로 치솟아 오르고 나서,
좀더 나은 기회를 잡기 위해 스스로 준비하는 것처럼.

37

그렇게 용감하게 반격에 나서, 칼을 휘두르면서
왕자는 다시금 그 폭도를 향하여 공격하였으며,
그를 너무도 강력하게 내리쳤기 때문에 그 자의
가슴을 꿰뚫고 지나가는 넓은 구멍을 만들었고,
그 칼의 절반은 그 자의 등 뒤로 나와 머물렀다.
그 칼을 다시 잡아당기면서, 왕자는 그 즉시로
심장의 피가 가슴에서 뿜어져 나오거나, 아니면
그 죽은 육체가 땅바닥에 쓰러질 것을 기대했다
그러나 그 자의 죽은 육체는 결코 땅바닥에 쓰러지지 않았다.

38
또한 그 상처가 너무 넓고 컸기 때문에 그 자의
몸통을 통해 반대편을 똑똑히 볼 수 있었음에도,
한 방울의 피도 저며 나오는 것을 볼 수 없었다
그 무섭도록 기괴한 장면에 반쯤은 놀라워하며,
또한 반쯤은 그런 착각을 일으킨 것에 분노하여,
왕자는 다시 그 자의 양쪽 옆구리를 강타했기에,
그 자의 영혼은 매우 애처롭게 신음을 내뿜었다.
하지만 그의 신음하는 영혼은 빠져나가기는커녕,
막 시작한 듯이 다시 새롭게 전투태세를 갖추는 것이었다.

39
그래서 가격한 자가 엄청난 경악에 휩싸였으며,
온몸이 떨리는 공포가 그의 가슴을 짓눌렀다.
그러한 광경을 어떻게 생각해야 할지도 몰랐고,
무슨 말을 할지, 어찌해야 할지도 전혀 몰랐다.
그는 그러한 광경이 자신의 감각을 속이기 위한
어떤 마법적 환상이 아닌지, 또는 장례식을
치르지 못해서 방황하는 유령이 아닌지, 또는
거짓으로 변장하고 있는 공허한 정령이 아닌지,
또는 악한 마법으로 불려나온 지옥의 악마가 아닌지 의심했다.

40
그의 놀라움은 이성의 한계를 훨씬 넘어섰기에,
그는 현혹된 자신의 눈을 의심하기 시작하였고,

때때로 실수한 것에 대해 스스로를 책망하였다.
피가 없는 육신, 영혼이 존재하지 않는 인간,
아픔을 주지 않는 상처, 아무 힘도 없는 육체,
해칠 수는 있으나, 해로움을 당하지 않는 육체,
죽을 수 없으나, 유한한 인간처럼 보이는 자,
가장 허약하지만, 바로 그래서 가장 강한 자—
그는 그런 것에 대해서 보거나 들어본 적이 결코 없었다.

41
잠시 동안 그는 이렇게 놀라워하며 서 있었다,
그러나 엄청난 경악에도 불구하고 그는 자신이
처음 의도한 결과를 포기하려고 하지 않았으며,
모든 수단을 동원해서 승리를 얻으려 하였다.
아니면 죽음이라는 극단적 결과를 맞이할 터.
그는 여태껏 필요할 때 결코 실망을 주지 않은,
자신의 훌륭한 칼 몰듀어와 이제까지 아무런
쓸모가 없었던 빛나는 방패를 가볍게 던져 놓고,
아무 무기도 없이 맨 손으로 그 자를 맹렬히 공격하였다.

42
그는 강력한 두 팔로 그 자를 붙잡아 들어올려,
자신의 가슴 판에 대고 그 육신을 짜부라뜨려서,
그렇게 해서 그 경멸스런 영혼을 쫓아내 버리고,
그 자의 헛된 숨을 모두 소진해 버리려 하였다.
그 자가 죽은 것이 느껴지자, 왕자는 축 늘어진

그 시체를 아무 감각이 없는 땅 위로 내던졌다.
그는 그 시체를 너무나도 힘차게 내리꽂았기에,
시체는 또다시 통겨지면서 높이 올라왔다가는,
자신의 어머니인 대지에 떨어지면서 신음소리를 냈다.

43
마치 높은 데서 조브의 무기를 보관하는 새가
건방지게 재며 나는 왜가리를 향해 내리꽂으면,
돌처럼 굳어 죽은 먹이감은 너무 세게 떨어져
낮게 깔린 평원에 부딪쳐 다시 튕겨 나오면서,
더욱 강화된 두 번째 추락을 시작하는 것처럼.
그러자 왕자는 분명히 모든 위기가 지나갔으며,
승리자인 자신만이 남아있을 것이라고 생각했다.
그런 생각을 하자마자, 폭도는 내던져지기 전만큼
민첩하게 왕자에게 엄청난 타격을 마구 가하는 것이 아닌가.

1 조브의 무기를 보관하는 새(*Joves harnesse-bearing Bird*) : 독수리는 발톱에 조브의 무기인 번개(*thunderbolts*)를 지니고 다닌다고 알려져 있다.

44
그러자 놀란 기사는 정신이 거의 없을 정도였고,
이 생명이 없는 그림자와 그렇게 싸운다는 것은
애써도 소용없고 노력도 헛되다고 생각하였다.
하지만 그 자는 살아 있고, 막강한 힘을 가져서,
기사가 놀라고 있는 동안에도 그를 괴롭혀 왔다.
그래서 어떻게 죽었으며 살아 있는 그 자에게서

목숨을 빼앗을지, 딴 방법을 궁리하기 시작했다,
그 자가 계속해서 땅바닥에서 새롭게 일어나며
대지의 자궁에서 다시 새 영혼을 얻는 것을 지켜보면서.

45
그러자 왕자는 그의 어머니인 대지가 누구이며,
어떻게 그를 처음 낳았는지 잘 기억하게 되었다.
대지는 그 자의 생명이 붕괴될 때마다 번번이
이자를 붙여서 그에게 생명을 회복시켜 주었고,
그 자가 자신의 자궁으로 쓰러지기가 무섭게
그를 전보다 훨씬 강하게 일으켜 주었던 것이다.
하여 왕자는 그를 더 이상 땅에 던지지 않았고,
그 자를 지상의 무덤에 장사지내려 하지 않고,
평소의 도움을 받을 희망에서 그를 멀리 떨어뜨리려 했다.

46
그래서 그는 그 자를 억센 두 손으로 잡아올려,
그 자의 죽은 육체로부터 목숨을 억지로 비틀어
짜냄으로써, 죄에 구속된 것에서부터 풀어준 후,
그 자를 자신의 어깨에 메고, 정확히 측정하면서
세 펄롱 이상이나 되는 거리를 힘들여 옮겨가서
마침내 물이 괴어 있는 어떤 호수에 도착하였다.
그는 서슴지 않고 그 자를 그 속에 내던졌으며,
그가 살아날 기대가 없어질 때까지 지켜보았다.
그렇게 해서 폭도의 삶과 자기 자신의 수고를 끝마쳤다

7~9 허큘리스가 안테우스를 지면에서 들어올려 죽인 것과는 달리, 아서는 말레거를 물에 빠뜨려 죽였다는 사실을 가리켜 비평가들은 그것이 세례(*baptism*)를 상징한다고 해석한다.

34연부터 시작된 아서와 말레거의 싸움은 그리스신화의 허큘리스와 안테우스(Antaeus)의 싸움을 모방한 것이다. 안테우스는 리비아(Libya)의 왕으로서 바다의 신 포세이돈(Poseidon)과 어머니인 대지(Mother Earth) 사이에 태어난 존재인데, 그는 자신의 땅에 들어온 모든 이방인에게 레슬링을 신청하고, 상대가 지치면 그를 죽여 그들의 뼈로 포세이돈 신전을 짓는 데 사용하였다. 허큘리스는 여러 번 안테우스를 넘어뜨렸으나, 그때마다 그는 어머니인 대지의 힘을 받아 전보다 더욱 힘차게 다시 일어났다. 결국 허큘리스는 상대의 갈비뼈를 꺾고 그가 죽을 때까지 그를 높이 쳐들었다. 허큘리스와 안테우스의 싸움은 르네상스시대에 가장 인기 있는 주제 중의 하나였으며, 허큘리스는 사탄에 대해서 승리하는 그리스도의 전형으로 묘사되곤 하였다.

47

그 사악한 노파들은 멀리서 그것을 바라보고서,
마치 두 마리의 미친개처럼 땅 위를 뛰어다녔다.
그리고 그중 하나는 끔찍한 소리로 울부짖으며,
자신의 부서진 쇠사슬과 굴레를 집어 내던지고,
자신의 타오르는 불길의 무기들을 식힌 다음에,
스스로 그 호수 속으로 곤두박질치며 들어갔다.
그러나 임포텐스는 스스로 자신의 두 손을 들어
말레거의 저주스런 화살 중 하나를 쥐었다.
그렇게 그녀의 떨리는 심장은 찢겼고, 사악한 종말을 맞았다.

3~6 그녀는 23연에서 타오르는 불길로 무장하고 있던 임페이션스(*Impatience*), 즉 조바심이다.

48

이렇게 해서 이제 왕자 혼자만 정복자로 남았다.
그리고 자기 말을 지키고 있던 시종에게 다가가,
말에 오르려고 했다. 그러나 왕자의 약한 정맥은
그 시도를 수포로 만들고 필요에 부응하지 못했다,
그 상처로 인하여 너무 많은 피를 잃었기 때문에,
그는 정신을 잃기 시작했고, 목숨이 시들어 갔다.
그러나 훌륭한 그의 시종은 굳건한 손으로 재빨리
그를 도와서 자신의 말 위에 머물러 있도록 했고,
말을 끌고 잘 다져진 길을 통해 성채까지 왕자를 데려갔다.

49

거기엔 많은 하인들과 시종들이 준비하고 있다가
아주 조심스럽게 그를 말에서부터 내리도록 했고,
가장 어여쁜 알마도 거기서 그를 맞이했는데,
그녀는 향료와 포도주와 값비싼 향신료를 가지고,
허약해진 그의 육체에 힘을 돋워주려고 하였다.
그녀는 곧바로 그를 내실로 옮기도록 하였으며,
그의 갑옷을 편안하게 끌러 해체하도록 하였다.
그녀는 그를 호화스러운 침대에 눕도록 하고는,
시종일관 그의 상처를 간호하면서, 그의 곁에 머물렀다.

제 12 칸토

가이언은 팔머의 다스림 덕분에
엄청난 위험을 통과하여,
희락의 소굴을 거꾸러뜨리고
아크레시아를 패배시킨다.

1
이제 이 훌륭한 절제의 성은 멋지게 솟아오르기
시작하였으며, 그 성의 장식된 꼭대기는 지극한
칭송의 정점을 향해 앞으로 나아가게 되었는데,
무엇보다도 진실한 도덕의 굳건한 기반 위에
단단히 자리를 잡고 버티고 있었기 때문이었다.
한편 그 덕목을 위해 투쟁하는 용감한 기사는
이제 똑같이 위험한 지역의 정점에 이르렀는데,
그곳에는 감각적 쾌락 안에 즐거움이 있으며,
수천 가지의 위험과 수만의 마법의 힘이 뒤섞여 있었다.

2
그는 이제 그 바다를 이틀 동안 항해하여 왔는데,
육지도 전혀 보지 못했고, 아무 사람도 없었으며,
그가 지나는 길에는 항상 위험만 있을 뿐이었다.
그런데 셋째 날에 빛나는 아침 햇살이 나타나며
자신의 떨리는 빛을 파도 위로 넓게 펼쳤을 때,

그들은 멀리서 자신들의 모든 감각을 두려움으로
가득 채우는 어떤 끔찍한 울부짖음을 들었으며,
그 즉시 격분하는 파도가 하늘에 이르도록 높이
솟아오르는 것을 보고, 물에 빠져죽을까 두려워하였다.

2연에서 38연에 이르기까지 서술되어 있는 가이언의 항해는 호머의 《오디세이》에 등장하는 오디세우스의 항해에 근거한 것으로서, 인간의 내부에 있는 세 가지 감각, 즉 기억(*memory*), 상상력(*imagination*), 그리고 상식(*common sense*)을 공격하는 세 가지 형태의 위험이 도사리고 있다. 41연까지 묘사된 유혹 중 처음 36연은 바다에서의 위험이고, 나중 4연은 육지에서의 유혹인데, 이 둘은 합친 숫자인 40은 예수가 광야에서 사탄의 유혹을 받기 전에 금식하며 지내던 날짜의 숫자로서, 전통적으로 인간을 유혹하는 완전수로 알려져 왔다(칸토 7에서 가이언이 맘몬의 유혹을 받는 장면도 모두 40연으로 구성되어 있다는 것을 참고할 것).

3

그러자 사공이 말했다, "팔머님, 키를 바로잡고
일정한 방향을 유지하십시오, 우리는 꼭 저기를
통과해야 합니다—신이여 우리를 잘 보호하소서!—
저곳은 바로 탐식의 심연이라고 불리는 장소인데
이 세상 모든 먹이를 깊이 집어삼킨다고 합니다.
그 모든 것들을 과도할 정도로 삼키고 나서는
얼마 되지 않아서 다시 먹은 것을 토해 놓으며,
자신이 과도하게 삼킨 것을 앞으로 뿜어내기에
모든 바다가 두려워하며 멀리 도망치는 것처럼 보입니다.

4 탐식의 심연(*Gulf of Greediness*): 다음 연에 등장하는 거대한 바위(*hideous rock*)와 함께 《오디세이》에 등장하는 차리브디스(Charybdis)와 스킬라(Scylla)에서 따온 것이다. 차리브디스는 메시나 해협(Strait of Messina)으로 들어가는 북쪽 입구의 서쪽 편에 위치한 소용돌이로서 하루에 세 번씩 바닷물을 빨아들였다가 토해내는데, 그 반대편 협곡의 동굴에는 괴물 스킬라가 버티고 있어 차리브디스의 위협을 피해 자신 쪽으로 항해하는 선원들을 잡아먹었다고 알려

져 있다. 오딧세우스는 소용돌이를 피해 항해하다가 괴물에게 여섯 명의 부하를 잃었다.

4
"다른 한쪽에는 강력한 천연 자석으로 이루어진
거대한 바위가 놓여 있고, 그 울퉁불퉁한 절벽이
높이 치솟아 있어서, 보기에도 끔찍할 지경이며,
파도 위로 그 거칠고 억센 두 팔을 들어올리고
누구든지 가까이 오기만 하면 부서진 조각들을
던지겠다고 위협합니다. 하지만 모든 여행자를
가까이 끌어당기는데, 아무도 피할 수 없습니다.
그들은 저 심연의 삼킬 듯한 입에서 도망가다가,
이 바위에 부딪혀 쪼개지고, 힘없이 파도 속에 빠져들지요."

5
그들은 앞으로 나아갔고, 그는 힘 있게 노를 저어
마침내 그들은 심연에 가까이 이르게 되었는데,
그곳에서는 물살이 더 격렬하고 탐욕스러워졌다.
그러자 그 사공은 있는 힘을 다해서 애를 쓰며
노를 물에 박차면서, 위협하는 파도를 통과하여
속이 텅 빈 그 배를 힘차게 조종하며 나아갔는데,
물결은 빨아들이는 무덤의 거대한 심연 속으로
그들을 산 채로 집어삼키려고 입을 크게 벌렸으며,
헛되이 그들을 향해 노호를 질렀고, 매우 무섭게 날뛰었다.

6

그들은 지나가며, 그 끔찍한 아가리가 바닷물을
자신의 창자 깊숙이 빨아들이는 것을 보았는데,
그것은 지옥보다도, 혹은 거길 통해서 저주받은
유령들이 악한 죄인들을 괴롭히기 위하여, 종종
세상으로 기어 나오는, 가파른 타타르의 어둡고
끔찍스런 동굴보다도 더욱 무시무시하게 보였다.
그런데 이 지독한 심연으로 빠지거나, 그 넓은
내리막길에 가까이 접근하는 자는 그 누구라도
되돌아올 수 없으며, 빠져 죽는 저주를 받게 되는 것이다.

5 타타르(Tartare) : 지옥의 하부에 있는 형벌장소인 타타루스(Tatarus)를 가리킨다.

7

다른 한 쪽에서 그들은 그 위험천만한 바위가
그들을 파괴하겠다고 위협하는 것을 보았는데,
가파른 절벽에는 난파된 배들의 잔해가 있었다.
그리고 얼마 전에 난파되어 조각나 버린 배들이
그로 인하여 죽은 시체들을 실은 채, 아직 거기
붙어 있었는데, 그들은 허망한 쾌락과 무절제한
욕정으로 자기들의 재산을 모두 탕진해 버리고,
그 후에 격렬하게 난파당하게 되어 자신들의
목숨과 명예를 둘 다 영원히 수치스럽게 더럽힌 것이다.

8
그러므로 이곳은 위험스럽고 역겨운 장소로서,
더러운 책망의 바위라는 이름을 가지고 있는데,
어떤 물고기나 새도 결코 그리 접근하지 않고,
다만 거칠고 천박한 바다갈매기와 괴성을 내는
괭이갈매기, 그리고 게걸스런 종족의 새들과
가마우지만이 계속 황량한 절벽 위에 앉아서,
불행하게도 신용을 잃고 재산을 탕진한 후에,
결국 이 절망스러운 종말에 스스로 끌려오는,
비참한 사람들을 약탈하기 위하여 기다리고 있었다.

9
자신들이 안전하게 지나가는 것을 본 팔머는
이렇게 말했다, "보시오, 우리 눈앞에 펼쳐지는
색욕의 호화스러움과 탕진하는 낭비의 본보기를.
자신들의 나태한 날들을 음란한 쾌락으로 보낸
불쌍한 자들에게, 여기 그들의 비참한 곤경을
이야기해주는 이 찢겨진 잔해에서 보여주고 있는
수치와 심한 책망 말고 이제 무엇이 남아 있소?
살아 있는 사람은 모두 이 일에서 교훈을 얻어
책망의 바위를 피하고, 죽음처럼 무서워해야 할 것이오.

10
그렇게 그들은 노를 저어 나아갔고, 그 사공은
자신의 단단한 노로 바다를 힘차게 쓸고 나가,

하얀 물결은 목선으로부터 달음질쳐 물러났고,
짠 바닷물이 파도에서 소용돌이쳐 솟아 나오자,
가벼운 거품들이 줄줄이 따라오며 춤을 추었다.
마침내 그들은 멀찌감치 사방에 수많은 섬들이
물결 사이를 떠다니고 있는 것을 보게 되었다.
그러자 기사가 말했다, "보시오, 뭍이 보입니다.
그러니, 노인장, 저쪽으로 그대의 진로를 잡도록 하시지요."

11
그러자 그 사공이 말했다, "그럴 수는 없습니다,
우리가 자기도 모르는 사이에 망하지 않으려면.
왜냐하면 바로 저 섬들은 시시때때로 나타나며,
단단한 육지도 아니고, 고정된 장소도 아니며,
드넓은 물결 위를 이리 저리 배회하며 다니는
비틀거리는 땅입니다. 그렇기 때문에 저것들을
방황하는 섬이라고 하지요. 그러니 피하세요,
저 섬들은 곧잘 수많은 방황하는 사람들을 가장
치명적 위험과 비통한 재난 속에 빠뜨리기 때문입니다.

12
"그러나 멀리서 바라보는 사람에게는 아름답고
풍요로운 것처럼 보이며, 그 지면은 보기 좋은
녹색 빛깔의 잔디로 가득 뒤덮여 있는 것 같고,
나뭇잎으로 옷을 차려입고 있는 키 큰 나무들은
흰색과 빨간색으로 물든 꽃들로 잘 치장하여,

여행자들을 그쪽으로 유혹하도록 되어 있지요.
그렇지만 그 누구라도 그곳에 한번이라도 발을
올려놓게 되면 결코 돌이킬 수 없게 될뿐더러,
아무런 확신도 분명함도 없이 영원히 방황하게 됩니다.

13
"일찍이 사람들이 이야기하기를 델로스 섬은
오랫동안 에게 해 한가운데를 떠돌아다니며,
선박이 머물 아무런 포구도 가지지 못했었는데,
마침내 주노의 분노와 극심한 추격을 피해서
달아나면서, 그 쪽으로 지나가던 라토나가
자신의 아름다운 쌍둥이를 그곳에서 출산했으며,
그들은 그 후에 밤과 낮을 지배하게 되었습니다.
그때 이후로 그 섬은 굳건히 자리를 유지하였고,
아폴로 신전으로 인해서 드높이 칭송을 받게 되었지요."

5 라토나(Latona): 레토(Leto)를 가리키며, 그녀는 제우스와 관계를 갖고 주노(Juno), 즉 헤라(Hera)의 노여움을 피해 델로스(Delos) 섬에서 쌍둥이 아폴로(Apollo)와 다이애나(Diana)를 낳았다. 아폴로는 태양, 다이애나는 달을 상징한다.

14
그들은 시의적절한 그의 말에 귀를 기울였으며,
앞으로 전진했다. 그런데 그들이 가고 있는 길이
넓은 바다를 떠돌아다니고 있던 바로 그 섬들 중
하나의 곁을 반드시 지나가도록 되어 있었는데,

그 섬은 눈에 너무도 달콤하고 즐겁게 보였기에
그곳에 가 보고 싶도록 사람을 유혹하고 있었다.
그들은 한 말쑥한 여인이 자기 머리를 매만지며
그 해변 언덕 위에 앉아 있는 것을 보게 되었는데,
그녀 곁에는 작은 배 하나가 떠있는 것이 눈에 띄었다.

15
그녀는 그들을 보자, 큰 소리로 그들을 부르면서,
그들에게 해변으로 가까이 다가오도록 청했는데,
그들을 바쁘게 만들어줄 것이 있다는 것이었고,
그러면서 커다랗게 웃었다. 그럼에도 불구하고
그들은 결코 배를 돌리지 않고 그대로 나아갔다.
그녀는 그것을 보자, 머리타래를 내버려둔 채,
노가 장착되지 않은 그녀의 배를 향해 달려가서,
선착장으로부터 그 배를 날렵하게 출발시켰으며,
자신의 모든 힘과 수단을 다해서 그들의 뒤를 따라왔다.

16
그들을 따라잡고 나자, 그녀는 명랑한 몸짓으로
그들 보고 배에 타라면서, 다양한 말을 건넸는데,
때로는 교태를 부리고 허망한 유희를 꾸며내며,
때로는 음탕한 말들을 노골적으로 던지기도 했다.
마침내 팔머는 그녀가 단정치 못하고 헤프다고
그녀를 대단히 가혹하게 질타하기 시작하였다.
그 꾸중을 받아들이기는커녕, 자신을 정당하게

꾸중하는 팔머를 더욱 경멸스럽게 조롱하면서,
그녀는 자기 배를 뒤로 돌려서 그들로부터 멀리 저어갔다.

17
그녀는 최근에 가이언에게 게으름의 호수로
건너가게 해주었던 그 음란한 페드리아였다.
그녀를 전혀 개의치 않고, 그들은 계속 갈 길을
갔으며, 그녀의 허망한 유혹을 모두 뿌리쳤는데,
그때에 신중한 사공이 그들에게 이렇게 말했다:
"이제 여기서 우리는 대단히 조심해야 할뿐더러
우리의 안전을 위해 경계를 늦추지 말아야 합니다.
여기 우리 앞에는 위험천만한 항로가 놓여 있는데,
수많은 인어들이 사악한 노래를 부르며 나타나는 곳입니다.

18
그런데 그 길목에는 거대한 모래펄이 놓여 있고,
위험하기 그지없는 소용돌이 하나가 숨어 있지요.
팔머님, 그러므로 항로를 바르게 유지하십시오,
좁다란 길이 그 둘 사이에 놓여 있기 때문입니다."
그가 말을 마치기가 무섭게 그들은 손에 잡힐 듯
가까이 물로 덮여 있는 모래펄을 보게 되었는데,
물결에 무늬가 드리워져 있고 바다의 색이 달라서
그들이 그 모래펄을 분명하게 알아볼 수 있었다
그 장소는 무절제의 모래펄이라는 이름이 붙은 곳이었다.

19
지나가면서 그들은 훌륭한 배 한 척을 보았는데,
그 배는 먼 곳에서 온 값진 상품들을 가득 싣고서,
갖출 수 있는 모든 장비를 훌륭하게 갖추고서도,
커다란 실수를 저지르는 불운을 만나는 바람에
그러한 위험 속으로 스스로 뛰어들게 된 것이다.
그 배의 선원들과 상인들은 많은 노력을 들이며
자기들의 소중한 상품과 값비싼 물품들이 처참히
못쓰게 되는 것을 막아 보려고 헛되이 애를 썼다.
그렇지만 수고와 노력으로도 그 배를 돌이킬 수 없었다.

20
다른 한 쪽에서 그들은 파멸의 소용돌이라고
부르는 위험스러운 물웅덩이를 보게 되었는데,
그 속에는 불행한 슬픔을 당한 수많은 사람들이
빠져 있어, 아무도 그들을 기억하지 않게 되었다.
마치 쉬지 않고 굴러가는 불안스러운 바퀴처럼
소용돌이치며 미친 듯 돌아가는 둥그런 물결을,
그 곁으로 지나가는 자들이 턱없이 탐을 내어
자신들의 배를 그 폭넓게 소용돌이치는 미로의
가장자리 안으로 다가오고, 그러면 빠져 죽게 되는 것이다.

21
그러나 조심스러운 사공은 자신의 강건한 팔을
힘차게 앞으로 뻗으면서, 온몸을 긴장시켰기에,

그들은 머지않아 모래펄의 맨 끝에 다다랐고,
저 무시무시하게 위험한 곳을 뒤로하게 되었다.
별안간 그들은 그 망망대해의 한가운데에서부터
파도의 물결이 산처럼 치솟는 것을 보았는데,
거대한 바다가 교만한 거드름을 피우며 부풀어,
제 본연의 범주를 벗어날 정도로 솟아오르면서
제 힘을 모독하는 것을 다 삼키겠다고 위협하는 것 같았다.

22
파도는 넘실거리며 밀려오고, 물결은 포악하게
으르렁거렸다, 마치 분노가 극에 달했다는 듯이,
또는 격분한 넵튠이 엄청난 공포를 주기 위해
소용돌이치는 마차 앞으로 그들을 내모는 것처럼.
그곳에는 한 점의 바람도 불고 있지 않았으므로,
세 사람 모두는 그처럼 기이하게 두려운 현상이
무엇을 불러일으킬지 몰라서 무척 두려워하였다.
곧이어 그들은 살아 있는 감각을 경악하게 할만한
거대한 바다 괴물들의 형상을 가진 끔찍한 무리를 보았다.

23
그 형상이 너무 흉측하고 보기가 너무 끔찍해서,
어머니인 자연도 쳐다보기를 두려워하거나, 또는
그런 역겨운 결함들이 자신의 가장 교묘한 손을
빠져나갔다는 사실에 대해서 부끄러워할 정도로,
온통 괴상망측한 모습의 무시무시한 형상이었다.

치솟는 머리의 하이드라와 바다를 가르는 고래,
모든 고기들을 도망치게 하는 거대한 소용돌이,
은빛 비늘로 온통 감싸고 있는 빛나는 바다지네,
그리고 셀 수 없이 많은 꼬리가 달린 웅장한 바다 외뿔소,

6 치솟는 머리의 하이드라(*spring-headed hydras*) : 고래처럼 머리에서 물을 뿜어내는 형상의 상상 속의 바다괴물이다.

24

죽음이라는 이름에 걸맞으며, 죽음처럼 끔찍한
빛깔의 몸을 가지고 있는 저 무시무시한 물고기,
달아나는 배들의 뒤를 재빠르게 추격하는 것을
자신의 여흥거리로 즐기는 징그러운 바다인간,
가장 엄청난 폭풍이 밀려 올 때에 자기 자신의
무서운 얼굴을 드러내는 끔찍한 바다 새터,
여행자들의 보고에 의하면 뱃사람들이 암초보다
더 피해 가려고 애쓴다고 하는 거대한 황새치,
그리고 괴상망측한 얼굴을 지니고 있는 탐욕스런 해마.

6 바다 새터(*sea satyr*) : 남성인어로서 욕정이 강한 것을 강조하기 위해서 반인반수이며 색욕적 새터라고 이름붙였다.

25

이 모든 것들과 수천 수만도 넘는 많은 무리가,
그리고 천 배나 더 괴상망측하게 생긴 괴물들이,
무서운 굉음과 함께 공허하게 으르렁거리면서,

거품을 내며 밀려오는 파도를 타고 달려왔는데,
파도는 그들을 보고 무서워 도망치는 것 같았다.
이런 것들이 기사를 경악하게 한 것은 당연하다,
이 땅에서 우리가 무섭다고 여기는 것들은 모두
바다의 내부에 살고 있는 생물들과 비교한다면,
다만 아기들을 무섭게 할 딱정벌레에 불과할 뿐이기에.

26
그러자 통찰력 있는 팔머가 말했다, "아무것도
두려워 마시오, 이 괴물들은 사실 괴물이 아니고
바로 저 사악한 마녀가 우리를 무섭게 만들어서
이 여행을 계속하는 것을 포기하도록 하기 위하여
이처럼 끔찍한 모습으로 변형시킨 것에 불과하오."
그리고 자신의 효험 있는 지팡이를 높이 들어올려,
바다를 내리치자, 그 바다는 금방 잔잔해졌으며,
저 무시무시한 무리들은 모두 위대한 테티스의
품안으로 잽싸게 도망치기 시작하여, 거기 숨어 있게 되었다.

8 테티스(Tethys) : 타이탄 오세아누스(Oceanus)의 부인으로서, 바다와 동일시 되는 여성의 이름이다.

27
위험에서 벗어난 그들은 여행을 계속 유지했고,
가는 중에, 어떤 사람이 통곡을 하며 처량하게
울고 있는 한 구슬픈 울음소리를 듣게 되었는데,
그 하소연은 바다에 메아리쳐 멀리 퍼져 나갔다.

마침내 그들은 어떤 섬에 말쑥한 처녀 하나가
바닷가에 앉아 있는 것을 발견하게 되었는데,
그녀는 엄청난 비애와 지극한 고통을 가지고서
어떤 대단한 불행에 대해서 한탄하는 것 같았고,
구원을 요청하며 쉬지 않고 커다란 소리로 그들을 불렀다.

28

가이언을 그것을 듣자, 즉시 저 슬픈 처녀를
향하도록 배를 조종하라고 팔머에게 말했다,
무슨 일인지 알고 심한 슬픔을 덜어 주겠다면서.
그보다 더 통찰력 있는 팔머가 그에게 말했다,
"기사님, 말씀을 따르지 않는다고 노여워 마시오.
그녀의 울음소리에 귀를 기울이면 불행해집니다.
그녀는 속으로는 아무것도 속상한 것이 없으며,
다만 덧없는 연약함으로 기사님의 굳건한 가슴을
움직이려는 여성스러운 섬세한 위장술일 뿐이기 때문입니다.

29

그녀가 어리석은 동정심으로 기사님의 마음을
돌이키게 되면, 자신의 교활한 미끼를 이용하여
기사님의 마음속에 더욱 깊이 파고들게 되어서,
급기야는 파멸만이 기사님을 기다리게 된답니다."
기사는 그 말에 복종했고, 또한 뱃사공은 부동의
확고함을 가지고 진로를 똑바로 유지해 가면서,
많은 수고와 피로에 지친 자신의 피곤한 두 팔을

결코 움츠리지 않고, 결코 쉬려고 하지도 않고,
자신의 노를 가지고 야생의 수면을 헤치며 앞으로 나아갔다.

30
그리하여 이제 그들은 인어들이 살고 있는 곳에
가까이 접근하게 되었다. 그곳은 잔잔하고 고요한
만이었는데, 그 한쪽은 한 고색창연한 언덕의
널따란 그림자로 둘러싸인 채 그늘져 있었으며,
다른 한 쪽은 높은 바위가 탑처럼 이어져 있어,
만은 그 둘 사이에 자리잡은 멋진 포구가 되어,
그곳은 마치 객석이 반쯤 찬 극장과도 같았다.
그곳에서 다섯 명의 자매가 계속해서 지내왔으며,
사람의 눈을 속이기 쉬운 그늘진 곳에서 목욕을 하곤 하였다.

8 스펜서가 여기서 묘사하는 사이렌(Siren)은 《오디세이》에 등장하는 사이렌과 그 모습과 숫자에 있어서 차이가 있다. 우선 호머의 작품에 등장하는 사이렌은 세 명인데, 여기서는 다섯 명으로 제시되고, 또한 고전적 사이렌은 절반이 여성이고 나머지 절반은 새인데, 여기서는 여성과 물고기의 모습을 하고 있다(중세 이후 대부분의 작품에서 사이렌은 여성과 물고기의 모습으로 등장한다). 스펜서가 그 숫자를 다섯 명으로 한 것은 이들이 유혹하는 대상인 인간의 오관(*five senses*)을 강조하기 위한 것으로 보인다.

31
그들은 어여쁜 여인들이었는데, 그만 어리석게도
헬리콘의 처녀들과 우승을 놓고 경쟁을 하였다.
그리고 그 처녀들에게 패배한 그들은 자신들의
뻔뻔스러운 무엄함에 대한 벌로 자랑스러운 미모를

빼앗기고, 몸의 절반이 물고기로 변하게 되었다.
그러나 상반신은 원래의 모습이 그대로 있었고,
평소의 선율에 대한 능숙한 기술도 그대로였다.
그런데 그들은 줄곧 그 기술을 나쁘게 사용하여,
연약한 여행자들을 유혹했으며, 일단 잡히면 죽여버렸다.

2 헬리콘의 처녀들(*Heliconian maides*) : 헬리콘 산에 거주하는 뮤즈들을 가리킨다. 그리스신화에 의하면 세 명의 사이렌은 감히 뮤즈와 노래경쟁을 벌이다가 패배하여 날개를 뽑히는 벌을 받았다.

32

그래서 이제 가이언이 곁을 지나가게 되자
그들은 즐거운 노래로 이렇게 달콤하게 불렀다:
"오, 그대 고귀한 선녀의 잘 생긴 아드님이여,
막강한 무력에 있어서 그동안 전투를 치렀던
그 어떤 기사보다 드높이 찬사를 받는 분이여,
오, 그대의 방향타를 이쪽으로 잠시 돌려주세요.
폭풍에 지친 배는 여기서 편안히 쉴 수 있어요.
이곳은 힘든 수고를 벗어나 휴식하는 항구이며,
고통과 피곤한 소동을 벗어난 세상의 달콤한 휴식처랍니다."

33

그 노래에, 넘실대는 바다는 부드럽게 반향하며,
자신의 커다란 저음으로 적절하게 응답하였고,
파도는 바위를 향해 높다랗게 부서져 퍼지면서,
그 두 음과 어울리는 장중한 중간음을 냈는데,

한편 온화한 제피러스는 테너음으로 크게
휘파람을 불어댔다—기묘한 종류의 화음이었다.
그것이 가이언의 감각을 부드럽게 자극하여,
그는 사공에게 배를 천천히 저어서 자신이 그
진귀한 선율을 얼마간 들을 수 있도록 해달라고 부탁했다.

5 제피러스(Zephyrus) : 주로 봄에 불어오는 따스한 서풍을 가리키는 것으로서 살아 있는 생명체를 성장하게 하고 성적 본능을 부추기는 바람이다. 칸토 5의 29연을 참조할 것.

34

그렇지만 팔머는 온당한 충고를 하여 기사가
그러한 허영심에서부터 벗어나도록 설득했기에,
그들은 그냥 지나쳤으며, 곧이어 그들이 처음에
진로를 잡았던 바로 그 땅이 보이기 시작하였다.
그런데 갑자기 짙은 안개가 제 우중충한 운무로
감쌀 수 있는 모든 것을 에워싸며 퍼져 나갔고,
하늘의 생기발랄한 얼굴을 온통 덮었기 때문에,
모든 것이 하나가 되고, 하나는 없는 것 같아서,
이 위대한 우주가 하나의 혼돈에 찬 덩어리같이 보였다.

8~9 이 대목의 원문은 "That all things one, and one as nothing was, / And this great Universe seemd one confused mas"로서, 우주를 의미하는 universe의 어원인 "one (uni)-turning (verse)" 또는 "turning into one"이 가진 "하나"(*one*)에 대한 말장난(*word play*)이며, 혼돈에서 창조된 세상이 다시 혼돈으로 돌아간다는 것을 암시한다.

35

그러한 현상에 그들은 대단히 경악했고, 드넓은
암흑 속에서 길을 어떻게 잡아야 할지 모른 채,
미처 예견치 못한 재난에 빠져들까 봐, 그처럼
황량한 안개 속에 방황하는 것을 두려워하였다.
숨겨진 위험이 눈에 띄는 위험보다 더 나쁜 법.
그런데 갑자기 셀 수 없이 많은 해로운 새들이
퍼덕거리고 울면서 그들 주변으로 날아들었으며,
저희들의 사악한 날개로 그들을 내리치곤 했고,
무서운 어둠 속에서 더듬거리는 그들을 심하게 괴롭혔다.

36

심지어 불길한 징조를 가진 치명적인, 천성적으로
인간이 혐오하고 끔찍하게 생각하는, 온갖 종류의
새들의 무리가 그들 주변으로 떼를 지어 몰려왔다.
죽음의 무시무시한 전령인, 얼굴이 흉측한 부엉이,
서글픈 음울함의 나팔인, 쉰 목소리의 밤까마귀,
대낮에게 원수가 되는, 가죽 날개를 가진 박쥐,
언제나 무덤 위에서 기다리고 있는, 슬픈 올빼미,
누구든지 듣기만 하면 죽는, 째지는 피리소리새,
그리고 비참한 운명을 미리 알려주는 예언자, 지옥의 하피.

9 하피(Harpies) : 지옥(Hades)에 있는 것으로 알려진, 여성의 몸을 가졌으나 날개와 머리와 꼬리는 새의 모습을 한 전설적 괴물이다.

37
이 모두와 공포심를 자아내는 다른 모든 새들이
그들 주위로 날아와 공포로 돛을 가득 메웠다.
하지만 그들은 멈추지 않고, 앞으로 나아갔는데,
하나는 노를 저었고, 또 하나는 굳게 키를 잡았다.
그러다가 마침내 날씨가 맑아지기 시작했으며,
아름다운 육지가 제 모습을 선명하게 드러냈다.
그러자 팔머가 말했다, "우리의 모든 재난을
일으키는 저주스런 땅이 나타나는 것을 보시오.
기사님, 그러므로 준비된 무장을 몸에 두르시기 바랍니다."

38
그 말에 따라, 기사는 자신의 무장을 갖추었으며,
그 사이에 재빠른 배는 아주 빠르게 앞으로 나가,
제 휘어진 용골을 육지에 부딪치며 갖다붙였다
그러자 숭고한 가이언은 앞으로 걸어나갔고,
그를 보살펴주는 현명한 팔머도 따라나섰다.
그렇지만 다른 한 사람은 자기 배에 남아있었다.
두 사람은 아무 두려움 없이 당당히 나아갔는데,
둘 다 온갖 힘든 역경에 대비하여, 위험과 당황을
피하기 위한 성실함과 조심스러움으로 단단히 무장하였다.

39
얼마 되지 않아서 그들은 무시무시하게 울부짖는
많은 짐승들의 끔찍한 노호소리를 듣게 되었는데,

그것은 마치 굶주림의 창이나 비너스의 침이
지독히 오만하게 그들을 격노하게 한 것 같았다.
그러나 그들은 아무 두려움 없이 굳건히 나아가
마침내 야생의 짐승들이 보이는 곳에 이르렀다.
그들 모두는 갑자기 아주 탐욕스럽게 입을 벌리고
자신들의 억센 갈기를 무시무시하게 곤두세우며
그 기대치 않았던 손님들을 집어삼키려고 달려들었다.

40
그러나 그들이 치명적으로 협박하면서 접근하자,
팔머는 자신의 지팡이, 즉 모든 마법을 깰 수
있는 자신의 막강한 지팡이를 그 위로 쳐들었다.
곧이어 짐승들의 완강한 용기가 수그러들었고,
높이 치켜져 올라갔던 갈기를 얌전히 떨구었다.
난투를 벌이는 대신, 짐승들 스스로 무서워했고,
두 사람이 지나가는 것을 보면서 몸을 떨었다.
모든 괴물들이 그것을 지닌 사람에게 굴복하는,
그런 놀라운 위력이 바로 그 지팡이 안에 있었던 것이다.

41
그 지팡이는 바로 카두세우스를 만든 것과
똑같은 나무를 가지고 정교하게 제조된 것인데,
카두세우스는 머큐리가 가진 지팡이로서,
그는 그것을 들고 끔찍한 공포와 영원한 어둠을
지나서 스티지언 영역을 침범하곤 하였다.

그는 그것으로 지옥의 악마들을 진정시켰으며,
아무도 설득할 수 없는 오르커스를 길들였고,
가장 심하게 격분하여 날뛰는 악귀들을 다스렸다.
그 지팡이에 있는 힘을 또한 현자 팔머도 가졌던 것이다.

3 머큐리(Mercury) : 지혜와 이성의 신으로서 카두세우스(Caduceus) 라는 이름의 지팡이를 가지고 인간의 영혼을 안내하며, 스티지언, 즉 지옥에 흐르는 스틱스(Styx) 강이나 지옥을 다스리는 오르커스(Orcus), 즉 플루토(Pluto) 를 길들일 수 있는 힘을 지녔다.

42

그곳을 통과한 후에, 얼마 되지 않아서 그들은
희락의 소굴이 있는 곳에 당도하게 되었다.
그곳은 예술로 자연의 작업을 모방할 수 있는
최고의 기술자들이 엄격하게 선택한 곳이었다.
그곳에 이 세속적 세상에 있는 것들 중에서
사람들의 감각에 달콤하고 즐거운 온갖 것들과,
가장 섬세한 환상을 만족시킬만한 온갖 것들이,
조금도 아낌없이 풍부하게 퍼부어져서, 그곳을
사치스러운 풍요로움이 가득한 곳으로 만들어 놓았다.

43

그곳은 주변을 빙 돌아 잘 둘러싸여져 있었기에,
그곳에 들어간 손님들을 내부에 잘 보호해주고,
길들여지지 않은 짐승들을 외부에 묶어두었다.
그렇지만 그곳의 담장은 얇고 연약할 뿐이었다.

그 작은 요새는 가장 막강한 것들이 그 위력에
굴복했던, 바로 그 지혜의 힘과 절제의 위력을
제외하고는, 아무런 세력도 두려워하지 않았다.
그리고 또한 대문은 가벼운 물질로 만들어져서,
공격이나 싸움보다는 오히려 보기에 즐겁게 되어 있었다.

44
그것은 진귀한 상아를 사용하여 만들어졌는데,
경탄할만한 기지를 가진 자의 작품으로 보였다.
그리고 거기에는 제이슨과 메디아에 대한
모든 유명한 이야기들이 빼곡하게 적혀 있었다.
그녀의 대단한 요술, 그녀의 격렬한 사랑의 발작,
황금의 양털을 획득하기 위한 그의 훌륭한 기지,
그의 약속의 파기와 너무도 가볍게 변절한 사랑,
그 모험적 건조물 안에 온갖 그리스의 꽃들을
태우고 처음으로 에욱신 대양을 통과한 놀라운 아르고 호.

3~9 그리스신화에 의하면 제이슨(Jason)은 황금양털(*Golden Fleece*)을 얻기 위해 그리스 전사들을 이끌고 아르고(Argo) 호를 타고 에욱신 바다(Euxine seas)를 건너서 아에테스(Aeetes) 왕이 통치하고 있는 콜키스(Colchis)로 갔다. 아르고는 처음으로 대양을 항해한 배의 이름이며, 콜키스에 도착한 제이슨은 아에테스에게 잡혀 죽음을 앞두고 있었으나, 헤라(Hera)의 도움으로 아에테스의 딸 메디아(Medea)의 사랑을 얻어 죽음을 면하고 끝내 황금양털을 얻게 된다.

45
어쩌면 그대도 마치 배가 거품 속을 지나가듯이,

거품투성이의 파도가 배 밑에서 거품을 일으켜,
파도가 상아 속으로 들어가거나, 아니면 상아가
물결 속으로 가는 듯하는 것을 보았을지 모른다.
그리고 다른 곳에서는 눈 같은 물질이 그곳에서
흘린 소년의 피처럼 주홍색을 띠고 뿌려져 내려,
보기에도 애처로운 광경을 연출하고 있었다.
그리고 어떤 때에는 금가루가 뿌려져 내렸는데,
마치 크레위사를 결혼시킨 마법에 걸린 불꽃과도 같았다.

5~9 메디아(Medea)는 제이슨(Jason)을 사랑하게 되어, 그를 시켜 자신의 동생 앱실터스(Apsyrtus)를 죽이도록 하였다. 황금양털을 얻은 제이슨이 메디아와 함께 도망할 때 그녀의 아버지인 아에테스의 군대가 뒤따라오자 그녀는 앱실터스의 시체 조각을 바다에 던져 아에테스가 아들의 시체를 건져내는 동안 무사히 그곳을 벗어나도록 하였다. 후에 제이슨이 그녀를 배반하고 크레위사(Creusa)와 결혼하자, 메디아는 그녀의 결혼 예복에 저주를 내렸고 신부가 그 옷을 입자 불꽃이 일어 타 죽고 말았다. 여기서는 앱실터스의 주홍색 피와 크레위사를 태운 불꽃이 금가루에 비유되고 있으며, 크레위사는 결국 불꽃과 결혼한 셈이 되었다.

46

이 모든 것들과 더 많은 것들을 그 멋진 문에서
읽을 수 있었는데, 그 문은 그리로 들어오는 모든
사람에게 항상 열려 있었다. 그러나 그 입구에는
자연스럽지 않을 정도로, 키가 크고, 용모가 멋진,
점잖은 인물이 앉아 있었으며, 그는 여행자들을
자신에게 오도록 유혹하고 있는 것처럼 보였다.
그의 늘어진 의복은 땅에까지 끌려내려 왔으며,
그의 뒤꿈치 주변에 제멋대로 펄렁거리고 있어,
빠른 걸음이나 사나이다운 행동에는 적절하지 않았다.

47

거기 있는 사람들은 그를 지니어스라 불렀다.
우리가 우리들의 안위에 관련된 놀라운 일들과
기묘한 환상들을 볼 수 있게 해주거나, 때때로
우리가 조심하도록 비밀스러운 불행을 보여주어,
우리의 인생을 보살피고 살아있는 모든 세대를
책임 맡아서 담당하는 저 천상의 힘은 아니었다.
우리는 보지 못하지만, 우리 자신이 그런 힘인데,
각자가 자기 자신 안에서 그것을 잘 인식하고 있을 것이다.

1 지니어스(Genius) : 인간을 선하게 인도하는 우주적 원리(*universal principle*)를 가리키기도 하며 개인적으로 인간을 타락으로 유도하는 나쁜 힘을 의미하기도 한다. 다음 연에 등장하는 아지스터스(Agdistes)는 지니어스의 긍정적 모습이며, 여기 등장하는 자는 사탄을 전형으로 하는, 아키마고와 유사한, 유혹자의 모습이다.

48

그렇기 때문에 슬기로운 옛 선인들은 현명하게
그를 신으로 삼고, 선한 아지스터스라 불렀다.
그러나 이 자는 그와 전혀 반대되는 인물이었다.
모든 사람들의 선함을 시기하는, 인생의 적이요,
우리들에게 보여주는 교활한 모습들을 통해서,
아무도 모르게 우리를 타락으로 유인하는 자였다.
그는 이 정원을 다스릴 권력을 가지고 있었으며,
쾌락의 문지기 노릇을 하도록 만들어져 있었는데,
좀더 격식 있게 보이려고 손에 지팡이 하나를 들고 있었다.

49
그는 여러 가지 꽃으로 멋지게 꾸미고 있었는데,
온몸을 꽃으로 온통 뒤덮었으며, 그의 곁에는
단단한 박달나무로 만든 포도주 잔이 놓여 있어,
마치 그에게 희생의 제물로 바쳐진 것 같았다.
거기서 그는 새로 온 모든 손님들을 접대하였다.
또한 지나가던 가이언 경을 그렇게 맞았는데,
기사는 그 자의 방종스러운 예절을 무시했으며,
그가 내미는 술잔을 경멸하면서 내던져 버리고,
마법으로 간교한 모습을 꾸미는 그의 지팡이를 부숴버렸다.

50
그렇게 안으로 들어가서, 그들은 그 크고 널찍한
평지를 둘러보았는데, 사방에 흥겨운 놀이터들이
가득했고, 아름다운 잔디가 깔린 바닥은 녹색으로
가득 덮여 있으며, 자만심이 넘치는 플로라의
온갖 장식들로 멋지고 아름답게 치장되어 있었다.
거기서 그녀의 어머니인 예술은 — 마치 인색한
자연을 반쯤 경멸하듯이 — 이른 아침에 그녀가
순결한 침실에서 밖으로 나올 때, 그녀를 마치
화사한 신부처럼 꾸미고 너무 사치스럽게 장식해 놓았다.

6~9 여기서 그녀는 꽃의 여신 플로라(Floria)를 가리키는 것인데, 가이언에 따르면 예술이 자연을 경멸하는 것은 인간 타락의 단면을 보여주는 것이다. 칸토 7의 16연에서 기사는 인간의 오만함이 자연의 필요와 중용을 넘어서면서 황금시대(*golden age*)를 상실하기 시작했다고 설명하였다.

51

언제나 흥겨운 하늘은 끊임없이 일정한 상태를
유지하며 사랑스럽게 그들을 내려다보고 있었다.
그들의 보드라운 꽃봉오리나 잎을 망가뜨리는,
괴로운 폭풍도 서리도 그들에게 내리지 않았고,
그곳에 살고 있는 생물들을 고통스럽게 만드는
타오르는 열기도, 춥고 혹독한 날씨도 없었다.
다만 온화한 계절을 동반한 포근한 공기만이
부드럽게 온도를 맞추면서, 아주 잘 조절했기에
항상 달콤한 원기와 만족스러운 향기를 불어내고 있었다.

52

그곳은 거대한 아기를 출산한 요정이 슬픔으로
스스로 목숨을 끊었던 저 로도프의 쾌적한
언덕보다도, 또한 옛적에 아름다운 대프니가
사랑으로 피버스의 가슴을 찔렀던 테살리의
템프 골짜기보다, 또는 신들이 천상의 침소를
떠날 때마다, 즐겨 가곤 했던 아이다 산보다,
또는 아름다운 뮤즈들이 곧잘 나타나는 달콤한
파르나스 산보다, 그리고 에덴과 비교할 수가
있다면, 심지어 에덴보다도 더욱 향기롭고 만족스러웠다.

2~8 로도프(Rhodope)는 요정의 이름으로, 여기서는 거인 아기를 출산한 슬픔으로 자살한 것으로 등장하지만, 그리스신화에 따르면 바다의 신 넵튠(Neptune)에 의해서 거인 아기를 출산한 후, 그녀는 스스로를 주노(Juno)라고 부른 벌로 쾌적한 언덕(*Pleasant hill*)으로 변한 것으로 알려져 있다. 이곳은 또한 오르페우스(Orpheus)가 종종 노래하던 곳이며 그가 조각조각 찢겨 죽은 곳이기도 하다. 테살리의 템프(Thesalian Tempe) 골짜기는 대

프니(Daphne)가 그녀를 사랑했던 아폴로(Apollo), 즉 피버스(Pheobus)에게서 도망치다가 월계수(*laurel*)로 변한 계곡을 가리킨다. 아이다(Ida)는 세 명의 여신이 패리스(Paris)에게 나타나 미모의 경쟁을 벌인 곳이며, 이 사건은 후에 트로이 전쟁의 원인이 된다. 파르나스(Parnass)는 파르나서스(Parnassus) 산을 말하는데 아폴로와 뮤즈들이 가장 좋아하는 곳으로 알려져 있으며, 이 산기슭에 아폴로의 신전인 델피(Delphi) 신전이 있다.

53

가이언은 그 향기로운 곳의 아름다운 광경에
무척 놀라워했으나, 자신의 감각이 거기 묻히거나,
마음에 영향을 줄 정도로 즐거움에 취하지 않고,
자신의 의지를 제어하고 자신의 힘을 통제하며
끊임없이 똑바로 앞만 바라보며, 전진해 갔으며,
마침내 또 다른 문 앞에 다다를 수 있게 되었다.
문은 아니고, 꽃가지와 나뭇가지로 멋지게 장식된
문처럼 보이는 곳이었는데, 자유분방한 꽃다발이
정교하게 서로 얽혀서 두 팔을 널따랗게 펼치고 있었다.

54

그렇게 하여 진귀한 무늬를 가진 현관을 이루며,
머리 위로 서로 얽힌 포도나무가 아치를 만들어,
늘어진 포도송이들은 지나가는 모든 사람들에게
감미로운 과즙을 맛보라고 유혹하는 것 같았고,
저희들 스스로가 여행자들의 손 쪽으로 기울어져,
마치 어서 따가라고 자발적으로 청하는 것 같았다.
어떤 것은 히아신스처럼 자줏빛으로 짙게 물들고,
어떤 것은 루비처럼 달콤한 붉은빛으로 웃었으며,

어떤 것은 아름다운 에메랄드처럼, 아직 채 무르익지 않았다.

55

그 중에 어떤 것은, 나머지를 아름답게 하려고
인위적으로 그렇게 만들어, 금빛으로 빛났는데,
포도송이들은 잎사귀로 제 몸을 감싸고 있어,
탐욕스런 손님들의 눈길로부터 숨는 듯하였고,
그처럼 풍성한 짐의 무게에 눌린 약한 가지는,
무게를 이기지 못하는 듯, 몸을 굽혀 절했다.
그 아치 아래에 말쑥한 여인이 앉아 있었는데,
아름다운 의복을 입었으나, 형편없이 난잡했고,
옷이 마구 헝클어져 있었기에, 전혀 여성답지 않게 보였다.

56

그녀는 왼손에 황금의 잔을 하나 들고 있었고,
오른손을 뻗어서 잘 익은 과일을 따 가지고는,
그 활기찬 과즙을 하나 가득 머금은 과일들을
아무런 오점도 없는, 그녀의 멋진 손가락들의
우아한 틈 사이로 짜내어 잔 속에 넣고 있어서,
어여쁜 압착기가 술을 더욱 달콤하게 만들었다.
그녀는 곁을 지나다가 우연히 그녀와 마주치는
모든 행인들에게 마셔보라고 제공하곤 했다.
모든 외부인을 그처럼 잘 환대하는 것이 그녀의 속임수였다.

57
그녀는 가이언에게 그것을 맛보라며 주었고,
그는 그것을 그녀의 부드러운 손에서 잡아채,
과격하게 그 잔을 땅바닥에 내던졌기 때문에,
잔은 부서져 온통 산산조각이 나고 말았으며,
쏟아져 나온 과즙으로 땅이 모두 물들어 버렸다.
그것을 본 익세스는 엄청나게 화가 났지만,
그것을 돌이킬 수도, 그를 막아설 수도 없어서,
무척 싫었으나, 그를 통과시키는 수밖에 없었다.
기사는 그녀의 불쾌함에 전혀 개의치 않고 앞으로 나갔다.

6 익세스(Excess) : 과도함이라는 뜻의 이름을 가진 그녀는 칸토 2에 등장한 페릿사와 비유될 수 있는 존재이며, 유혹을 물리치는 가이언의 행동은 49연에서 지니어스의 환대를 뿌리친 것과 같은 맥락으로 이해할 수 있다.

58
그곳에는 땅 위에서 가장 화사한 낙원이 그의
침착한 눈앞에 자기 자신을 드러내고 있었는데,
그 안에는 온갖 종류의 즐거움이 넘치고 있었고,
그 누구도 다른 사람의 행복을 시샘하지 않았다.
채색된 꽃들이랑, 드높이 치솟아 오른 나무들과,
그늘진 골짜기랑, 마음껏 숨 쉴 탁 트인 언덕들,
떨고 있는 숲, 그 곁을 달리는 수정 같은 시냇물.
모든 아름다운 작품들을 가장 멋지게 하는 것은,
그 모든 것을 만든 예술이 전혀 보이지 않는 것이었다.

59

어쩌면 — 그토록 교묘하게 거칠고 천박한 것들이
섬세한 것들과 어우러지는 것을 보고 — 혹자는
자연이 그 자유분방함 때문에 예술을 모방하고,
예술은 자연에 대해 불평한다고 했을 것이다.
그처럼 서로 상대방보다 뛰어나려고 애썼으며,
서로 상대방의 작업을 더욱 아름답게 만들었다.
이렇게 둘은 의도는 달라도, 끝내는 어울리는 법.
그처럼 달콤한 다양함으로 어울리는 모든 것이
온갖 변화무쌍함을 가지고 이 정원을 꾸미고 있었다.

60

그리고 그 한가운데에는 분수대가 서 있었는데,
이 세상에서 있는 가장 귀한 재료로 만들어졌고,
은빛 물줄기가 각각의 수로를 통해서 흐르는데
너무도 깨끗하고 빛이 나는 것을 볼 수 있었다.
그 분수에는 보기에 신기한 형상들과 발가벗은
소년들의 모습이 아주 멋지게 새겨져 있었는데,
그 중에서 몇몇은 활기찬 흥겨움으로, 제멋대로
장난감을 가지고 놀며, 뛰어다니는 것 같았으며,
다른 아이들은 물장난을 치면서 목욕을 하고 있는 것 같았다.

61

그리고 그 위에는 순금으로 만든 담쟁이덩굴이
원래의 색깔을 지닌 채 온통 뒤덮여 있었는데,

그 진귀한 금속을 너무도 교묘히 채색하였기에,
잘 알지 못하는 사람이 그 덩굴을 보게 된다면,
분명히 그것을 진짜 담쟁이라고 여겼을 것이다.
육감적인 두 팔을 아래로 늘어뜨린 채 기어와,
분수의 은빛 이슬 같은 물에 스스로를 담그고서,
저희들의 포근한 꽃들을 부드럽게 함빡 적시어,
방울지어 떨어지는 수정이 헛된 자에게는 우는 듯 보였다.

62
끝없는 물줄기가 이 분수대에서부터 쉬지 않고
흘러나와, 달콤하고 아름다운 광경을 연출하고
있었는데, 물줄기는 커다란 받침대에 떨어져서,
그곳에 순식간에 엄청나게 많은 물이 고였기에,
그 받침대는 마치 어느 조그만 호수처럼 보였다.
그 깊이는 세 큐빗의 높이를 넘지 않았기 때문에
물 속으로 그 바닥을 들여다볼 수가 있었는데,
아래에는 온통 밝게 빛나는 벽옥이 깔려 있어서,
마치 그 분수대가 똑바로 선 채 바다를 항해하는 듯했다.

63
그리고 그 둘레에 있는 모든 공간에는 그늘진
월계수 나무들이 가득 심어져 있어, 물결 위로
내리쪼이며, 그 물 속에서 목욕하는 사람들을
괴롭히는 햇볕이 오지 못하게 해주고 있었다.
가이언이 바로 그 곁을 지나가게 되었을 때,

그는 거기서 발가벗은 처녀 두 명을 보았는데,
그들은 거기서 목욕하며, 자신들의 고운 부분을
쳐다보는 사람의 눈에서 감추려고 하지도 않고,
서로 장난스럽게 경쟁하며 씨름을 하는 것처럼 보였다.

64
때로는 그 중 하나가 다른 하나를 물 위로 번쩍
들어올리고 난 다음, 마치 힘에 부친다는 듯이
다시 그녀를 첨벙 물 속으로 내던지기도 하고,
한동안은 둘 다 물 속에 몸을 감추고 있으면서,
서로 다른 하나가 올라오지 못하게 막곤 했다.
그런 와중에 눈처럼 흰 팔 다리가, 마치 베일을
통하듯 수정 같은 물결 사이로 똑똑히 드러났다.
그러다가 갑자기 둘 다 자신을 드러내 보여서,
탐욕스런 눈길에 매혹적인 달콤한 먹이를 보여주었다.

65
마치 저 아름다운 별, 아침을 알려주는 전령이,
자신의 이슬 젖은 얼굴을 바다 위로 드러내듯이,
또는 사이프리아의 여신이, 바다의 풍성한
거품에서부터 갓 태어나, 처음 모습을 나타내듯,
그들은 그렇게 보였고, 그들의 금발 머릿결도
수정같이 촉촉한 물방울들을 뚝뚝 떨어뜨렸다.
가이언이 그러한 그들을 보자, 가까이 가며,
열심히 가던 발걸음을 조금씩 늦추기 시작했다,

완강한 그의 가슴에 비밀스런 즐거움을 끌어안기 위해서.

1~4 "아름다운 별"은 금성, 즉 새벽에 뜨는 비너스(Venus)를 가리키는 것이며, 이러한 별 이름이 자연스레 비너스, 즉 바다 거품에서 태어난 것으로 알려져 있는 사이프리아의 여신(*Cyprian goddess*)을 연상시키는 것이다.

66

그 자유분방한 처녀들은 그가 생소한 모습으로
한동안 멍하니 서서 바라보고 있는 것을 보자,
그 중 하나는 몸을 낮추며 물 속으로 뛰어들었다,
낯선 사람이 자신을 보는 것을 당혹스러워 하며.
그러나 다른 하나는 몸을 오히려 높이 치켜세워,
그녀의 백합 같은 두 젖무덤을 당당히 과시했고,
녹아내리는 그의 가슴을 부추겨 자신의 쾌락에
붙잡아둘 만한 모든 것을 그에게 드러내 보였다.
아래쪽에 숨겨진 나머지 부분은 그를 더욱 갈증 나게 하였다.

67

그것을 보고 다른 하나도 똑같이 몸을 일으켰고,
기왕에 한 단으로 묶여 올려져 있던 자기 자신의
아리따운 머리타래를 풀어서 아래로 늘어뜨렸다.
머리 결은 길고 두텁게 흘러내려 그녀를 감쌌고,
황금의 외투를 입혀서 상아 같은 몸을 가렸기에,
아름다운 광경을 기사가 볼 수 없도록 만들었다.
그렇지만 몸을 가린 머리결도 역시 아름다웠다.
남이 훔쳐보지 못하게 머리타래와 물 뒤에 숨어서,

그녀는 그가 제 사랑스런 얼굴만 볼 수 있도록 남겨두었다.

68
그러면서 내내 그녀는 웃었고, 또한 얼굴을 붉혀,
그녀의 부끄러움이 웃음에 우아함을 더해주었고,
웃음도 부끄러움에 우아함을 더해주게 되었다.
이제 기사가 그들을 보기 위해 걸음을 늦추면서,
그의 빛나는 얼굴에 욕정이 피어나는 비밀스러운
표시가 드러나는 것을 그들이 눈치채자마자,
그들은 자신들의 허망한 장난을 더 심하게 하며,
그에게 좀더 가까이 다가오도록 손짓을 하였고,
차가운 욕정으로 부추길 수 있는 여러 모습을 그에게 보여주었다.

69
팔머는 기사가 그것들을 바라보는 것을 보고,
기사의 방황하는 눈길을 몹시 심하게 꾸짖었고,
잘 타일러, 그가 거기서 앞으로 나아가게 했다.
마침내 그들이 희락의 소굴에 가까이 다가가자—
그녀를 따르는 자들이 저희끼리 그렇게 불렀는데—
팔머는 이렇게 말했다: "기사님, 잘 들으시오,
이곳이 우리들의 모든 수고가 끝나는 곳이라오.
아크레시아가 여기에 사는데, 기습을 해야지,
아니면 그녀가 빠져나가 우리의 모든 계획을 비웃을 것이오."

70
곧이어 그들은 섬세한 귀를 즐겁게 해주는 모든
소리 중에서 가장 아름다운 소리를 들었는데,
그런 소리는 이 땅에서 이 낙원을 제외하고는
다른 어디에서도 들을 수가 없는 음악이었다.
그 음악을 일단 들어본 사람은 과연 그 음악이
어떤 종류인지 말하기가 무척이나 어려웠는데,
사람의 귀를 즐겁게 해주는 그 모든 소리들이
하나의 화음을 이루며 어우러졌기 때문이었다.
새와 사람의 목소리, 악기, 바람, 물, 모두 조화를 이루었다.

71
기쁨에 겨운 새들은 상쾌한 그늘에 둘러싸인 채,
사람의 목소리에 맞춰 선율을 달콤하게 조절했고,
마치 천사 같이 부드럽게 떨리는 사람의 목소리는
성스러운 조화를 이루면서 악기들에 화답하였다.
은빛의 소리를 내는 악기들은 물이 떨어지면서
나지막하게 내는 졸졸 흐르는 소리와 어우러졌고,
물이 떨어지는 소리는 또 다른 분별력을 가지고
부드러웠다, 커졌다 하면서 바람소리에 호응했다.
부드럽게 울리는 바람은 이 모든 소리에 나지막이 화답했다.

72
그렇게 들리는 음악이 흘러나오는 듯한 그곳에,
바로 그 어여쁜 마녀가 있었으며, 그녀는 거기서

새 애인을 위로하고 있었는데, 그녀는 그를 마법과
요술을 이용해서 먼 곳에서 이리로 데리고 왔다.
이제 거기서 그녀는 오랫동안의 헛된 쾌락 후에
그를 은밀한 그늘 속에 누워 곤히 잠들게 하였다.
그러는 동안 그들 주위를 감싸고 수많은 어여쁜
여인들과 음탕한 소년들이 즐겁게 노래를 했는데,
계속해서 경망스럽고 방탕한 장난을 노래에 섞어 넣었다.

73
그동안 내내 그녀는 그 자의 바로 위에 매달려,
사악한 두 눈을 그의 모습에 단단히 고정시키고,
마치 그녀가 찔린 침에 대한 해독제나, 탐욕스레
그를 잡아먹을 즐거움을 찾고 있는 듯이 보였다.
그리고 때때로 고개를 숙여서, 그가 깨지 않도록,
가벼운 입맞춤을 하여 그의 입술을 적셔주었고,
그의 젖은 눈을 통해서 색욕과 음탕한 쾌락으로
녹아버린 그의 영혼을 빨아먹고 있었던 것이다.
그러면서 그녀는 그의 처지를 한탄하듯 가볍게 한숨을 쉬었다.

74
그동안 누군가 이러한 아름다운 시를 노래했다:
“아, 보라, 누가 이처럼 어여쁜 것을 보려 하는지,
피어나는 꽃 안에서 그대의 삶의 형상을 보나니.
아, 갓 피어난 장미를 보라, 그녀가 수줍어하는
겸손함으로 얼마나 달콤하게 첫 얼굴을 내미는지,

그대가 그녀를 덜 볼수록 더욱 아름답게 보이나니.
보라, 조금 지나서는, 얼마나 대담하고 자유롭게
그녀가 자신의 벗은 젖가슴을 벌겋게 드러내는지,
보라, 조금 지나서는, 그녀가 어떻게 시들어 떨어지는지.

75

그렇게 잎사귀, 봉오리, 꽃송이는 유한한 인생의
하루하루가 흘러가는 세월을 따라 진행되어 가며,
처음엔 수많은 여인들과 수많은 애인들이 침실과
침대를 함께 장식하기 위하여 찾아다니던 꽃들도
한 번 시들고 난 후에는 다시는 피어나지 못하나니.
그러므로 아직 꽃이 한창일 때에 장미를 거둘지라,
곧이어 세월이 가면, 그녀의 자부심도 꺾일 것이니.
사랑의 장미도 아직 한창일 때에 거두어들일지라,
사랑하는 동안 그대도 똑같은 죄악의 행위로 사랑을 받으려면."

이 두 연에 걸친 노래는 호레이스(Horace)가 말했던 카르페 디엠(*carpe diem*), 즉 "오늘을 놓치지 말라"(*seize the day*)는 좌우명에 대한 대표모델이며, 후에 앤드류 마벨(Andrew Marvell)의 "그의 수줍어하는 연인에게"(*To His Coy Mistress*)와 비교될 수 있는 작품이다.

76

그가 노래를 멈추자, 그의 시에 곡조를 맞추어
온갖 새들이 다양한 가락으로 합창을 시작했다,
마치 그의 즐거운 시구에 동의를 표하는 듯이.
견실한 두 사람은 그가 하는 말을 다 들었지만,

동요되지 않고, 자신들의 갈 길을 지속해 나가,
수많은 은밀한 숲과 빽빽한 덤불 속을 지나서,
기어가는 중에 마침내 저 음란한 여인이 자신의
나태한 연인과 함께 있는 것을 보게 되었는데,
그녀는 그의 나른한 머리를 무릎에 가만히 올려놓고 있었다.

77

장미로 꾸며진 침대 위에 그녀가 누워 있었는데,
열기에 지친 듯, 또는 즐거운 죄를 범하려는 듯,
온몸을 비단과 은빛의 얇은 망사로 차려입어서,
아니 오히려 옷을 입지 않고 있다시피 하고 있어,
자신의 석고 같은 피부를 조금도 가리지 않았고,
도리어, 그럴 수도 없지만, 더욱 희게 드러냈다.
아라크네도 더 정교한 망사를 짤 수는 없으며,
우리가 종종 보는 마른 이슬로 짠 정교한 그물도
그녀의 망사보다 더 가볍게 허공에 날아다닐 수가 없었다.

7~9 아라크네(Arachne): 그리스신화에 등장하는 여인으로 미네르바(Minerva) 여신과 직물짜기 시합을 벌였다가 여신의 미움을 받아 거미가 되었는데, 아라크네의 거미줄은 자연이 제공하는 가장 정교한 망사로 알려져 있다. 정교한 그물(*the fine nest*)은 그 위에 이슬이 마른 잔 거미집(*gossamer*)을 가리킨다.

78

그녀의 눈 같은 가슴은 다 드러나 굶주린 눈이
결코 채울 수 없는 갈망을 품도록 만들었으며,
또한 최근의 달콤한 수고로 인한 피로 때문에

과즙보다도 더욱 맑은 젖이 방울져 저며 나와,
순수한 동방의 진주들처럼 똑똑 떨어져 내렸다.
또 기쁨으로 달콤하게 미소진 어여쁜 두 눈은
타오르는 광채를 촉촉이 적셨고, 그녀는 그것으로
약한 마음을 떨게 하며, 갈증을 채워주지 않았다.
고요한 수면 위에 빛나는 별빛이 더욱 밝아보이는 것처럼.

79
그녀 곁에서 잠들어 있는 젊은 사내는 명예로운
가문 출신의 대단히 훌륭한 젊은이처럼 보였는데,
그가 자신의 고귀함을 그처럼 형편없이 더럽히는
것을 보는 것은 참으로 매우 유감스러운 일이었다.
그가 잠들어 있는데도 불구하고 부드러운 배려와
사랑스러운 자비로움이 사나이다운 강건함과 함께
그의 멋지게 균형 잡힌 얼굴에 드러나고 있었으며,
그의 부드러운 입술 위에는 폭신폭신한 솜털이
이제 막 새롭게 피어나고 있어서, 은빛의 꽃망울을 피웠다.

80
잠들어 있는 명성을 불러일으킬 도구들인 그의
전투 갑옷들은 한가로이 나무에 걸려 있었으며,
옛 업적이 가득 새겨진 그의 용맹스런 방패는
아무도 볼 수 없게 그 흔적이 지저분하게 지워졌다.
그런 업적도, 명예도 그는 전혀 개의치 않았으며,
자신이 가야할 길을 가는 것도 전혀 상관치 않고,

다만 비천한 연애와 쓸데없는 호화스러움 속에서
자신의 나날들과 재산과 육체를 탕진하고 있었다.
오, 무시무시한 마법이로다, 그를 그처럼 장님으로 만들다니.

81
고귀한 요정과 신중한 팔머는 정욕의 장난에만
골몰하고 있는 그들에게 매우 가까이 다가가서는,
갑자기 그들을 덮치며 달려들었고, 정교하게 얽힌
그물을 내던졌는데, 그것은 다름 아닌 그 노련한
팔머가 균형잡힌 대칭을 이루며 만든 것이었다.
그렇기에 그들을 안에 단단히 가두었고, 그동안
나머지는 지독한 치욕이 두려워 달아나고 말았다.
아름다운 마녀는 그렇게 부지불식간에 사로잡히자,
자신의 모든 기술과 모든 계교를 동원해서 빠져나가려 애썼다.

82
또한 그 애인도 안간힘을 썼지만 모두 소용없었다,
왜냐하면 바로 그 그물은 너무도 교묘히 짜여져서,
그 어떤 속임수나 완력으로도 제압할 수 없었기에.
그들은 둘을 사로잡아, 그들이 거기서 손쉽게 찾은
포승줄을 가지고 두 사람 모두를 단단히 결박했다.
게다가 그는 바위로 만든 사슬로 그녀를 묶었다,
다른 것으로는 그녀를 꼼짝 못하게 할 수 없었기에.
하지만 버단트는 — 그를 그렇게 불렀는데 — 바로
풀어주었고, 그 대신에 지혜로운 충고가 그에게 주어졌다.

8 버단트(Verdant) : 문자 그대로의 뜻은 식물(*vegetation*) 혹은 삶(*life*)을 부여하는 자인데, 봄(*Spring*)을 의미하기도 한다. 칸토 1에서 아크레시아의 연인으로 소개되었던 모단트, 즉 죽음을 주는 자와 대비를 이룬다.

83

그러나 가이언은 멋들어진 침실들과 궁전을
모두 인정사정없이 과감히 부수어 넘어뜨렸다.
거기 있었던 훌륭한 작품들도 하나같이 기사의
노기등등한 폭풍으로부터 안전할 수 없었으며,
그는 그 환락을 온통 슬픔으로 뒤바꾸어 버렸다.
그는 숲을 베어 넘어뜨렸고, 정원을 망쳐 놓았고,
정자를 부숴버렸고, 여름별장을 짓이겨 놓았으며,
연회장을 태워버렸고, 건물들을 모두 파괴했으며,
최근까지 가장 멋졌던 곳을 이제 가장 역겨운 곳으로 만들었다.

84

그리고 나서 그들은 그녀를 몰아냈고, 그 기사도
함께 몰아냈는데, 둘 다 슬픔에 젖어 비참해 했다.
그들은 자신들이 왔던 그 길을 그대로 되돌아가,
마침내 그들은 최근에 미친 듯한 분노로 덤볐던
야생 짐승들에게 마법을 걸었던 곳에 도착하였다.
이제 그들이 깨어나, 두 사람이 데려가고 있었던
여주인을 구하려는 듯이 그들에게 맹렬히 덤볐다.
그러나 오래지않아 팔머는 그들을 진정시켰으며,
가이언은 거기 누워 있었던 저 짐승들이 누구인지 물었다.

85
그가 말했다, "짐승 같은 이들은 실제로는 사람인데,
그들을 이 마녀가 이렇게 변형시켜 놓았던 거요.
자신의 욕정을 다 채우고 나서는 자기 연인들을
이제 각자 그들의 마음 상태에 따라서 괴물처럼
무시무시한 형상으로 탈바꿈해 버리는 것이라오."
기사가 말했다, "무절제한 삶의 비참한 종말이며,
달콤한 즐거움을 누리고 받는 구슬픈 보상이군요.
하지만 팔머여 만일 그래도 상관이 없으시다면,
이들을 자기들의 원래의 상태로 되돌아가게 해주시구려."

86
즉시 그는 효험 있는 자기 지팡이로 그들을 쳤고,
그들은 즉시 짐승에서 순수한 인간으로 변했다.
하나 인간인데도 그들은 비인간적 표정이었고,
어떤 자는 내심 부끄러워서, 어떤 자는 제 여인이
사로잡힌 것을 보고 화가 나 무섭게 노려보았다.
그렇지만 다른 사람들보다 더욱 특별했던 자는,
이전에 두꺼비였고, 이름은 그릴이라 했는데,
심하게 투덜거리면서 자신을 두꺼비의 모습에서
인간의 모습으로 바꾸어준 팔머에게 마구 욕을 해댔다.

7 그릴(Grill): 오디세우스의 부하로서 서시(Circe)의 마법으로 짐승이 되었으나 다시 인간의 모습으로 돌아오기를 거절한 인물이라고 플루타크(Plutarch)가 언급한 그릴러스(Gryllus)에서 나온 이름으로 추정된다.

87
가이언이 말했다, "짐승 같은 자의 마음을 보오.
저 사람은 인생이 시작될 때 부여받은 훌륭함을
너무나도 신속하게 망각해 버리고, 이제는 오히려
사악한 판단력을 가지고 한 마리의 짐승이 되어
지성이 부족한 모습으로 살기를 원하고 있구려."
그에게 팔머가 대답했다, "똥 무더기 같은 부류는
더러운 것과 구역질나는 무절제를 즐기는 법이오.
그릴은 그릴대로 두꺼비 마음을 갖게 놔두고,
기후와 바람이 적당한 이때에 우리는 이곳을 떠납시다."

성스러움(*holiness*)을 대변하는 제 1권의 주인공 레드크로스 기사는 개신교적인 만인(*everyman*)으로서 교만-죄-타락-절망-회개-속죄-구원의 길을 걷는 전형적인 기독교적 인간이다. 그는 끊임없이 신의 간섭을 필요로 하고 있으며, 그의 구원은 자기자신의 행동이 아니라 전적으로 신의 은총에 달려 있다. 하지만 제 2권의 주인공 가이언(Guyon)은 절제(*temperance*)를 대변한다. 절제라는 덕목은 아리스토텔레스(Aristotles)가 제시한 고전적인 것으로서 반드시 기독교적인 것은 아니다. 레드크로스가 기독교적 윤리관을 대변하고 있다면 가이언은 고전적 윤리관을 대변하고 있다고 할 수 있을 것이다. 하지만 작가인 스펜서가 전투적인 개신교도였다는 것은 이미 잘 알려진 사실이며, 그의 대표작인 《선녀여왕》이 궁극적으로 기독교적인 가치관을 드러내고 있다는 것도 부인할 수 없는 사실이다. 그렇다면 작가는 고전적 윤리인 절제를 어떻게 기독교적 가치관과 연계시키고 있는 것일까?

성스러움이 신의 은총에 의해서 주어지는 덕목이라면 절제는 자연적인 덕목이어서 인간이 스스로 성취해야만 하는 것이라 할 수 있다. 또한 고전적인 절제를 통해서 궁극적인 덕의 완성이 불가능하기 때문에 가이언은 레드크로스와는 달리 작품의 마지막에서까지 자신이 성취한 결실을 즐기지 못하고 끊임없이 투쟁의 길을 달려야 하는 기사라고 설명할 수도 있겠다. 하지만 비록 절제라는 덕목이 명확히 고전적인 것이라 할지라도 스펜서는 그것을 개신교적 도덕률과 통합하여 인문주의적 이상과 개신교의 이상, 자연과 은총, 그리고 어쩌면 시적 미학과 종교적인 진리 사이의 관계를 극화시키고 있는 것으로 보인다. 최소한 스펜서에게는 절제라는 덕목이 인문주의적 기원에도 불구하고 개신교의 도덕률과 반드시 상치되는 것은 아니라는 것이다. 실제로 절제는 모든 진실한 기독교인들이 이 세상에서 사는 동안 반드시 지켜야 하는 중요한 도덕적 원칙 중 하나이다.

제 2권의 서두에서부터 스펜서는 이성(*Reason*)의 목소리를 통해서 가이언을 인도하여 "과업을 잘 마치고 소망하는 하늘나라에 / 그대의 지친 쪽배를 도착시킬 수 있도록" 하는 존재가 바로 신의 섭리라는 것을 분명히 하고 있다. 가이언은 자신이 신의 은총을 받기에 합당하다는 것을 증명해야 할 필요는 없다. 왜냐하면 그의 인문주의적 도덕은 그 자신의 구원을 성취하는 것과는 아무런 상관이 없기 때문이다. 그렇지만 진정한 기독교도로서 그는 절제의 덕을 실천해야 하며, 앞으로 그의 앞에 펼쳐질 모험에서 드러나는 것처럼 도덕적 훈련이 언제나 그렇게 쉬운 것은 아니다. 다른 르네상스 인문주의자들도 마찬가지겠지만 스펜서에게 있어 절제는 분명히 칭송할 만한 덕목이며, 인간이 성취할 수 있는 최고의 덕목임에 틀림없다. 그리고 가이언의 임무는 그러한 덕목을 끝까지 유지하는 것이다.

그렇다면 《선녀여왕》 제 2권을 포함하여 그 이후에 스펜서가 내세우는 고전적인 덕목들은 그의 전투적 개신교의 이상과 어떻게 어우러지는가? 적어도 작품은 절제라는 덕목이 이방적인 것이어서 기독교적인 것으로 대체되거나 덧씌워져야 한다고 암시하고 있지 않다. 물론 그렇다고 해서 가이언이 대변하는 덕목이 고전적인 것이 아니라는 뜻은 아니다. 오히려 《선녀여왕》에서는 인문주의적 덕목인 절제가 다른 세속적인 덕목들과 함께 진정한 기독교 귀족을 양성하기 위한 중요한 교육적 원리라고 하는 것이 타당할 것이다. 매몬의 동굴(*Mammon's Cave*)에서의 사건이나 희락의 소굴(*Bower of Bliss*)을 파괴하는 것을 포함한 가이언의 모험을 인문주의적 도덕과 기독교적 도덕의 대립구도로 이해하려는 시도는 어떤 것도 만족스러울 수 없다. 제 1권에서 어떻게 구원을 성취하는지를 보여준 시인은 제 2권에서는 가이언을 통해서 이 땅에서 어떻게 기독교도의 삶을 살 수 있는지를 제시하고 있다고 보아야 할 것이다. 그렇다면 제 2권에서 영구불멸의 도덕적 질서 — 만일 이 영구불멸함이 기독교적 관점에서의 영원함을 뜻하는 것이라면 — 를 찾기를 기대하는 것은 너무 과도한 것이다. 왜냐하면 개신교적 하나님 앞에서는 인간적인 그 어떤 것도 영원하거나 참되거나, 심지어는 선할 수 없기 때문이다. 작품 안에서 가이언의 임무는 궁극적인 구원을 성취하는 것이 아니라, 아크레시아(Acracia)를 굴복시킴으로써 세속적인 유혹의 집합체를 파괴시키는 것이다. 이 세상에서 타락한 인생을 살아가야 하는 기독교적 만인으로서 가이언은 팔머에 의해 형상화된 이성의 통제하에서 절제라는 자신의 덕목을 사용하여 이 세상 인생의 노정을 마칠 때까지 여러 가지 형태의 유혹과 싸워야 하는 것이다. 그리고 나서 그가 궁극적으로 구원을 받을지 아닐지는 신의 섭리에 달린 일이다.

재미있는 것은 작품에서 절제의 기사는 누구에게 명령을 받지 않고 자발적으로 자신의 임무를 떠맡는다는 사실이다. 스펜서가 랄레이 경에게 보내는 1589년의 편지에 의하면 가이언은 선녀여왕에게서 임무를 하사받는 것으로 설정되어 있다. 그러나 막상 7년 후에 출판된 작품에서 가이언과 팔머는 "우연히" 아기의 부모를 발견하게 되고, 폭압적인 열정 앞에서 인간이 궁극적으로 약하다는 것을 인정하고 나서 "아무도 취소할 수 없는 성스러운 맹세"를 한다. 어째서 실제 작품은 시인의 원래 계획과 달라진 것일까? 이에 대한 설명은 가이언의 상황을 레드크로스 기사의 경우와 비교해봄으로써 가능할 것이다. 레드크로스의 임무는 그에게 부여된 것이다. 즉, 선녀여왕이 그에게 임무를 하사하였고 유나가 가져온 갑옷이 그에게 꼭 맞음으로써 그가 임무를 수행하기에 적격자라는 것이 확인되었다. 그렇기 때문에 그가 용을 무찔렀을 때, 우리는 그가 주어진 과업을 완수하였으며 이후로는 점차 성스러움이라는 덕목을 성취하여 성인이 될 것이라는 타당한 결론을 내릴 수 있다. 그러나 성스러움이나 구원의 성취와는 달리 절제라는 덕목의 성취는 외부로부터 주어질 수 있는 것이 아니다. 작품의 처음부터 가이언은 그 스스로 어떤 모험을 선택할 것인지 결정하여야 하며, 그에게는 힘을 다하여 이루고 나서 그 성취에 대한 보상을 받으며 행복한 결말을 맞을 수 있는 그 어떤 임무도 주어질 수 없는 것이다.

가이언이 매몬의 동굴을 방문한 후에 졸도하는 사건은 그동안 많은 비평가들의 주목을 받아왔다. 가이언의 기절이 인간적 도덕의 한계라든지, 은총을 필요로 하는 인간의 본성을 보여주는 사건이거나, 정신적인 죽음에 대한 경험, 또는 교육의 과정이라고 하는 견해, 또는 기독교인이 되기 위한 과정이라는 등 다양한 관점들이 제시되었다. 또한 제 2권에서 이 사건의 위치가 마침 제 1권에서 레드크로스가 최대의 위기를 맞는 중간부분, 즉 제 7 칸토에 위치하고 있다는 사실 때문에 가이언이 여기서 실제로 유혹에 패배한 것이라는 주장도 제기되었다. 구조적으로도 절제의 기사가 작품의 중간에서 패배한 후 알마의 집(*House of Alma*)에서 절제로 자기자신을 통제하는 법을 배워서, 마침내 모든 육체적인 유혹의 원천인 희락의 소굴을 쳐부순다는 순서가 매우 타당한 듯 보인다. 제 1권에서 레드크로스 기사는 정확히 같은 순서를 밟고 있기 때문이다. 가이언의 잘못이 페드리아(Phaedria)와 매몬의 유혹을 둘 다 냉혹하게 거절한 점에 있다고 볼 수도 있다. 이성(*Reason*)의 도움 없이 홀로 있는 가이언이 중용을 지키지 못한 채 성욕과 편안함에 대해서 지나치게 과도한 거부의 행동을 보이고 있기 때문에 결국 부러지고 말았다는 설명이다. 그러나 작품에서 화자가 페드리아를 거절한 가이언을 칭송하고 있다는 것은 분명한 사실이다. 화자는 제 6 칸토의 첫 번째 연에서 "극심한 괴로움"보다 "신나는 즐거움"에 빠져있을 때 용을 유지하기가 더욱 어렵다고 설명한 후, "하나 도덕심은 그 둘 다에게 승리를 거두고, / 가이언은 두 가지 모두에서 훌륭한 자제력을 보인다"고 선언하고 있다. 페드리아의 유혹에 맞서 절제의 기사는 "잘 절제하면서, 어리석은 욕망을 눌렀으며" 성공적으로 그 섬을 떠난다. 심지어는 아틴(Atin)의 비난과 마주쳤을 때도 가이언은 "강력한 이성을 가지고 연약한 감성을 다스리며" 유혹을 극복한다. 따라서 가이언의 행동이 잘못되었다거나, 그가 과도하게 자신의 본성을 거부했다고 그를 책망할 수는 없다. 그렇지만 기사가 매몬의 동굴에서 겪은 경험에 대해서 똑같은 진단을 내리기도 어려운 일이다. 왜냐하면 동굴에서의 그의 행동이 어쨌거나 그 직후의 실신을 가져오게 했기 때문이다.

매몬의 유혹 뒤에 숨겨져 있는 죄악들은 탐식(*gluttony*), 허영(*vainglory*), 그리고 허욕(*avarice*)이라고 말할 수 있다. 그런데 가이언은 모든 유혹의 실체를 이해하고 있었을 뿐만 아니라 그것들을 성공적으로 물리친다. 그런데도 그는 밖으로 나오자마자 혼절하고 말았으며, 그로 인해서 자신의 목숨과 아크레시아를 파괴해야 하는 자신의 임무를 위험에 빠뜨리는 것이다. 그렇다면 가이언에게 부족했던 점은 과연 무엇인가?

기사의 졸도가 음식과 휴식의 부족 때문이라는 것은 분명하다. 그런데 그러한 음식과 휴식은 매몬이 유혹의 절정에서 "황금의 과일"과 "은빛 의자"라는 형태로 그에게 제공했던 것들이다. 따라서 역설적으로 우리는 가이언의 졸도가 자신의 몸에 필요한 것들을 성공적으로 거절한 결과라고 말할 수 있을 것이다. 그렇지만 어떤 방식으로든지 그의 졸도를 성공이라고 부르기는 어렵다. 비록 우리가 그의 졸도를 자신의 육체적 필요를 억제한 결과로 받아들인다고 할지라도, 기절을 유도한 그의 행동을 도덕적인 탁월함이라고 간주할 수는 없기 때문이다. 비평가들은 이것을 신의 은총을 필요로 하는 고전적, 자연적, 또는 세속적 도덕의 한계라고 다양하게 설명하고 있다. 어쩌면 인문주의적 도덕인 절제를 대변하는 기사가 자신의 육체적 필요를 위험에 빠뜨리지 않은 채 세속적인 유혹을 정복한다는 것은 불가능한 일일지도 모른다. 그렇다면 그것이 바로 가이언의 한계라고 하겠다.

흥미로운 것은 매몬의 동굴이 대체로 고전적인 비유로 이루어져 있다는 점이다: "풀루토의 문"(*the gates of Pluto*), "스티지언의 법"(*Stygian lawes*), "아라크네"(*Arachne*), "타이탄의 족속"(*Titans race*), "야망"(*Ambition*)의 "거대한 황금사슬"(*a great gold chain*), "필로티메"

(*Philotime*), 소크라테스의 죽음, "헤라클레스"(*Hecules*), "이데아의 여인들"(*Idaean Ladies*), "코키터스"(*Cocytus*), 그리고 "탄탈러스"(*Tantalus*) 등. 그런데 가이언이 매몬의 유혹을 물리치기 위하여 선택한 것은 세상에 대한 기독교적인 태도이다. 그는 악마의 첫 번째 유혹에 대해 자신은 재물을 "모든 혼돈의 근원"으로 여긴다고 지적하면서 세속적인 것의 무상함을 강조한다. 인간 타락의 역사에 대한 가이언의 해설도 또한 고전적인 황금시대보다는 에덴으로부터의 타락에 의존하고 있다. 가이언이 인문주의적 영웅이라는 것은 부정할 수 없지만 그는 기독교적인 태도를 취함으로써 유혹에 대항하고 있는 것이다. 그는 자신의 한계를 이해하고 있는 것처럼 보인다. 매몬이 자신의 딸인 필로티메(Philotime)를 주겠다고 제안했을 때, 가이언은 자신이 "연약한 육신을 가진 세상 사람"이라고 선언하고 있다. 스펜서는 고전적인 절제를 대변하고 있는 가이언을 통해서 이 세상을 살아가는 기독교도의 행실이 어떠해야 하는지 보여주고 있는 것이다.

기독교적인 관점에서 보면 가이언이 유혹을 단지 거절하는 것만으로는 죄악에 대해 승리한 것이라고 볼 수 없다. 매몬의 유혹은 거부되었으나, 파괴된 것은 아니다. 우리는 기사가 혼절하는 가장 근본적인 원인을 이러한 관점에서 찾아야 할 것이다. 동굴에서 그의 행동은 사실상 모든 기독교인들이 따라가야 하는 것임에 틀림없다. 가이언에게 잘못이 있다면, 그것은 그가 처음에 자신의 처소를 방문해 보라는 매몬의 제안을 수락한 행동에서 찾아야 할 것이다. 제 7 칸토의 요지(*argument*)에서 스펜서는 가이언이 매몬에게 "유혹"당하여 "그 자의 비밀 저장품을 보려고 / 밑으로 안내되어 내려간다"고 선언하고 있다. 가이언은 이성을 대변하는 팔머와 헤어져서 자신의 도덕심에만 의지하면서 홀로 길을 가고 있었다. 자의에 따라 진리(*Truth*)를 버린 제 1권의 레드크로스와는 달리, 가이언이 이성과 헤어진 것은 그 자신의 잘못이 아니다. 사실상 그는 팔머를 뒤에 남겨두기 싫었지만, 그렇다고 물러날 수도 없었기 때문에 어쩔 수 없이 홀로 페드리아의 배에 탄 것이었다. 하지만 그가 온전히 자신의 도덕심에만 의지한 채, 하데스(Hades)의 막강한 유혹을 마주치게 되자 그의 숭고한 도덕적 정신에도 불구하고 연약한 육체와 세속적인 본성이 무너지게 된 것이다. 가이언이 자신의 호기심을 충족시키려 한 행동은 진실한 기독교인이라면 피해야 할 실수임에 틀림없지만, 그의 행동은 모든 인간들이 공유하고 있는 인간적 한계를 반영하고 있다. 화자가 제 8 칸토의 서두에서 선언하고 있듯이 모든 인간은 근본적으로 사악하기 때문에 항상 신으로부터의 도움을 필요로 하는 것이다.

인문주의적 도덕에 대한 시인의 태도는 천사가 등장하는 장면에서 잘 드러나고 있다. 신의 대리인으로 나타난 천사는 팔머에게 기사의 안위에 대한 책임을 떠맡으라고 하면서도 자신이 끝까지 기사를 돌보겠다는 약속을 잊지 않는다. 신이 천사에게 맡긴 임무가 가이언의 안전이라는 사실은 절제라는 덕목이 사실상 기독교와 상치되는 덕목이 아니고 신에 의해서 보호되는 덕목이라는 것을 보여준다. 제 2권이 드러내 보이는 핵심적인 사상은 몇몇 비평가들이 주장하듯이 고전적인 도덕의 부족함을 보여주는 데 있는 것이 아니라 기독교적인 관점을 통해서 그러한 도덕을 장려하려는 데 있는 것이다. 스펜서는 여기서 절제의 기사가 구원을 성취할지 아닐지를 보여주고자 하는 것이 아니다. 가이언의 자리는 바로 이 세상이기 때문이며, 그가 싸워야 할 곳도 모든 기독교인들이 지나가야만 하는 자연적인 인생의 범위 안에 있기 때문이다.

가이언은 알마의 집(*House of Alma*)으로 인도되어 거기서 절도 있는 육체란 무엇인지 배운다. 그러나 그가 받는 교육은 레드크로스가 성스러움의 집(*House of Holiness*)에서 겪은 것과 같은 회개의 과정이 아니다. 가이언은 이성과 함께 있으며 그가 배우는 것은 도덕(*ethics*), 생물(*biology*), 신체심리학(*faculty psychology*), 역사(*history*), 예술(*arts*) 등 모두 인문주의에 바탕을 둔 것들이다. 팔머라는 인물에 투영되어 있는 이성은 욕망(*appetites*)과 감정(*emotions*)을 상대로 끝없이 싸우는 가이언을 구원할 수 없다. 그러나 기사가 위험한 상태에 빠지는 것을 방지해 주는 것은 바로 이성인 것이다. 두 사람이 희락의 소굴(*Bower of Bliss*)을 향해 가면서, 가이언이 여러 가지 유혹을 받을 때마다, 팔머가 끼어들어 기사의 감성을 통제한다. 팔머의 역할은 가이언이 유혹에 빠지기 전에 유혹과 맞닥뜨리지 않도록 막아주는 일이다. 이러한 팔머의 행동은 가이언이 처음 매몬과 마주쳤을 때 어떻게 행동했어야 했을지 암시해 준다. 페드리아(Phaedria)를 신랄하게 꾸중하는 팔머의 모습은 제 6 칸토와 제 7 칸토에서 페드리아와 매몬에게 가이언이 어떤 행동을 취했어야 했을지를 예시하고 있는 것이다.

가이언이 마지막에 희락의 소굴을 파괴한 사건에 대해서 많은 비평가들이 다양한 해석을 제시하고 있다. 스펜서가 그토록 많은 지면을 할애하면서 고전적인 아름다움을 묘사한 희락의 소굴은 단 하나의 연에서 가이언에 의해 무참히 파괴된다. 이곳이 단순히 무절제의 상징이기 때문에 절제의 기사에 의해서 파괴되어야 할 장소라면 대체 무엇 때문에 그렇게 많은 에너지를 낭비했다는 말인가? 작품은 고전적인 미학적 가치가 아무리 매력적이라 할지라도 그것을 거부하는 시인의 기독교적 확신을 보여주고 있다. 예술이 신의 영광을 찬양하는 것이 아니라 그 자신의 이유를 가지고 자연을 모방한다면 그것이 모든 기독교인들이 지켜야 하는 원칙과 위배될 때 언제든지 극복되고 억눌려져야 한다는 것이다. 가이언은 자신의 처음에 맹세한 것을 이루었지만, 그의 승리는 제 1권에서 레드크로스가 용을 무찌른 것과 같은 최종적인 승리가 아니다. 가이언은 어쩌면 무엇인가를 성취했다는 만족감을 가지고 그 섬을 떠나는지도 모른다. 그러나 절제라는 덕목은 끊임없이 실행되어야 하는 도덕이며, 그가 이 세상에서 여행을 하는 동안에는 끊임없이 이성의 도움과 안내를 받아야만 하는 것이다. 왜냐하면 인간은 살아있는 동안 그 누구라도 "무절제한 삶"과 "달콤한 행복"의 유혹에서 완전히 벗어날 수 없기 때문이다.

에드먼드 스펜서(Edmund Spenser)

보통 "시인들의 시인"(*The poets' poet*)이라고 불리는 에드먼드 스펜서(Edmund Spenser)는 1552년 런던의 중산층 집안에서 태어났다. 1569년 오늘날 근로장학생 정도의 자격으로 캠브리지 대학에 진학했고 1576년에 석사학위를 받았다. 1579년에 《양치기 달력》(*The Shepheardes Calender*)을 출간하여 시인으로서 명성을 얻었고 다양한 시작법(*versification*)을 시도하여 시어로서 영어의 가능성을 높였다는 평을 듣는다. 1590년에는 《선녀여왕》(*The Faerie Queene*)의 처음 세 권을 출간하였는데, 나머지 세 권은 6년 후인 1596년에 출판되었다. 1599년에 사망하여 웨스트민스터 사원 시인들의 묘역에 안장되었다.

임성균

옮긴이 임성균은 서강대학교 영문과를 졸업하고 캐나다 사이몬프레이저대학(Simon Fraser University)에서 영문학 석사, 미국 루이지애나대학(University of Louisiana, Lafayette)에서 영문학 박사학위를 취득하였다. 청주대학교를 거쳐, 현재 숙명여자대학교 영문과 교수로 재직중이다. 주요 연구분야는 르네상스 영문학이며, 현재까지 30여 편의 논문과 10권의 저・역서를 발표하였다.